Michael Broßmann · Ulrich Fieger
Business Multimedia

AF125557

MICHAEL BROSSMANN
ULRICH FIEGER
(Hrsg.)

BUSINESS
MULTIMEDIA

INNOVATIVE GESCHÄFTSFELDER
STRATEGISCH NUTZEN

Frankfurter Allgemeine
ZEITUNG FÜR DEUTSCHLAND

GABLER

Die Deutsche Bibliothek – CIP – Einheitsaufnahme

Business Multimedia: Innovative Geschäftsfelder strategisch
nutzen / Michael Broßmann ; Ulrich Fieger. – Frankfurt am Main :
Frankfurter Allg. ; Wiesbaden : Gabler, 1997
  ISBN-13: 978-3-322-89981-1   e-ISBN-13: 978-3-322-84715-7
  DOI: 10.1007/978-3-322-84715-7

Für die kompetente Unterstützung danken die Herausgeber
Frau Nathalie Karanfilovic, die das Buch als Projektleiterin
der Satcom Gemini GmbH betreute sowie Frau Barbara
Scheu, Lektorin der F.A.Z./Gabler-Edition.

Abbildungen und Tabellen: Publishing Service H. Schulz, Dreieich

ISBN-13: 978-3-322-89981-1

Vorwort

Das vorliegende Buch beleuchtet das Thema Multimedia unter dem Gesichtspunkt seiner wirtschaftlichen Bedeutung. Damit wird diese neue Technologie unter ihrem wohl nüchternsten Aspekt, dem des ökonomischen Nutzen betrachtet. Es ist noch gar nicht lange her, da wäre der Sinn einer solchen Betrachtung von vielen bezweifelt worden. Vor wenigen Jahren galt Multimedia als unterhaltsames Spielzeug, das ohne direkten Nutzen für die Wirtschaft oder den Alltag der Menschen sei.

Inzwischen hat sich in unserer Gesellschaft ein grundlegender Wandel vollzogen: Multimedia ist vom Spielzeug zum Werkzeug im Beruf und im Alltag geworden. Multimedia ist sogar auf dem Weg, ein eigener Wirtschaftszweig zu werden. Überall in Deutschland entstehen Unternehmen, die für oder dank elektronische(r) Medien und Netze Wertschöpfung erbringen. Zusammengefaßt wird das heute unter dem Begriff der digitalen Wertschöpfung. Immer mehr wirtschaftliche Abläufe in Deutschland sind davon betroffen. Damit werden neue Produkte und Dienstleistungen sowie neue Berufsbilder und Arbeitsplätze geschaffen.

Wo der internationale Wettbewerbsdruck am größten war, haben sich die Veränderungen am schnellsten vollzogen. Dies geschah zuerst in der Automobilindustrie und dort vor allem in der Zusammenarbeit zwischen Herstellern und Zulieferern. Mit modernster Kommunikationstechnik und Multimedia-Anwendungen arbeiten die Unternehmen in dieser Branche heute über Firmengrenzen hinweg so zusammen, als ob sie eine einheitliche Organisation bildeten. Simultaneous Engineering und permanenter elektronischer Datenaustausch von der Konstruktion über Logistik und Fertigung bis hin zur Auslieferung sind dort schon Wirklichkeit. Die Automobilindustrie war auch Vorreiter beim Einsatz neuer Medien in der betrieblichen Weiterbildung. Der Durchbruch von CD-ROM-Anwendungen und Business-TV ist nicht zuletzt auf die Innovationskraft dieser Branche zurückzuführen.

Im Maschinenbau hat sich eine ähnliche Entwicklung vollzogen. Durch den Einsatz von Medien und Kommunikationstechnik sind die Unternehmen näher an ihre Kunden herangerückt. Dank multimedialer Verbindungen können Servicearbeiten über beliebige Entfernungen hinweg geleistet werden, die früher vor Ort hohe Reise- und Personalkosten erforderlich gemacht hätten. Erst Medientechnologie macht solche Einsätze bezahlbar und damit die Unternehmen auf dem Weltmarkt wieder wettbewerbsfähig. Um vor allem mittelständischen Unternehmen unseres Landes diese Möglichkeiten zu bieten, unterstützt die Landesregierung von Baden-Württemberg im Rahmen eines Public-Private-Partnerships mit der Deutschen Telekom eine Serviceinitiative Maschinenbau, an der Wissenschaftler und Unternehmen beteiligt sind.

Multimedia-Technologien werden eine noch wichtigere Rolle für unser Land spielen, wenn wir sie zum Beispiel konsequent für die Steuerung der Verkehrsströme in Baden-Württemberg einsetzen. Telekommunikation und Informationstechnik arbeiten bei allen Lösungen Hand in Hand, wo einzelne Verkehrsteilnehmer oder ganze Verkehrsarten intelligent gesteuert werden müssen. Solche Technologien haben auf den internationalen Märkten größte Chancen. Deutsche Unternehmen haben beispielsweise ein umfassendes Verkehrsleitsystem für den Großraum Tokio verwirklicht, der Region mit dem dichtesten Verkehraufkommen der Welt. Wir sind also bereits in der Lage, multimediale Anwendungen für ökonomische und ökologische Zwecke zugleich zu entwickeln und zu vermarkten. Mit dieser Spitzenposition – wie hier zum Beispiel in der Verkehrstelematik – erwachsen ungeahnte Möglichkeiten für wettbewerbsfähige Lösungen in und aus Deutschland auf der Basis von Multimedia-Technologien.

Ebenso eröffnet sie für viele Menschen eine Chance, das eigene Arbeitsleben individuell zu gestalten. Multimedia-Anwendungen eröffnen für vielerlei Tätigkeiten neue Unabhängigkeiten: vom täglichen Pendeln zwischen Wohnort und Arbeitsstelle, von beruflicher

Betätigung und familiärer Situation, von der Verfügbarkeit zentraler Kommunikationseinrichtungen in Unternehmen und Institutionen. Dies gilt auch für die Zusammenarbeit zwischen Bürgern und Verwaltung. Die Möglichkeiten für Online-Kommunikation zwischen Bürgern und Behörden werden bereits aufgebaut.

Sowohl für die Entwicklung als auch für die Anwendung von Medientechnologien und Multimedia in der Praxis gibt es nur eine Grundlage: solides Wissen und seine Weiterentwicklung. Der wichtigste Beitrag, den die Politik dafür leisten kann, ist eine Bildungs-Infrastruktur, die ständig neues Wissen schafft. Dazu sind wir in die Offensive gegangen. Multimedia, Informations- und Kommunikationstechnik an Schulen und Hochschulen sind heute ein Investitionsschwerpunkt im Rahmen der Landesinitiative Baden-Württemberg medi@. Darüber hinaus kann Politik helfen, das Bewußtsein der Menschen zu verändern. Tatsächlich ist in den vergangenen Jahren die grundlegende Skepsis gegenüber den neuen Technologien in unserer Bevölkerung weitgehend verschwunden. Die positive Einstellung, zuerst nach den Nutzungsmöglichkeiten dieser neuen Technologien zu fragen, hat auch die Entwicklung von Multimedia begünstigt und dort eine regelrechte Gründerwelle von Firmen ausgelöst. Der Weg von Multimedia zum Business Multimedia kann uns daher Orientierung geben für einen erfolgversprechenden Weg in die Zukunft.

Stuttgart, im November 1997   *Erwin Teufel*

Ministerpräsident des Landes
Baden-Württemberg
(http://www.baden-wuerttemberg.de)

Inhalt

Multimedia –
Ein boomender Markt

von Ulrich Fieger

Die Revolution in der Kommunikation steht erst am Anfang. Sie wird sich über ein paar Jahrzehnte hinziehen, und es werden neue Anwendungen und Märkte sein, die sie vorantreiben, von denen wir heute noch nichts wissen.

Regierungen, Unternehmen und Bürger werden in den nächsten Jahren wichtige Entscheidungen zu treffen haben, die sich auf die Entwicklung des Datenhighways und die dadurch erzielenden Vorteile auswirken. An der Diskussion über die Gestaltung dieser Technologie sollten möglichst viele teilnehmen, nicht nur Praktiker und Computerfachleute. Dann wird der Highway auch den Wünschen der Benutzer und der Märkte dienen und als Realität akzeptiert werden. Der Wechsel vom Atom zum Bit – wie es Nicholas Negroponte vom Massachusetts Institute of Technology nennt – ist unwiderruflich und nicht mehr aufzuhalten.

Multimedia – Das neue Mitglied
der Gesellschaft

Die Goldgräberzeiten sind vorbei, der Ausleseprozeß beginnt und die Ramschware verschwindet langsam vom Markt. Die Multimedia-Branche bekommt langsam klaren Blick, um die Zukunft in einem weiter boomenden Markt zu planen. Bereits heute sind wir schon überall von Multimedia und Computern umgeben, auch wenn wir es manchmal gar nicht wahrnehmen oder registrieren.

Wenn es nach dem Willen der Multimediaindustrie geht, soll Multimedia wie ein Familienmitglied vollständig in unser Leben integriert werden. Alle Elektrogeräte sollen miteinander vernetzt, verkabelt, zentral überwacht und elektronisch gesichert werden. Der drahtlose Ferncomputer regiert im Haus der Zukunft. Von jedem Punkt der Wohnung aus kann man überprüfen, wie es zum Beispiel mit den Hausaufgaben des Sprößlings am PC aussieht. Man kann Heizkörper regeln, Licht dimmen oder ein- und ausschalten oder ganz einfach in seinem Fernseher den Wunschfilm bestellen. Dies alles mittels eines drahtlosen Multimediapads, nicht größer als ein DIN A4 Blatt. So stellt sich heute die Computerindustrie das Haus der Zukunft vor. Die Architekten der Multimedia-Branche sind dabei, diese Visionen zu realisieren. So erschließen sich durch Multimedia mehr und mehr Möglichkeiten.

Das Interesse an der Umsetzung dieser Visionen ist auch dadurch gekennzeichnet, daß sich innerhalb eines Jahres die Zahl der multimedialen Anbieter in ganz Deutschland von 400 auf 800 verdoppelt hat. Nur wenige arbeiten professionell auf einem hohen Qualitätsstandard. Experten rechnen daher mit einer starken Marktbereinigung auf der Anbieterseite. Die Nachfrage der Marktseite wird – so das Ergebnis der Umfragen in ausgewählten Unternehmen – im Jahr 1998 noch einmal deutlich steigen. Multimediale Technologien finden sich heute schon in allen Lebens-, Arbeits- und Wirtschaftsbereichen. 18 Prozent aller Unternehmen sind heute bereits im Internet vertreten, 28 Prozent planen den Eintritt konkret 1997 und 1998, und 22 Prozent denken noch darüber nach. 32 Prozent aller meist klein- und mittelständischen Unternehmen haben auf dem Gebiet Internet noch keine konkreten, innovativen Absichten.

Das Internet ist allgegenwärtig. Es ist ein Zeichen für den kometenhaften Aufstieg, den das Internet in Deutschland etwa seit dem Sommer des Jahres 1994 genommen hat. Die heute rund 6,4 Millionen „Onliner" oder „Surfer" werden im Jahr 1998 auf rund 8,7 Millionen angesteigen. Diese Zugangsmöglichkeiten laufen dabei noch überwiegend über Universitäten oder die Arbeitsstelle. Das Wissen darüber, was das Internet eigentlich ist und wie es funktioniert, ist allerdings noch sehr unterschiedlich verbreitet. Nach einer Studie des EMNID-Instituts von diesem Jahr, wissen erst 52 Prozent der Bevölkerung immerhin vage, was das Internet ist und nur 25 Prozent haben es schon einmal genutzt. Sicherlich ist bei den Lesern dieses Buches die Zahl der Digerati, der Digital Literati, größer. Dennoch variiert der Kenntnisstand vermutlich auch hier sehr stark.

In den Vereinigten Staaten, dem Mutterland des Internet, sollen bereits etwa 24 Millionen Menschen Zugang zum Internet haben. Die Zahl der tatsächlichen User wird jedoch auch dort mit nur etwa 9,5 Millionen deutlich geringer geschätzt. Die Angaben über die Anschlüsse in privaten Haushalten in den Vereinigten Staaten schwanken zwischen zwei und acht Millionen.

Bei aller Ungenauigkeit der Zählungen sollen heute weltweit 40 bis 60 Millionen Bildschirme beziehungsweise rund zehn Millionen Rechner an das Internet angeschlossen sein. Diese große Zahl von Rechnern ist in etwa 90 000 Subnetzen zusammengeschlossen. Dies hat dem Internet auch die Bezeichnung „Netz der Netze" verschafft. Der Datentransport im Internet wird von rund 10 000 Servern, den sogenannten Routern, die wir uns als digitale Transportunternehmen vorstellen können, bewerkstelligt.

Begegnungen mit neuen Formen der Kommunikation und des Lernens

Auch wenn uns die Medien hauptsächlich von Internet und Online-Diensten berichten, so wird auch mittelfristig das gewichtige Marktsegment im Offline-Bereich liegen. Denn rund 60 Prozent aller Multimediaprodukte sind Lern- und Informationsprogramme.

Ganz speziell in der innerbetrieblichen Fort- und Weiterbildung haben sich CBTs (Computer-Based-Training) einen großen und weiterhin stark steigenden Anteil erobert. Weitere 28 Prozent aller MM-Produktionen sind Elektronische Kataloge, POI- und POS-Systeme, zum Teil intelligent und kostensparend mit Online-Lösungen verknüpft. Diese Verknüpfung gestattet nicht nur leichtere Aktualisierung der Inhalte (Updates), sondern unterstützt mit kürzeren Download-Zeiten von Kleinstmodulen auch Verwendbarkeit im Intranet, Extranet oder Internet. So stellen sich immer mehr Unternehmen der

Herausforderung der Informationsgesellschaft, definieren hier ihre Märkte und sichern sich so ihren Bestand. Eine weitere innovative Marktveränderung zeigt sich im Bereich Telelearning und Teleteaching. Telelearning und Teleteaching sind dadurch gekennzeichnet, daß Lehren und Lernen zeitlich und/oder örtlich getrennt werden können. Schwerpunkte ergeben sich vor allem bei der beruflichen Weiterqualifikation nebst der Berufsarbeit und allgemein im Bereich der Erwachsenenbildung.

Die heutige Situation ist dadurch gekennzeichnet, daß die verteilten Schulungsunterlagen zu 90 Prozent in gedruckter Form vorliegen. Auch hier erkennt man, daß das Angebot an elektronischen multimedialen Lehrmitteln noch viel zu gering ist, obwohl die Vorteile elektronischer Medien auf der Hand liegen: die elektronischen Medien bieten unter anderem eine wesentlich raschere Distributions- und Aktualisierungsmöglichkeit. Außerdem bieten elektronische Medien vernetzte Strukturen, individuelles Lernen und Interaktivität, was bisher nicht bekannte Lernformen ermöglichen kann.

Auch der virtuelle Hörsaal ist bereits heute keine Utopie mehr. Er ermöglicht den Studierenden, Vorlesungen zu besuchen, ohne daß in die Universität gependelt werden muß. Im Gegensatz zu Business Television wird die „Televorlesung" nicht über Satelliten, sondern mittels ATM-Hochgeschwindigkeitsnetzwerken in weit entfernte Hörsäle oder Auditorien übertragen. Zwei oder mehrere Kameras übertragen die Vorlesung des Dozenten sowie das Auditorium virtuell in eine andere Universität. Fernstudien erfordern allerdings mehr Selbstdisziplin als ein Präsenzstudium, da es an der Gruppendynamik mangelt, die bei einem Präsenzstudium die Studenten in kritischen Situationen mitgerissen hat. Das Fernstudium wird von Ärzten, Rechtsanwälten, Betriebswirten, EDV-Leitern und sogar Künstlern genutzt. Ziel wird es sein, die Studierenden in ihren Wohnungen via PC und ISDN zu erreichen. Aber nicht nur an Universitäten soll neues Wissen beschafft werden, sondern auch im Berufsleben. Daher sind effektivere Methoden dringend notwendig. Durch Business TV und Business Multimedia ist für viele Unternehmen bereits heute der Weg nach vorn in das Informations- und Kommuikationszeitalter erschlossen.

Die Lebenszyklen des Wissens verkürzen sich ständig und wer dem Wettbewerbsdruck standhalten will, muß ständig die neuesten Entwicklungen im Auge behalten. Der Übergang von der Industriegesellschaft zur Wissensgesellschaft ist vollzogen. Das Wissen der Menschheit verdoppelt sich laut Studien alle fünf bis sieben Jahre, und mit dem gewaltigen Fortschritt der Informations- und Kommunikationsgesellschaft wird das Wissen der gesamten Welt global verfügbar – an jedem Ort, zu jeder Zeit, in bitmäßigem Umfang. Für multimediale Learning- und Teaching- Methoden bedeutet dies, ein großes und wachsendes Wissenspotential mit den Mitteln modernster Dienste für die persönliche Bildung zu nutzen: in der Freizeit, im Beruf und im Studium.

Um aus Informationen Wissen zu machen, benötigt eine Gesellschaft aber wissende Menschen, die innovative Informationen finden, auswerten und anwenden. Daher ist es eine der wichtigsten Aufgaben der Politik der Zukunft, zu verhindern, daß sich unsere Gesellschaft in „have" und „have-nots" spaltet, nämlich in solche, die per Computer einen Anschluß an das globale Wissen dieser Welt haben und in den Genuß von Bildung kommen und in solche, die davon ausgeschlossen bleiben.

Symbiose in allen medialen Facetten

Der Grund für diese rasante multimediale Entwicklung und Verschmelzung liegt darin, daß Computer und Workstations mehr und mehr videofähig werden – sie lernen Video, also bewegte Bilder, als Datentyp zu verarbeiten und darzustellen. Für Videokonferenzen, Business Television, Video On Demand, Onlinetalken, Multimedia-Publikationen und eine ganze Reihe von Simultananwendungen benötigt man Video als festen Bestandteil aller – und nicht nur einiger – Computer.

Diese Metamorphosen vollziehen sich mit einer solchen Geschwindigkeit, daß das „Schneckentempo" der Fernsehentwicklung, selbst im digitalen Sektor, neben dem Personalcomputer verblaßt. Diese Geschwindigkeitsdifferenz kann nur dadurch auf die Überholspur

kommen, wenn eine Verschmelzung aller Medien, Computer und
Fernseher Realität werden wird, aber nach wie vor auch das Print-
medium seinen Stellenwert beibehält.

Sicherlich hat ein herkömmlicher Computer und Fernseher nicht zugleich auch sofort mit Online und Multimedia zu tun. Aber in den
letzten Jahren werden sich diese beiden Medien immer ähnlicher,
der Computer lernt vom Fernseher und umgekehrt. Aber nicht nur
äußerlich gleichen sich diese beiden Plattformen an. So finden sich
etablierte Strukturen aus der Computerindustrie wie zum Beispiel
die Navigation auch in Fernsehprogrammen. Deshalb ist es auch
nicht verwunderlich, daß Multimedia neuerdings auch den Weg ins
heimische Wohnzimmer findet. Dies hängt zum einen eng mit der
rasanten Entwicklung der Digitaltechnik zusammen, zum anderen
möchte die Unterhaltungsindustrie neue Kundengruppen erschließen, die der Computer nicht erreichen kann. Konvergenz lautet das vielzitierte Wort der Stunde. So bildet sich im Innenleben eines Fernsehers eine ähnliche Struktur eines Hochleistungsrechners
ab. Inwieweit das Fernsehgerät die volle Funktionalität eines PCs
besitzt und erreichen wird, hängt neben den persönlichen Wünschen
momentan vom Geldbeutel ab. Vielleicht werden uns zukünftig sogenannte Elektronische Programmberater, kurz EPG (Electronic
Program Guide), durch das Dickicht der Fernsehangebote begleiten.

Alle digitalisierbaren Äußerungsformen eignen sich für eine Verbreitung über das Internet. Zu Beginn stand sicherlich der Zugang
zu und die Übermittlung von Schriftstücken im Vordergrund. Durch
die Fortschritte in der Übertragungstechnik und den Einsatz spezieller Kommunikationssoftware (File Transfer Protokol; ftp), die es
zulassen, den Inhalt ganzer Bibliotheken in wenigen Minuten zu
übertragen, hat die digitale Übermittlung von Sprachwerken allerdings heute zumindest quantitativ eine neue Dimension erreicht.

Die Entwicklung ging weiter: von der Übermittlung wissenschaftlicher und technischer Darstellungen bis hin zur Verbreitung von
Standbildern und Fotografien.

Bei der Verwendung eines einfachen Modems nimmt die Übertragung und der Bildaufbau einer Fotografie noch immer längere Zeit

in Anspruch. Daß hier in naher Zukunft mit sehr viel effizienteren Übertragungsgeschwindigkeiten gerechnet werden kann, zeigen uns erste Online Musikclip-Präsentationen und Konzerte von Rockmusikern im Internet.

Professionalität, Engagement und Insiderwissen ist gefordert

Die größte Schwierigkeit bereitet heute noch, wie bereits erwähnt, die Übermittlung von Bewegtbildern. Jeden Tag arbeiten aber global in unzähligen Universitäten, Broadcaststationen, Business TV und Business Multimedia Unternehmen, Labors und Institutionen erfahrene Wissenschaftler und Ingenieure an der Weiterentwicklung, an Programmen und Verfahren, welche dem sogenannten Rezipienten das Handling erleichtern sollen.

Man darf gespannt sein, mit welchen Nachrichten vom digitalen Neuland, das gerade global entdeckt wird, wir und die nachfolgenden Generationen in der Zukunft noch überrascht werden.

So würde etwa die Überspielung eines Kinofilms über eine analoge Telefonleitung heute noch bis zu drei Tage in Anspruch nehmen. Durch den Einsatz von Komprimierungstechniken (zum Beispiel MPEG), bei denen aus jedem Bild nur eine reduzierte Anzahl von Bildpunkten, den sogenannten „pixels", zur Übertragung kommt und durch die Erhöhung der Übertragungsraten rückt die Übermittlung von Bewegtbildern über das Telefonnetz in greifbare Nähe. Microsoft bietet bereits seit 1997 WEB TV an, das ein interaktives Echtzeit-Videoangebot auf dem Internet ermöglichen soll. Videokonferenzen und Business TV-Übertragungen über das Internet sind bereits heute möglich.

Die bereits realisierten Übertragungsmöglichkeiten regen dazu an, Fernseh- und Internetdienste über ein Kabelnetz in das Haus der Zukunft einzuspeisen. Anbieter versprechen sich einen Milliardenmarkt und den Nutzern einen multimedialen Himmel auf Erden. Das interaktive Fernsehen wird es erlauben, die Handlung eines Spielfilms den eigenen Wünschen entsprechend zu beeinflussen, ob der Film mit Happy-End oder Tränen enden soll. So wie Interaktives Fernsehen in den derzeitigen Werbespots der Unternehmen angesprochen wird, ist es noch lange nicht greifbar. In Deutschland ist interaktives Fernsehen für alle Haushalte noch Utopie.

Es wird dagegen schon seit September 1994 in einigen Haushalten in Cambridge, England, getestet. Mit einer Setup-Box, die an das Kabelnetz mit ATM-Multiplexverfahren angeschlossen ist, sind dort schon verschiedene Service On Demand Applikationen abrufbar. Wie zum Beispiel Video On Demand, Homeshopping, Bildungsprogramme, News On Demand und Spiele. Die Testpersonen sind mit einem handelsüblichen TV-Gerät, einer Set-Top-Box und einer Fernbedienung ausgestattet.

Die Verbindung der Set-Top-Box mit den Servern wurde über das Cambridge Cable Network hergestellt. Filme sind im MPEG Verfahren komprimiert und auf den Servern gespeichert, ähnlich wie Bilder, die im JPEG-Format von einem PC abrufbar sind. In Deutschland ist das Interesse bisher eher gering, im Gegenteil, die Überreizung der Information macht vielen sogar Angst. Also wird es noch einige Zeit dauern, bis es das Happy-End im Spielfilm per Fernbedienung gibt. Es wird aber kommen. Allerdings muß es dem Adressaten neben reinem Entertainment einen Mehrwert zu bisherigen Medien bieten. Die Vision für den Zuschauer könnte sein, seine Kameraeinstellung per Fernbedienung individuell auszuwählen.

Das Internet stellt sich als Prototyp eines interaktiven Mediums dar. Der Nutzer ist nicht mehr nur auf die Wahl zwischen Ein- und Abschalten und die Auswahl vorgegebener Programme beschränkt, vielmehr kann im Internet jeder Empfänger auch zum Sender von Informationen werden. Über die sogenannten Bulletin Boards und Chat Foren kann sich jeder am Internet-Diskurs beteiligen.

Auch im Auto der Zukunft gehören ein Internetanschluß und multimediale Datenbanken zur Sonderausstattung. Passagiere können sich Filme anschauen oder sich über Neuigkeiten schnell und aktuell informieren. Intel Corporation (Santa Clara/Kalifornien) zeigte zusammen mit dem französischen Automobilhersteller Citroën einen ersten Prototypen eines Autos mit zwei Bildschirmen mit der Technologie des Intel-Pentium-Prozessors. Der Fahrer informiert sich vor Fahrtbeginn über den Verkehr und erhält akustisch während der Fahrt die neuesten Informationen über Staugefahren oder kann zum Beispiel bei einer Panne sofort „online" Hilfe ordern. Während sich die Fondpassagiere zum Beispiel Spielfilme auf einer DVD (Digital Versatile Disc) ansehen können.

Aus diesen Fakten kann man ableiten, daß für Informationsdienstleistungen, in diesem Falle solche Technologien, die insbesondere auf Multimedia basieren, sehr hohe Wachstumsraten prognostiziert werden können. Zur Zeit vorliegende Marktanalysen tendieren bei bereits auf dem Markt etablierten Produkten zu einer hohen Innovationsrate.

Visionen in allen Strukturen

Multimedia untergliedert sich in zwei Bereiche, den Offline-Bereich (meist via CD-ROM vertriebene Produkte) und dem Online-Bereich (über Netz arbeitende Produkte und Anwendungen). Die nachfolgende Tabelle 1 gibt einen Überblick darüber, wie sich der Markt entwickeln könnte.

Sicherlich müssen auch hybride Produkte berücksichtigt werden, die aber in dieser Darstellungsform nicht explizit aufgeführt wurden. Unter hybriden Produkten versteht man derartige Anwendungen, bei denen meist besonders speicherintensive Basisdaten auf CD-ROM vorliegen und die Updates über Netzwerke erfolgen.

Zur Zeit ist der Markt, sowohl anteilsmäßig als auch von den Umsatzzahlen ausgeglichen. Dies gilt bei Offline-Produkten – meist in kleineren Bereichen, wie zum Beispiel Kiosksystemen – ebenso für Online-Produkte. Erste sinnvolle Ansätze für hybride Produkte gibt es bereits.

Der breite Einsatz von Online-Produkten ist aber meist durch die limitierten Übertragungskapazitäten noch behindert. Dieses Thema wurde bereits in einem obigen Abschnitt dargelegt. Mit steigenden Breitbandnetzen wird die Online Vertreibung stark zunehmen, aber

Tabelle 1: Markt- und Zukunftsaussichten von Multimedia-Produktionen
(Quelle: Judith Jeffcoate 1995, S. 104 ff.)
Alle Angaben in Millionen US-Dollar, Zahlen von 1995 wurden
erhoben, Zahlen für 2000 und 2005 sind Schätzwerte.

	USA	Europa	USA	Europa	USA	Europa
Offline-Bereich	1995		2000		2005	
Konsum	586	236	1.560	1.090	3.300	2.550
Ausbildung	270	67	1.210	369	2.590	776
Geschäftliche Produkte	103	29	732	269	2.210	767
Summe	960	332	3.500	1.730	8.100	4.090
Online-Bereich						
Konsum	53	11	636	221	3.420	1.220
Ausbildung	5	1	100	23	786	173
Geschäftliche Produkte	17	8	320	184	2.550	1.310
Summe	75	20	1.060	428	6.750	2.700

den Anteil der Offline-Produkte erst mittel- bis langfristig übersteigen. In diesen Zahlen sind die Umsätze, die aufgrund des Netzverkehrs entstehen, nicht enthalten, müssen aber angesetzt werden, wenn hybride oder Online-Produkte einen größeren Markt erobern. Durchaus werden sich diese drei Produktarten auf den boomenden Markt sehr positiv auswirken, wie in der Tabelle veranschaulicht wurde, wobei es eine deutliche Verschiebung zu hybriden Lösungen geben wird.

Vier Faktoren sind ausschlaggebend, wie die tatsächliche Marktentwicklung von Multimedia-Produkten und Anwendungen in den nächsten Jahren ausschauen wird: die Nachfrage seitens der Konsumenten und Unternehmen, die Qualität und Funktionalität der angebotenen Multimedia-Produkte, die Technologie sowohl für Übertragung und für Endgeräte und die gesetzlichen Rahmenbestimmungen (Abbildung 1).

Aufgrund dieser vier Faktoren sind folgende Tendenzen absehbar: das Nachfrageverhalten der Konsumenten in Abhängigkeit der Ko-

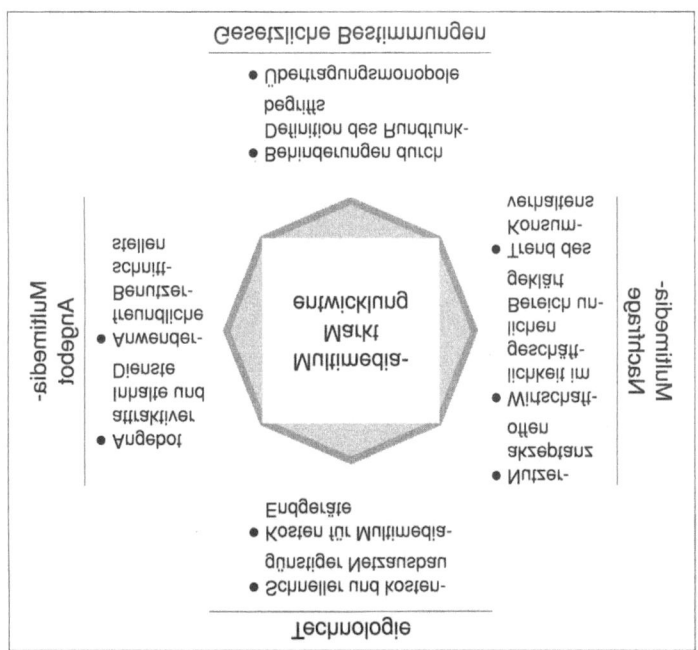

Abbildung 1: Marktentwicklungsfaktoren von Multimedia

sten für die Endgeräte und der Kosten und Qualität der angebotenen Dienste ist bei weitem noch nicht geklärt. Es ist bereits heute absehbar, daß die Kosten für die Endgeräte und deren Verbreitung in den Haushalten nicht zum Stolperstein werden, während die Kosten der Diensteanbieter und der Qualität und Verfügbarkeit attraktiver Produkte eine wesentliche Rolle spielen werden.

Dies hat weitreichende Implikationen für die Strategien der Anbieter, die Veränderung der gesamten Anbieterstruktur und der Gesellschaft. Besonders in Bereichen wie Edutainment, Video On Demand, Telelearning und Teleteaching oder Teleshopping gilt es, diese Fragen noch zu beantworten. Im geschäftlichen Bereich wird mit einer wesentlichen Kostenein-sparung, verbunden mit einer Produktivitätssteigerung, gerechnet, die wiederum durch den Einsatz multimedialer Anwendungen ausgelöst wird.

Diese beziehen sich zum Beispiel auf die Möglichkeiten zur Integration von Multimedia in Geschäftsprozesse, die die Informationsbeschaffung verbessern und zwar in Qualität der Inhalte und in der Geschwindigkeit der Bereitstellung. So könnte eine multimediale Krankenakte oder Schadensersatzakte bei Kfz-Gutachten bereits wesentliche Potentiale eröffnen. Diese Ansätze können konsequent in multimediale Vorgangsbearbeitungen weiterentwickelt werden, wobei zusätzlich Parallelisierungseffekte auftreten können.

Es ist davon auszugehen, daß der umfassende Einsatz neuer Technologien weitreichende Potentiale und Konsequenzen für die bestehende Industrie- und Unternehmensstruktur haben wird. Durch die sich bereits abzeichnende Verzahnung von einzelnen Unternehmen zu virtuellen Strukturen, die basierend auf einer leistungsfähigen modernen Technologie an die Informations- und Kommunikationsinfrastruktur angepaßt sind, eröffnen sich neue Chancen, da die ökonomischen Größenvorteile eines Unternehmens an Bedeutung variieren.

So haben Computer, um nur eine Chance aus der Luftfahrtindustrie zu nennen, zum Beispiel entscheidende Aufgaben bei der Wartung von Flugzeugen übernommen. Schon beim Landen eines Jets erkennt der Computer für jede Schraube die genauen Betriebsstunden. Der Computer fordert sofort nach der Landung mittels Datennetzstrukturen die notwendigen Ersatzteile an, so daß diese den Technikern zur Wartung bereitliegen. Die Wartungszeiten der Jets können somit verkürzt und Geld kann gespart werden. Ohne modernste multimediale Kommunikationsmittel wäre dies kaum realisierbar.

Verschmelzung von Information, Technik und Unterhaltung

Neue Formen der Arbeit und neue Berufsfelder können ebenfalls durch Multimedia geschaffen werden. Denkbar ist hier insbesondere Telearbeit verbunden mit Heimarbeitsplätzen. In größeren Unternehmen könnte Multimedia die bereits bestehenden Tendenzen in flacherer Hierarchie und einfacheren, dezentralen Strukturen noch verstärken.

Intel entwickelte die Software Pro-Share (Kamera, Mikrofon, Software), die es zwei oder drei Kollegen ermöglicht, sich in verschiedenen Räumen aufzuhalten, sich zu sehen und gleichzeitig ein Dokument zu bearbeiten. Viele Unternehmen setzen diese Software schon heute effizient für Schulungen und Workshops ein, die zu einem Großteil aus Übertragungen mit den Außenstellen bestehen.

Das System ermöglicht aber auch Mitarbeitern das Arbeiten von zu Hause aus, da die Daten über eine ISDN-Leitung übertragen werden können. Durch diese neue Form der simultanen Bearbeitung sind Übertragungsfehler selten. Mit welchen Veränderungen ist dadurch in Beruf und Freizeit zu rechnen? Entscheidend ist, daß sich die Arbeitszeit flexibel gestalten läßt, da es möglich wird, jeder Zeit und an jedem Ort per E-Mail oder Videoconferencing erreichbar zu sein. Die Möglichkeiten dieser Videoconferencing-Systeme sind nahezu unbeschränkt und lassen den globalen Planeten „virtuell" schrumpfen.

Professor Joseph Weizenbaum vom Massachusetts Institute of Technology steht dieser Vision aber dennoch kritisch gegenüber, so äußerte er sich auf die Frage nach diesen multimedialen Visionen mit der Antwort: „Vieles funktioniert noch nicht so glatt, wie wir manchmal denken, und manche Dinge brauchen wir einfach nicht". Dies sollten wir bei der anstehenden Verschmelzung berücksichtigen.

Die neue Symbiose von Information und Unterhaltung, TV-, Telefon- und Computernetzen läßt unwiderruflich über eine Million neue Jobs entstehen und 50 Prozent der Beschäftigten werden sich künftig mit IuK (Informations- und Kommunikationswissenschaften) global beschäftigen. Mit dem Kernstück des neuen Zeitalters, dem Netz, sind viele Firmen schlagartig groß geworden und neue Berufsbezeichnungen sind über Nacht entstanden, so zum Beispiel: Netzprojekteur – der Architekt unter den Netzwerkplanern oder Netzwerkern. Aber nicht nur auf der technischen Seite entstehen neue Berufsbilder. So ist es die Aufgabe eines R3/-Beraters, Kundenbedürfnisse vor Ort zu analysieren und bis zur optimalen Installation zu betreuen.

Wer Kreativität, Marktkenntnisse und technisches Grundverständnis besitzt, hat in der IuK-Branche gute Chancen. So werden uns in Zukunft neben der bereits etablierten E-Mail-Adresse auf der Visitenkarte neue Namen wie Teletutor, Konzeptioner, Screen-Designer, Online-Redakteur, Multimedia-Didaktiker, Multimedia-Experte verstärkt begegnen. Die Zeit der Freaks ist vorbei, der Kunde erwartet heute, wie beim Planen eines Hauses, Kundenorientierung, Dienstleistung und Integration von Technik, betriebswirtschaftliche Aspekte und eine sinnvolle intentionale Verknüpfung mit neuen Technologien.

Es ist davon auszugehen, daß diejenigen Unternehmen, die am Design, der Erstellung, der Vermarktung und der Distribution von multimedialen Anwendungen und Produkten partizipieren, mit großen Wachstumsraten rechnen können. Insbesondere Netzanbieter, Systemintegratoren und Anbieter von Informationsdatenbanken und -systemen profitieren von dieser Entwicklung. Es zeichnet sich bereits jetzt ab, daß insbesondere individuell auf Bedürfnisse der Benutzer zugeschnittene Produkte und Anwendungen besonders gute Zukunftschancen haben werden. Zur Zeit erfolgreiche Produkte kommen aus dem Schulungsbereich und der Produktpräsentation (pre-markets), die den Trend der Zeit erkannt haben, denn „multimediales Lernen am Computer ist individuelles Lernen".

Der Einsatz moderner multimedialer Informationstechnik und dessen Auswirkung auf den wachsenden Markt beschränken sich jedoch nicht nur auf technische Aspekte. Vielmehr müssen zwingend auch angrenzende Disziplinen wie Recht, Ökonomie, Sozialwissenschaften, Marketing, Management oder auch Ergonomie global einbezogen werden. Die Vielfalt der unterschiedlichen Einwirkungsbereiche, Produkte und Konzeptionen sorgt dafür, daß die oft beschriebene Entwicklung von der Agrargesellschaft zur Informationsgesellschaft in Zukunft die Weiterführung in eine „telematische Gesellschaft" erfährt.

Derzeit sind weltumspannende Bemühungen zur Formierung von leistungsstarken und wirtschaftlich verwertbaren Multimedia-Infrastrukturen im Gange. Zu erwähnen sind beispielhaft die „National Information Infrastructure Initiative" (NII) der Clinton-Administration, die Aktivitäten der G-7-Gruppe, die im Bangemann-Report präsentierten Anstrengungen und Strategien der EU, neue Koalitionen und Allianzen zwischen Telekommunikationsunternehmen und Medienkonzernen in Richtung auf weltweite wirtschaftliche Tätigkeiten und nicht zuletzt die auf Multimedia-Märkte zielenden Strategien und Investitionen großer Softwarehäuser und Serviceunternehmen.

Dieser Prozeß der Herausbildung einer neuen Struktur wird sich nicht auf lokaler Ebene vollziehen, sondern wird sich zunehmend auf globaler Ebene auf eine neue Infrastruktur zubewegen. Viele Komponenten finden sich heute schon in zukunftsweisender Art und Weise in Anwendungen der Informationsbeschaffung, deren Nutzung und Verarbeitung. Deshalb wird man in Zukunft von diesem Formierungsprozeß noch viel erwarten können.

Der Weg wird dahin führen, alle Komponenten, Innovationen und Elemente so zu strukturieren, daß Multimedia zu einem hochkomplexen, benutzerfreundlichen, zusammenhängenden Gebilde verschmilzt. Die Grundzüge sind heute schon in ihrer Form in beachtlicher Weise angewendet, stoßen aber noch an rechtliche, technische und organisatorische Grenzen.

Wirtschaftsunternehmen, Regierungs- und Aufsichtsbehörden, Interessenorganisationen, sowohl auf regionaler wie auch auf globaler Ebene, beschäftigen sich damit, diesen Formierungsprozeß direkt zu gestalten, aber auch indirekt zu beeinflussen. Wohin dieser Weg in multimediale Infrastrukturen führen wird und welche Nutzen und Nachteile daraus resultieren, sind derzeit noch nicht klar erkennbar. Dieser komplex erscheinende Formierungsprozeß wird sicherlich in Zukunft einfacher gelöst werden.

Es sollte großer Wert darauf gelegt werden, daß Parlamente, Regierungen, die Wirtschaft und gesellschaftliche Gruppen sich auf ein gemeinsames Erkennen von Trends, Risiken und Chancen und vor diesem Hintergrund auf das Nutzen der Vorteile verständigen, die für Europa in dieser frühen Phase der Entwicklung gegeben sind. Gerade weil viele Fragen noch offen, weil Weichenstellungen in der

Technikentwicklung ebenso wie in den wirtschaftlichen Aktivitäten möglich sind und weil eine Stimulierung von wirtschaftlichem, öffentlichen und privatem Engagement zugunsten von Multimedia-Infrastrukturen aussichtsreich scheint, sieht man Chancen, den weltweiten Formierungsprozeß auch für Europa nutzbar zu machen.

Multimedia – Die Entwicklung geht weiter

Jetzt wächst und verbreitet sich das Internet, so wie sich einst der Buchdruck und der Telegraph, das Telefon und das Fernsehen nicht aufhalten ließen: die Mitteilungsfreude der Menschen wird noch lange nicht an ihre Grenzen stoßen.

In der Geschichte der Menschheit war jede Technik, die der schnelleren und effizienteren Verständigung und Übertragung von Informationen diente, ein Erfolg. Die Zeiten, als das Netz die kommerzfreie Spielwiese neugieriger Computerkids, abenteuerlustiger Techniker und ambitionierter Weltveränderer war, sind unwiderruflich vorbei. Das Medien- und damit das Lernverhalten – insbesondere der Nachwuchskräfte – ändert sich fundamental. Hierzu tragen die grundlegenden Erfahrungen der heutigen Jugendlichen mit PC und Datennetzen bei. Das Lernen im privaten Bereich mit Hilfe des PCs wird zur Normalität werden.

Während 1994 gerade acht Prozent der PC in privaten Haushalten multimediafähig waren, werden im Jahr 2000 mehr als 50 Prozent diese Fähigkeit aufweisen. Bis zum Jahre 2000 werden 60 Prozent aller verkauften PCs eine integrierte Kamera haben, sodaß sie für Telekommunikation geeignet sind.

Die Zahl der T-Online Anschlüsse wird von 700 000 auf 6 Millionen im Jahre 2000 steigen. Aufschlußreich für den zukünftigen Trend ist der Anteil der privaten PC-Nutzer in den unterschiedlichen Altersgruppen. Während in der Gruppe der 20 bis 29jährigen 27 Prozent den PC privat nutzen, beträgt der Wert bei den 14 bis 19jährigen bereits 42 Prozent. Es wächst folglich mit nur wenigen Jahren Altersunterschied eine Generation heran, die den PC bereits erheblich mehr nutzt und damit eine deutlich höhere Affinität zu neuen Medien und sich daraus resultierenden Formen von Multimedia hat.

Der Multimedia-Markt wird bald den Kinderschuhen entwachsen sein und dem Bürger in Zukunft verläßliche Informationen liefern. Die derzeitige Entwicklung des Internets, Intranets und Extranets, von Teleteaching und -learning, bietet Unternehmen eine Reihe interessanter Möglichkeiten, sich über Fernsehsendungen und Printmaterialien hinaus Informationen über Hintergründe, Zusammenhänge, Innovationen, Trends und Entwicklungen zu vermitteln.

Generation X

Der Brückenschlag zwischen Unterhaltungsindustrie und Computerwelt ist Realität.

So bietet die derzeitige rasante multimediale Entwicklung der Generation X eine Reihe interessanter und innovativer Möglichkeiten, das wachsende Wissenspotential mit den Mitteln modernster Angebote für die Bildung zu nutzen. Daher muß Multimedia diese Chance nutzen, aber auch die neuen Gefahren der Informations- und Kommunikationsgesellschaft (IuK) beachten. So kann zum Beispiel die Informationstechnologie die Menschen verbinden, sie aber auch voneinander trennen und vereinsamen lassen. Multimedia kann wie alle anderen Medien informieren, aber auch manipulieren.

Der Rezipient der Zukunft wird sich auf einem virtuellen Online-Markt bewegen und möglicherweise danach fragen, ob das multimedial dargestellte Bild digital dreidimensional animiert ist oder wirkliche Realität.

1. Kapitel

Net Marketing

Information-Highway, Online-Kommunikation, Electronic Commerce... Täglich hört man neue Begriffe zum Thema Internet, und was früher als reine Vertriebsunterstützung angesehen wurde, ist heute zur wichtigsten Unternehmenskommunikation geworden. Eine aktive Präsenz im Internet heißt heute neue Wege reduzieren aber auch neue Märkte gewinnen. In den folgenden Beiträgen wird verdeutlicht, wie das Internet in seinen vielfältigen Einsatzmöglichkeiten nicht nur die Qualität der betrieblichen Kommunikation grundlegend verbessert, sondern auch, wie es als Marketing-Instrument möglichst effizient genutzt werden kann. Das haben schon ein Drittel der deutschen Unternehmen verstanden, die sich auf diese Umwandlung bereits eingestellt haben.

Marketing im Internet: Auf Tuchfühlung mit dem Kunden?

von Christoph Goldschmitt

Wenn man den Medien glauben möchte, so dauert es nicht mehr lange, und jeder Haushalt hat neben seiner Telefonnummer eine E-Mail-Adresse. Jedes Unternehmen besitzt eine Homepage, und die Kommunikation zwischen Anbieter, Verbraucher und Geschäftspartner findet nur noch per PC statt. Das Internet revolutioniert die Kommunikationsbranche – so die weit verbreitete Meinung.

Sicher sind die Vorteile und Möglichkeiten des Internet für Anbieter und Nutzer nicht zu übersehen: es ist ein Medium ohne Grenzen. Angebote sind weltweit verfügbar. Und das Potential von 40 bis 45 Millionen Nutzern scheint ungeahnte Chancen zu eröffnen. Selbst Kleinunternehmen tasten sich in internationale Märkte vor. Die Unabhängigkeit von Geschäftszeiten ist ein weiterer Pluspunkt. Der Response als Erfolgsfaktor des Direktmarketing ist objektiv meßbar. Und preiswert soll die Internet-Präsenz schließlich auch noch sein. Dennoch sind viele Unternehmen tief verunsichert. Es ist deshalb Zeit für eine realistische und nutzenorientierte Einschätzung der Internet-Präsenz.

Greifbare Entscheidungsrichtlinien sind es, die den meisten Unternehmen fehlen, um ein klares Ja oder Nein zum „Netz der Netze" aussprechen zu können.

Kein Einstieg ohne Potentialanalyse

Was für den herkömmlichen Umgang mit den Medien galt, kann für das Internet nicht verkehrt sein. Das Kunden- und Interessentenpotential, das maximal erreichbar ist, muß zunächst fest umrissen werden. Niemand würde in der auflagenstärksten Tageszeitung eine Anzeige schalten, wenn der eigene Kundenkreis nicht zur Leserschaft gehört. Wer warum und wodurch erreicht werden soll, muß deshalb auch für Werbung im Internet die Kardinalfrage sein.

Wer immer sich mit dem Gedanken an eine eigene Homepage trägt, sollte sich zunächst über sein eigenes Kunden- und Interessentenpotential im klaren sein. Nur für weltweit tätige Unternehmen ist die Zahl von 45 Millionen Internet-Nutzern als Demarkationslinie relevant. Viel wichtiger ist die Frage, ob ein entsprechendes internationales Distributionsnetz schon vorhanden ist beziehungsweise aufgebaut werden kann. Nicht nur die Homepage muß mehrsprachig gestaltet sein. Auch das gesamte Werbematerial sowie das Inkasso

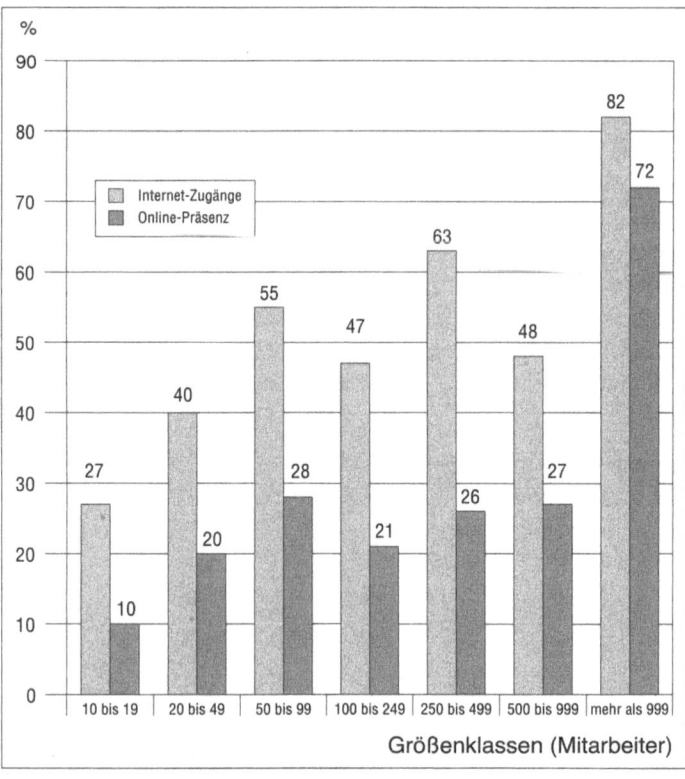

Abbildung 2: Deutsche Firmen im Internet

müssen diesen Anforderungen gerecht werden. Zudem sind Werbe-
kampagnen im Ausland erforderlich. Für ausschließlich in Deutschland tätige Unternehmen reduziert sich die potentielle Empfänger-
zahl schon im Vorfeld erheblich. Rund eineinhalb bis zwei Millionen Nutzer surfen hier im Internet. Ob die eigenen Kunden und
Interessenten darunter sind, ist jedoch der „springende" Punkt. Eine
Telefon- oder Mailingumfrage bei einem repräsentativen Quer-
schnitt dieses Kreises ist deshalb als Marktforschung und Entschei-
dungshilfe im Vorfeld zu empfehlen. Sie sollte ermitteln, wie hoch
der Prozentsatz der Unternehmen ist, die über einen Internet-Zugang
verfügen. Sie sollte zudem Aufschluß darüber geben, wer diesen
nutzt. Denn oft surft zwar die EDV-Abteilung im „Netz der Netze",
der entscheidende Geschäfts- und Ansprechpartner (in vielen Fällen
der Einkauf) ist jedoch häufig ausgeschlossen (Abbildung 2).

Nur wenn ein Großteil der befragten Unternehmen einen Internet-
Zugang hat, und zugleich auch der richtige Empfänger ihn nutzt,
macht eine Präsenz in dem neuen Medium Sinn. Wer den Endverbraucher als Empfänger anpeilt, sollte auch diesen näher „unter die
Lupe" nehmen. Denn das Durchschnittsalter der deutschen Internet-
Nutzer liegt bei 30 Jahren. Für die Hersteller vieler Produkte wird
sich schon deshalb die Frage eines Einstiegs in das neue Medium
von vorneherein erübrigen.

Eine Befragung ist hier ebenfalls zu empfehlen. Der Markt der Online-Medien ändert sich täglich. Der richtige Zeitpunkt ist deshalb
für den Einstieg ebenso wie für die dauerhafte Präsenz entscheidend.
Nur wer die oben genannte Erhebung in regelmäßigen Abständen
wiederholt, findet für sich und sein Unternehmen den richtigen Weg.

Drei mögliche Ziele eines Internet-Auftritts

Wenn man das Ziel nicht kennt, ist kein Weg der richtige. Nicht nur
wer über das neue Medium erreichbar ist, muß geklärt sein. Was damit erreicht werden soll, bedarf auch einer klaren Antwort im Vorfeld. Die drei Möglichkeiten heißen: Verkauf, Service und Image
(Abbildung 3).

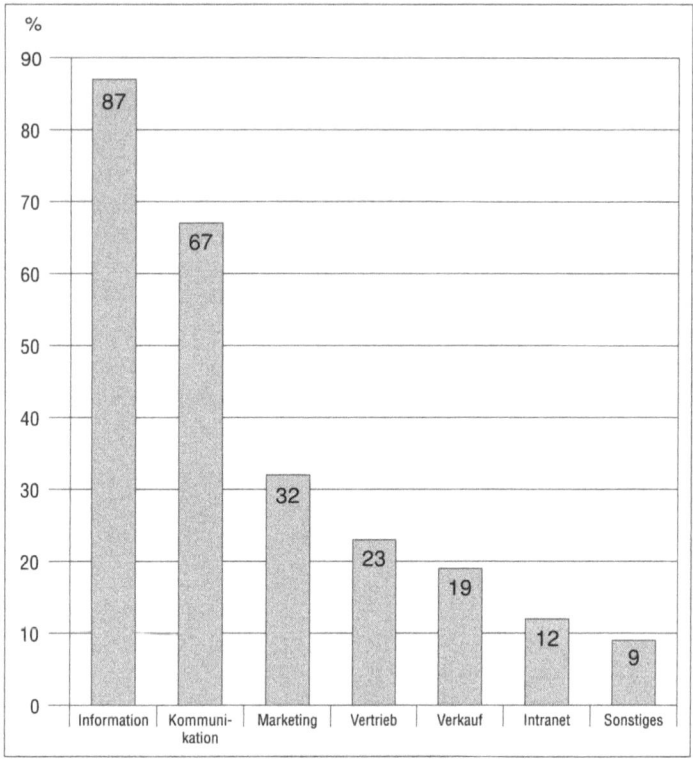

Abbildung 3: Zweck der Internet-Nutzung

Wer das „Netz der Netze" als Verkaufsmedium nutzen möchte, entscheidet sich gleichzeitig grundsätzlich für die Form des Direktvertriebs. Dienstleistungen oder erklärungs- und beratungsintensive Produkte wie beispielsweise Autos sind hierfür wenig geeignet.

Gleiches gilt für den Verkauf von Produkten wie Feuerzeugen, der nur über große Mengen Ertrag verspricht. Die Deckungsbeitragsrechnung ginge hier kaum auf. Herstellern von Nischenprodukten kann das Internet hingegen schon eher Absatzerfolge ermöglichen. Der Vertrieb selbst muß hohen Anforderungen gerecht werden: nur schnelle Verfügbarkeit durch extrem kurze Lieferzeiten räumt aus der Sicht des Kunden der Internet-Bestellung einen Vorteil gegenüber dem stationären Einkauf ein.

Wer daher das „Netz der Netze" als Verkaufsmedium wählt, muß drei Fragen uneingeschränkt mit Ja beantworten können: ist die Form des Direktvertriebs für mich geeignet? Stimmt mein Deckungsbeitrag? Möchten meine Kunden per Internet bestellen? Eine Umfrage per Telefon oder Mailing ist zur Klärung des letzten Punkts zu empfehlen.

Service ist ein weiteres Argument für den Online-Einstieg. Eine andere Zielvorstellung rückt hier in den Vordergrund. Nicht der direkte Gewinn, sondern die mittel- und langfristige Kundenbindung über das Internet ist hier der Leitgedanke. Einem Anbieter von Unterhaltungselektronik ist es beispielsweise möglich, die Bedienungsanleitungen aller Geräte in das neue Medium zu stellen und damit für seine Kunden jederzeit abrufbar zu machen. Ebenso lassen sich Themen, die übergreifend zum Geschäftsfeld von Interesse sein können, Neuigkeiten aus der Branche, Vorträge oder Artikel, Ratschläge, Tips oder Leitfäden im Dienste eines Rundum-Service für den Kunden mittels Internet aufbereiten. Auch ausführliche Beschreibungen zu technischen Geräten, Hintergründe und weitergehende Informationen wie Datenblätter gehören dazu.

Wer dieses will, setzt allerdings einen Prozeß ohne Ende in Gang. Das Angebot muß ständig aktualisiert werden. Nur eine eigens beauftragte Redaktion kann diese Pflege- und Erneuerungsarbeit leisten. Nutzen und Service auf der einen Seite erfordern Beratung und Dialog auf der anderen Seite. Den Kunden allein über Service-Nummern zur Kommunikation mit dem eigenen Unternehmen aufzufordern, reicht nicht.

Es muß auch das entsprechende, kompetente Beratungspersonal am anderen Ende der Leitung zur Verfügung stehen. Wer das „Netz der Netze" als Medium der Kundenbindung betrachtet, muß daher drei Fragen mit einem deutlichen Ja beantworten können: bin ich bereit, eine Redaktion aufzubauen, die die ständige Pflege und Aktualisierung meines Internet-Angebots übernimmt? Verfüge ich über genügend Beratungspersonal für den Dialog mit dem Kunden? Und: kann ich mir durch ein Serviceangebot im Internet einen echten Wettbewerbsvorteil verschaffen, oder gibt es preiswertere Alternativen, die besser ins Unternehmenskonzept passen?

Grundsätzlich gilt: erfolgreiche Internet-Angebote müssen dem Besucher einen echten Nutzen bringen. Reine Selbstdarstellung und leere Werbebotschaften reichen nicht aus. Vor allem: die Homepage eines Unternehmens konkurriert mit über zwei Millionen anderen Web-Seiten um die Aufmerksamkeit der Online-Nutzer. Das nächste Angebot ist nur einen Mausklick weit entfernt. Übertreibungen und aggressives Anpreisen werden im Internet weder toleriert noch sind sie erfolgreich. Nutzen und Service für den Kunden sollten beim Internet-Engagement an oberster Stelle stehen. Wer das berücksichtigt, für den kann Kundenbindung ein echtes Motiv für den Einstieg ins Netz sein. Imagewerbung und reine Präsenz sind weitere Argumente, die zu einem Online-Engagement führen können. Die Einrichtung einer eigenen Homepage schafft sicherlich das Image eines dynamischen und innovativen Unternehmens.

Doch bleibt die Kostenfrage dominant. Die Homepage muß nicht nur – um professionell gestaltet zu sein – einer Agentur in Auftrag gegeben werden. Sie muß darüber hinaus einer ständigen Aktualisierung unterzogen werden, um für den Internet-Surfer auch attraktiv zu bleiben. Für Unternehmen mit einem begrenzten wirtschaftlichen Aktionsradius ist daher das Bedürfnis eines Imagetransfers per Internet einer nüchternen betriebswirtschaftlichen Kalkulation gegenüberzustellen.

Der Mosaikstein im Marketing-Mix

Präsenz im Internet ist keine Insellösung. Sie ist und bleibt immer eingebettet in das gesamte Mix der Werbe- und Marketinginstrumente. Das Internet ist ein interaktives und doch zugleich passives Medium. Denn der Kunde muß erst dazu motiviert werden, die unternehmenseigene Homepage zu suchen. Gänzlich unbeachtet bleibt das Internet-Angebot, wenn die flankierende Werbung fehlt. Erst der vielfältige Hinweis auf die Homepage eines Unternehmens wird den potentiellen Kunden dazu verleiten, diese auch wirklich aktiv im Internet zu suchen. Als Faustregel auf der Kostenseite gilt deshalb zunächst: neben den Kosten für die Entwicklung, Gestaltung und ständige Aktualisierung der Seite muß ein erheblicher Betrag für begleitende Werbung und Promotion einkalkuliert werden. Die Internet-Präsenz ist kein Selbstläufer. Die Internet-Adresse sollte zunächst auf Geschäftsdrucksachen, Visitenkarten, Anzeigen und Firmenkatalogen zu finden sein. Auch Werbung im Internet selbst bietet sich an. Über Werbelinks auf Seiten, die die spezielle Zielgruppe oft besucht, lassen sich Querverweise zur unternehmenseigenen Homepage schaffen. Auch kann auf anderen Seiten Platz für Werbung angemietet werden. Entsprechend der Popularität variieren allerdings die Preise für solche „Werbefenster" erheblich. Die breitgestreute Zielgruppe rechtfertigt die hohen Kosten zumeist nur für Markenartikler oder Großunternehmen. Nicht zuletzt ist die Beteiligung an Newsgroups ein effektiver Weg, die eigene Homepage publik zu machen.

Festzuhalten bleibt jedenfalls: ohne breitgestreute flankierende Werbemaßnahmen bleibt ein Internet-Engagement mit großer Wahrscheinlichkeit unbeachtet.

Wer mit einer eigenen Homepage liebäugelt, sollte sich daher folgende Fragen im Vorfeld beantworten: kann ich – neben den Investitionen für das Internet-Angebot selbst – einen eigenen Werbeetat für die flankierende Promotion bereitstellen? Ist der zu erwartende Wettbewerbsvorteil so sicher und einschneidend, daß sich der Aufwand lohnt? Gibt es Alternativen?

Die Erfolgskontrolle

Weitverbreitet ist die Meinung, das Internet hebe sich durch eine direkte und effektive Erfolgskontrolle von anderen Medien ab. Das gilt aber nur mit erheblichen Einschränkungen. Zwar übermittelt der Provider ständig die Zahlen der Homepage-Nutzer und schlüsselt detailliert auf, wer wie oft auf die Seiten zugegriffen hat. Doch handelt es sich hier um eine rein quantitative Erfolgskontrolle. Sie gibt keinen Aufschluß darüber, wie das Internet-Angebot vom Empfänger bewertet und beurteilt wird. Sie schließt das alles entscheidende Feedback der Kunden aus, das allein Impulse für künftige Unternehmensstrategien und die Fortentwicklung der eigenen Produkte oder Dienstleistungen gibt.

Nur wenn ein Surfer seine Adresse hinterläßt, um beispielsweise Prospekte anzufordern, ist der unmittelbare Kundenkontakt hergestellt. Zwar bietet das „Netz der Netze" auf vielen Seiten interaktive Fragebögen an, doch ist auch deren Nutzung vom „goodwill" der Internet-Surfer abhängig. Wenn einige wenige sich der Mühe unterziehen, die dort aufgelisteten Fragen zu beantworten, läßt sich daraus noch längst kein repräsentatives Urteil fällen. Die qualitative Erfolgskontrolle bleibt damit aktionsgesteuert. Das Internet ist ein ergänzendes Instrument zu anderen Befragungsformen wie dem Mailing oder dem Telefonmarketing. Nur eine sinvolle Verknüpfung von verschiedenen Responseelementen kann letztlich ermitteln, wie das Gesamtangebot beim Kunden ankommt (Abbildung 4).

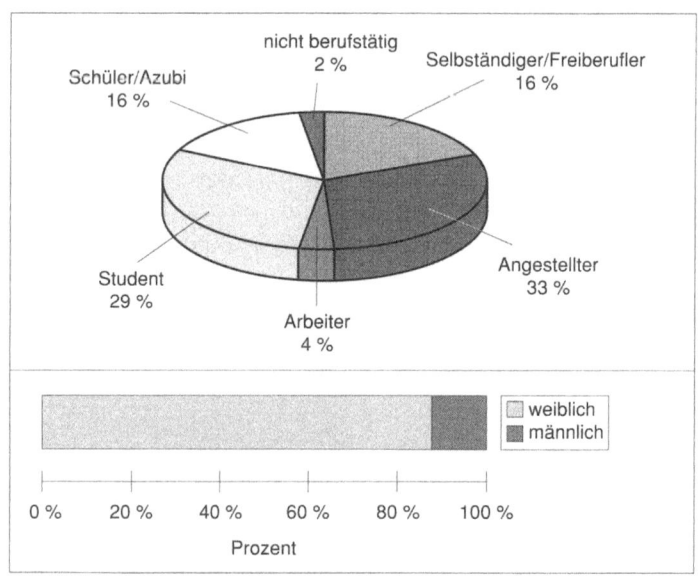

Abbildung 4: Demographie der Internet-Nutzer

Der Kreis der Internet-Nutzer – wie immer wieder zu betonen ist – umfaßt nur einen Bruchteil des gesamten Kunden- und Interessentenpotentials. Zielt ein Unternehmen aber auf eine qualitative Erfolgskontrolle in größeremUmfang ab, so sollten durchaus alternative Medien in Betracht gezogen werden, die möglicherweise zwar unter dem Gesichtspunkt der Kosten gleich anzusiedeln sind, jedoch den Response eines weit größeren Kunden- und Interessentenkreises ermöglichen. Eine Anzeige mit Tip-on-Card leistet hier ebenso ihre Dienste wie das Kommunizieren einer Service-Telefonnummer, eine Info-Hotline ebenso wie eine Coupon-Anzeige. Das Internet ist und bleibt immer ein Ergänzungsmedium, das nie isoliert angewendet und betrachtet werden kann. Unter dem Gesichtspunkt der quantitativen Erfolgskontrolle leistet es sicher seinen Beitrag. Den qualitativen Response eines repräsentativen Empfängerkreises aber klammert es weitgehend aus.

Jedes Unternehmen, das den Einstieg ins Internet erwägt, muß sich daher im Vorfeld überlegen, ob es mit den begrenzten Möglichkeiten des neuen Mediums vorlieb nimmt, beziehungsweise ob es bereit ist, einen zusätzlichen Etat für flankierende Instrumente zur qualitativen Erfolgskontrolle bereitzustellen.

Darum prüfe, wer sich engagieren will...

Wer sich zum Einstieg ins Internet entschließt, setzt eine Kostenspirale in Gang. Ein professioneller Auftritt – und nur dieser macht Sinn – erfordert einen erheblichen Aufwand. Die Homepage allein trägt nur Prospektcharakter, wenn dahinter nicht ein breiteres Angebot dem Kunden konkreten Nutzen und Service verspricht. Beides aber muß einer Agentur zur Gestaltung in Auftrag gegeben werden. Eine eigens eingerichtete Redaktion ist für die ständige Pflege und Aktualisierung erforderlich.

Und ein Provider, der die entsprechenden Hardware- und Speicherkapazitäten bereitstellt, ist ebenfalls im Etat einzuplanen. Vor diesen Hürden schrecken viele Unternehmen zurück – mit Recht. Denn ob nicht alternative – möglicherweise preisgünstigere – Medien genauso ihre Dienste als „heißer Draht zum Kunden" leisten, bleibt genau zu überlegen. Auch der richtige Zeitpunkt für den Einstieg ist entscheidend.

Eines jedoch ist mit Sicherheit fehl am Platze: die Angst, den Anschluß zum Daten-Highway zu verpassen. Die unternehmerische Pflicht des einzelnen ist es sicherlich, zu erkennen, ob und wann der eigene Kunden- und Interessentenkreis „reif" für ein Internet-Angebot ist. Die technische Umsetzung und Anpassung an die sich ständig verändernden Standards aber leistet in jedem Fall der Provider – und zwar schnell und rechtzeitig. Ein ruhiges Abwarten und Beobachten der Entwicklung ist daher nie verkehrt.

Denn die endgültige Bedeutung und Position des Internet im Multimedia-Mix ist noch längst nicht geklärt. Es konkurriert heute mit Online-Diensten und morgen vielleicht schon mit dem digitalen Fernsehen und dem Teleshopping, die weitaus größere Empfängerpotentiale – vor allem unter den Endverbrauchern – versprechen. Ob das „Netz der Netze" letztlich seinen festen Platz als kommerzielles Verkaufsmedium einnehmen oder das bleiben wird, was es ehemals war, nämlich ein Kommunikationsnetz zum Informationsaustausch, ist noch offen. Wer immer sich heute zum Einstieg ins Internet entschließt, läßt sich auf ein Experiment ohne garantierten Ausgang ein. Schnelle Gewinne sind ebenso möglich wie einschneidende Verluste.

Als alleinige Überlebensstrategie für das eigene Unternehmen ist das neue Medium denkbar ungeeignet. Doch bietet es unbestreitbare Vorteile für den, der den Einstieg nach altbekannten und bewährten Marketing-Gesetzen wohl überlegt hat.

Wer die auf den vorangehenden Seiten skizzierten Gedankenschritte vollzogen hat und zu dem Schluß kommt, daß ihm das neue Medium einen Wettbewerbsvorteil garantiert, der die Kosten rechtfertigt, wird im „Netz der Netze" ein effektives Marketing- und Kundenbindungsinstrument finden – für Unternehmen aller Größen und Branchen.

Anbieterstrategien im World Wide Web

von Friedemann Reim

Die neuen Kommunikationskanäle zum Kunden

Ein gutes Verhältnis zum Kunden wird nicht durch eine einzelne Verkaufstransaktion aufgebaut. Es beginnt meist lange vor einem Vertragsabschluß und entwickelt sich durch kontinuierliche Interaktionen über einen längeren Zeitraum hinweg. In jedem Stadium dieses Prozesses hat die Qualität der Kommunikation eine Auswirkung auf die Kundenzufriedenheit. Das World Wide Web (WWW) als besonders erfolgreicher Dienst des Internets wird von Unternehmen unterschiedlicher Größe genutzt, um eine solche kundenorientierte Beziehung über die verschiedenen Stadien dieses Prozesses herzustellen. Insbesondere die Interaktivität ermöglicht es, eine neue Qualität in der Beziehung zum Kunden herzustellen. Wertvolle Informationen zu speziellen Kundeninteressen, Reaktionen auf neue Produktangebote und Rückmeldungen über die Kundenzufriedenheit werden dabei gesammelt. Erfolgreiche Unternehmen sehen das Potential hauptsächlich in der Möglichkeit, über das WWW sehr vielfältige Kommunikationskanäle zu Kunden und Kooperationspartnern bedienen zu können. Durch eine maßgeschneiderte Kombination von Firmen- und Produktinformationen, produktnahen Dienstleistungen und Beratung wird das gesamte Leistungsangebot verbessert.

Firmenpräsenz im World Wide Web

Die Präsenz eines Unternehmens entwickelt sich meist in drei Ausbaustufen, in denen das WWW nacheinander als Distributionsmedium, Produktinformationssystem und Vertriebsunterstützungssystem benutzt wird. Diese sollen im folgenden skizziert werden.

Das WWW als Distributionsmedium für Firmeninformationen

Bei Firmen, die den initialen Schritt ins Internet mittels einer Firmendarstellung tun, herrscht häufig eine gewisse Unsicherheit über die erstrebenswerte Art der Selbstdarstellung. „Netiquette" und Gepflogenheiten der Internet-Nutzer sind zu diesem Zeitpunkt in der Regel noch weitgehend unbekannt. Zwar wird die multimediale Darstellung als ganz wesentlich angesehen. Das dafür erforderliche Material, zum Beispiel sehr kurze Videosequenzen, ist allerdings selten vorhanden. Man greift daher zunächst auf den Firmenprospekt zurück. In der Vergangenheit ließen sich deshalb häufiger gescannte Ausschnitte aus Prospekten im WWW finden.

Mit der wachsenden eigenen Erfahrung kommt dann die Erkenntnis, daß „Multimedia" und vielen Farben noch keine dauerhaft attraktive Firmendarstellung bedeuten. Denn nach dem einmaligen Besuch einer solchen Web-Seite besteht beim Benutzer wenig Neigung zu einem erneuten Besuch. Einen Mehrnutzen durch mehr Information kann man hier nicht erwarten. Erfahrene Firmen bieten daher mittlerweile eine ganze Reihe von Informationen über ihr Unternehmen an. Der Reiz, wieder einmal reinzuschauen, wächst damit.

Das WWW als Produktinformationssystem

Nach den ersten Erfahrungen mit der eigenen Firmenpräsenz im Internet verbessern die Unternehmen ihre Produktinformationen, denn sie haben erkannt, daß der erste Kontakt zum Kunden oftmals aufgenommen wird, lange bevor die erste Verkaufstransaktion stattfindet. Die potentiellen Kunden wünschen Informationen über ein Produkt oder eine Dienstleistung. Die Möglichkeit, Millionen potentieller Kunden mit Produktinformationen zu erreichen, ist einer der wesentlichen Gründe für das explosionsartige Wachstum des Internets.

In dieser zweiten Entwicklungsstufe realisieren die Unternehmen also die professionelle Bereitstellung von technischen Merkblättern, Datenblättern und Sicherheitshinweisen. Dabei bemühen sie sich, Aufwand und Kosten für die Aktualisierung und den Versand dieser Produktinformationen zu reduzieren. Gleichzeitig wird eine zeitnahe Bereitstellung angestrebt. In der Praxis ergeben sich hierbei fast immer auch organisatorische Änderungen im Unternehmen. Die traditionelle Aufgabenverteilung zwischen Marketing- und Vertriebsabteilung sowie Druckerei und Werbeagentur muß den neuen Erfordernissen angepaßt werden.

Im „Netz" lassen sich sehr viele Beispiele für Produktinformationen finden. Unternehmen, die dabei auch den Privatkunden ansprechen, finden sich darunter ebenso wie Unternehmen, die sich ausschließlich an Geschäftskunden und Handelspartner richten.

Ähnlich wie in der ersten Ausbaustufe besteht auch hier gelegentlich die Neigung, die gedruckten Produktinformationen einfach einzuscannen. Leider gehen bei dieser Art der Bereitstellung entscheidende Vorteile des elektronischen Verfahrens verloren. Die Aktualisierung erfolgt in solchen Fällen oft nur in den gleichen – langen – Zyklen wie die Printprodukte. Eine intelligente Suche wird dadurch unmöglich.

Gute Lösungen setzen daher auf einer Datenbank auf. Hier kann die Information, zum Beispiel auch über Preise, auf Tagesbasis aktualisiert werden. Bei komplexen Produktpaletten wird ein elektronischer Katalog erstellt. Dieser läßt dann eine sehr komfortable Suche im Produktangebot zu. Abbildung 5 faßt die Vorteile für Kunden und Anbieter in dieser produktorientierten Ausbauphase zusammen.

In der zweiten Ausbaustufe setzt sich in den Unternehmen auch eine realistische Einschätzung der multimedialen Nutzungsmöglichkeiten durch. Die derzeitigen Übertragungskapazitäten des Internets führen dazu, daß die im WWW abrufbaren Informationen hauptsächlich Texte und Bilder sind. Durch die Interaktionsfähigkeit ist damit ein zentraler Bestandteil eines Multimedia-Systems verfügbar. Eine rudimentäre Form von Bewegtbildern kann über sogenannte „animated gif-Files" realisiert werden. Damit läßt sich bei-

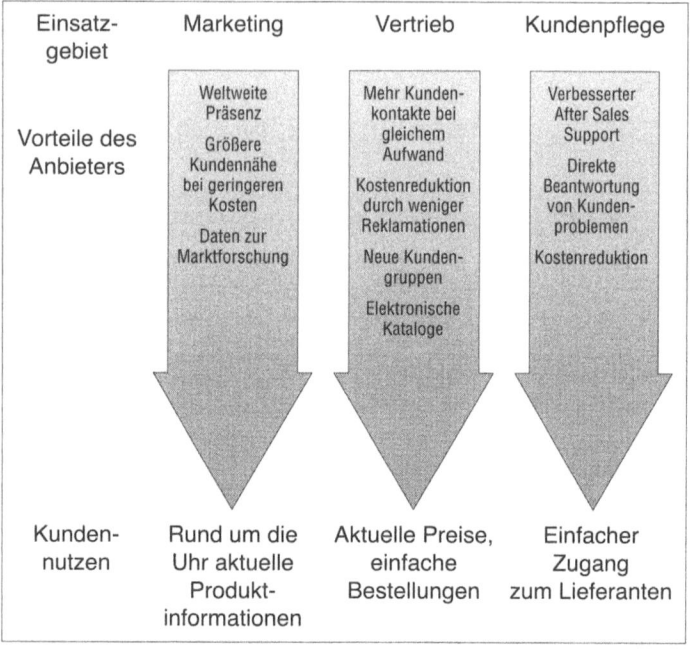

Abbildung 5: Vorteile der Internet-Nutzung in Marketing und Vertrieb

spielsweise ein Blinken oder ein rotierendes Firmen-Logo erzeugen.
Mit der absehbaren Verbreitung von „Java" ergeben sich hier weitere Möglichkeiten.

Video

Videosequenzen werden im WWW als herkömmliche Dateien
(QuickTime, MPEG, WAV) bereitgestellt. Über File Downloading
werden diese Dateien dann vollständig auf den Rechner des Benutzers
übertragen. Ein Abspielen kann meisten erst nach einer vollständigen
Übertragung beginnen. Eine „schlechte", überlastete Leitung führt zu
langen Übertragungszeiten und sollte vermieden werden. Die zum lokalen Abspielen der Videos erforderliche Software, meist sogenannte
Plug-ins, sind häufig lizenzkostenfrei über das Internet erhältlich.

Die derzeitigen Restriktionen lassen nur eine sehr eingeschränkte Nutzung von Videos zu. Aus der Praxis ergeben sich folgende Erfahrungen:

- Für 30 Kilobyte Daten muß mit Übertragungszeiten von rund 20 Sekunden gerechnet werden.

- Für einen einfachen QuickTime-Movie mit einer Laufzeit von rund 25 Sekunden benötigt man komprimiert 1,2 Megabyte.

- Dateien sollten kleiner als ein bis zwei Megabyte sein.

- Web-Seiten sollten immer auch ohne File Download informativ sein. Gerade regelmäßige Benutzer laden aus Gründen der Zeitersparnis häufig keine Dateien. Das Video sollte daher als Option unter Angabe seiner Dateigröße angeboten werden.

- In der Kürze liegt die Würze!

Leistungsfähige Kompressionstechniken (zum Beispiel MPEG) helfen, die Dateigröße und damit die Übertragungszeiten zu reduzieren.

Audio

Eine Live-Übertragung von Videos ist bei den im allgemeinen benutzten schmalbandigen Netzen derzeit nicht realisierbar. Im Bereich der Audio-Übertragung gibt es hingegen Echtzeitanwendungen. Die dabei eingesetzte Audio-Software führt bei schlechten Übertragungsleitungen zu Qualitätsverlusten. Die Übertragungszeit verlängert sich aber nicht (Echtzeit).

Beispiele für derzeit eingesetzte Software sind:

- Realaudio: Echtzeit-Audio bei 14 000–28 800 bit/s, http://www.realaudio.com

- StreamWorks: Audio und Video mit MPEG-2 Komprimierung, http://www.xingtech.com

- Telephonie: Telefon über Internet, http://www.vocaltec.com, http://www.netscape.com

Beispiele für die Anwendung von Radioübertragungen finden sich unter:

- http://www.abcradionet.com (ABC Radionet),

- http://www.netradio.net (24 h-Internet-Radio),

- http://www.br-online.de (Bayerischer Rundfunk).

Die Audio-Übertragung im Internet befindet sich noch in der Erprobungsphase. Häufig laufen die Anwendungen noch nicht stabil.

Eine Nutzung, die über die hier angeführten Radiosendungen hinausgeht, dürfte sich daher auch in nächster Zeit auf spezialisierte Bereiche beschränken. Eine Nutzung zur Bereitstellung von Produktinformationen ist kurzfristig noch nicht zu erwarten.

Das WWW als Vertriebsunterstützungssystem

Bei regelmäßiger Nutzung des WWW zur Abfrage von Produktinformationen erkennen sowohl das Anbieterunternehmen wie auch die Benutzer in der Regel bald erweiterte Nutzenpotentiale.

Häufig sind die Internet-Benutzer bereits mit der Nutzung von Online-Transaktionssystemen vertraut. Mit der fortschreitenden Nutzung des Internets für Produktinformationen wächst dann der Wunsch, auch Informationen über die Lieferbereitschaft, über Lagerbestände oder über aktuelle Verkaufsaktionen abrufen zu können. Und natürlich möchte man dann auch eine Bestellung abwickeln können.

Auch hier sind die Möglichkeiten des Internets groß. Abbildung 6 faßt wesentliche Vorteile zusammen.

Spätestens in dieser dritten Ausbaustufe macht sich derzeit ein webspezifischer Nachteil bemerkbar: Das WWW ist kein Transaktionssystem. Um Aufträge und Bestellungen abwickeln zu können, fehlen außerdem noch geeignete Sicherheitsmechanismen bei der Übertragung. Hier ist jedoch eine kurzfristige Lösung zu erhoffen.

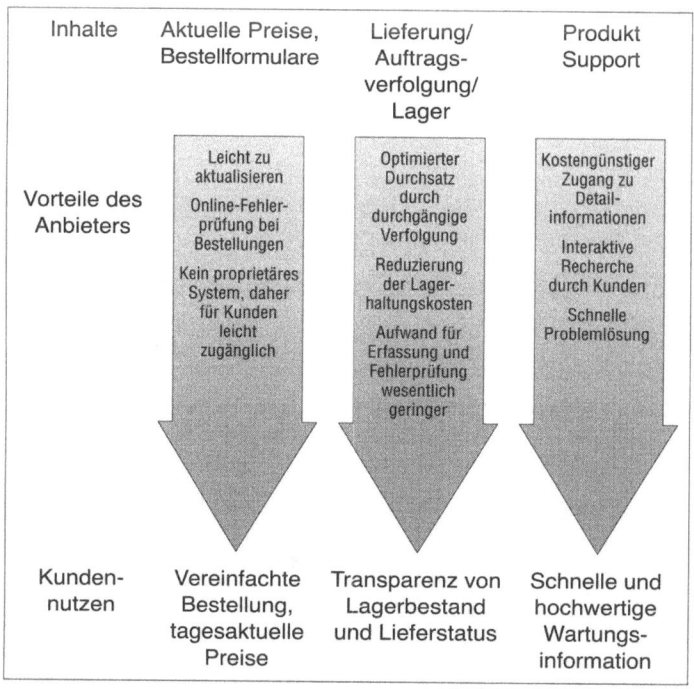

Inhalte	Aktuelle Preise, Bestellformulare	Lieferung/ Auftrags- verfolgung/ Lager	Produkt Support
Vorteile des Anbieters	Leicht zu aktualisieren Online-Fehler- prüfung bei Bestellungen Kein proprietäres System, daher für Kunden leicht zugänglich	Optimierter Durchsatz durch durchgängige Verfolgung Reduzierung der Lager- haltungskosten Aufwand für Erfassung und Fehlerprüfung wesentlich geringer	Kostengünstiger Zugang zu Detail- informationen Interaktive Recherche durch Kunden Schnelle Problemlösung
Kunden- nutzen	Vereinfachte Bestellung, tagesaktuelle Preise	Transparenz von Lagerbestand und Lieferstatus	Schnelle und hochwertige Wartungs- information

Abbildung 6: Vorteile der Internet-Nutzung in der Auftragsabwick-
lung

Das Internet als Vertriebslösung?

Viele Unternehmen sehen das WWW mittlerweile als die zukünftige Drehscheibe für Produkinformationen und Dienstleistungen an.
Derzeit sind die Marketing- und Vertriebsorganisationen die trei-
benden Kräfte, da sie eine kostengünstige Zugangsmöglichkeit zu
großen Kundengruppen sehen.

Internet-Nutzer werden jedoch nicht nur die externen Kunden eines
Unternehmens sein. Gerade Unternehmen mit einem umfangreichen
Außendienst sehen große Chancen für ihre eigenen Mitarbeiter. Die
WWW-Technologien (Web-Browser und Web-Server) werden
hierbei nur firmenintern genutzt. Das entstehende Intranet verhilft

der eigenen Vertriebsorganisation zu größerer Effizienz und zu Qualitätssteigerungen. Im Bereich der Computer-Hardware und Software hat sich das bereits flächendeckend durchgesetzt. Finanzdienstleister und Medienunternehmen ziehen nach. Diese Unternehmen haben den Vorteil, daß sie ihre Leistung meist direkt über das Netz ausliefern können. Hier ist mit einem Schub zu rechnen, sobald es sichere Übertragungsmechanismen gibt, die eine Kostenabrechnung zulassen.

Eine gewisse Unsicherheit besteht derzeit noch in vielen produzierenden Unternehmen. Hier ist man sich über die Kundenakzeptanz unsicher.

In diesen Branchen werden derzeit die Verbände aktiv und bieten einen gemeinsamen „Marktplatz" an, auf dem die einzelnen Mitgliedsunternehmen vertreten sein können. Ausgehend von den USA macht sich diese Entwicklung auch in Deutschland bemerkbar. Der Einstieg über den eigenen Verband bietet einige Vorteile:

- Der Internet-Marktplatz aller Verbandsmitglieder bietet eine vordefinierte Struktur.

- Er stellt einen definierten Einstiegspunkt für potentielle Kunden dar.

- Er eröffnet vielen potentiellen Kunden eine Zugangsmöglichkeit zur eigenen Firma, die es zuvor nicht gab.

Mit wachsenden Erfahrungen bauen die Firmen dann ihren „eigenen" elektronischen Marktplatz auf. Voraussetzung ist die Integration in Marketing-/Vertriebsaufgaben.

Der Nutzen ist vielfältig und trägt wesentlich zu einer innovativen Vertriebsinfrastruktur bei:

- Neue Kommunikationskanäle zum Kunden werden möglich.

- Die Aktualität der Inhalte kann gesichert werden.

- Kundennähe ist ohne prohibitive Mehrkosten möglich. Teilweise werden gerade bei Produktion, Versand und Lagerung von Informationsmaterial erhebliche Einsparungen realisiert.

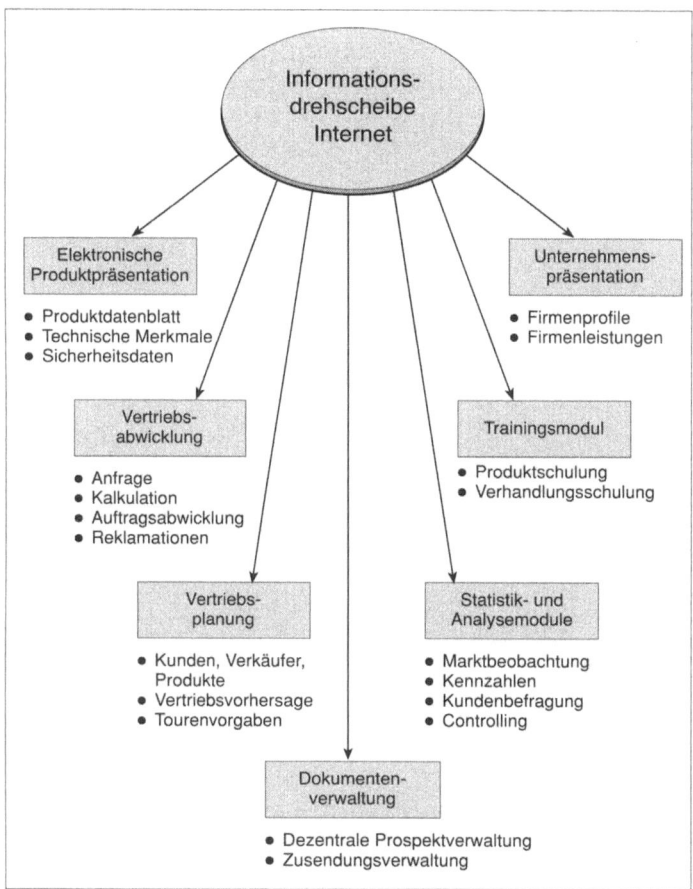

Abbildung 7: Informationsdrehscheibe Internet

Abbildung 7 zeigt, daß viele Unternehmen gleichzeitig ein wesentlich umfassenderes Leistungsspektrum anbieten wollen. Die eigene „Home Page" kann dabei allenfalls einen ersten Einstieg darstellen.

Für die Integration der einzelnen betrieblichen Informationsquellen bietet das Client-Server-Konzept des WWW eine hervorragende Basis, die den Ausbau multimedialer Informationssysteme zuläßt.

Electronic Commerce

von Detlef Schoder und Ralf E. Strauß

Electronic Commerce ist die elektronisch realisierte Anbahnung, Aushandelung und Abwicklung von Geschäftsprozessen zwischen Wirtschaftssubjekten. Noch stehen viele Fragen in puncto Sicherheit, Zahlungsabwicklung und rechtlicher Regelungen offen. Jedoch läßt sich mit Gewißheit sagen, daß Electronic Commerce erheblich die Art und Weise, wie Wirtschaftssubjekte miteinander Dienste, Produkte und Geld austauschen, verändern wird. Ziel des vorliegenden Beitrags ist es, Electronic Commerce zu definieren, konzeptionell zu strukturieren, Nutzenpotentiale aufzuzeigen sowie einigen stereotypen Fehleinschätzungen entgegenzutreten.

Was ist Electronic Commerce?

Electronic Commerce ist die über Telekommunikationsnetzwerke elektronisch realisierte Anbahnung, Aushandelung und Abwicklung von Geschäftstransaktionen zwischen Wirtschaftssubjekten. Dies kann im einfachsten Fall den Austausch von E-Mail-Nachrichten bedeuten. Fortgeschrittenere Formen sind der weitgehend automatisierte Austausch von Daten zwischen Applikationen (Electronic Data Interchange/EDI) oder der in der jüngeren Zeit aufstrebende Bereich des Internet beziehungsweise World Wide Web-basierten Electronic Commerce.

Die grundlegende Struktur von Electronic Commerce wird durch eine technische, eine anwendungs- und eine umfeldbezogene Ebene gebildet. Eine Einordnung der einzelnen Elemente dieser Struktur gibt Abbildung 8.

Auf der technischen Ebene lassen sich vier Bausteine identifizieren: die technische Telekommunikationsinfrastruktur, Dienste zur Datenkommunikation, digitalisierte Inhalte sowie Dienste für die An-

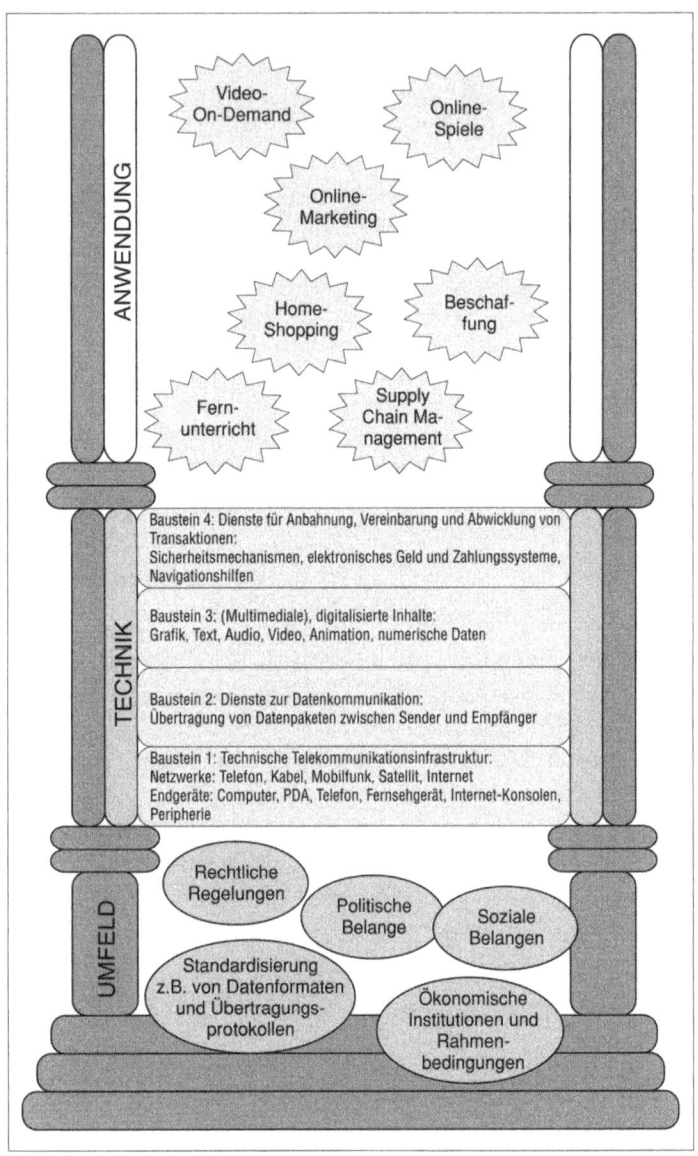

Abbildung 8: Grundlegende Struktur von Electronic Commerce

bahnung, Vereinbarung und Abwicklung von Kauf-/Verkaufspro-
zessen. Letztere zwei Bausteine lassen sich in einer anwendungso-
rientierten Sicht auch entsprechend der Anwendungsebene zuord-
nen. Der erste Baustein bildet die die physikalische Netzwerkein-
frastruktur aus einer Vielzahl von untereinander verbundenen Computer,- Kabel-, Telefon-, Mobilfunk- und Satellitennetzen (wobei
das Internet als „Netz der Netze" einen großen Bestandteil um-
schließt) sowie den erforderlichen Endgeräten. Der zweite Baustein
beinhaltet die Dienste zur Datenkommunikation, die auf der physischen Netzwerkinfrastruktur die Übertragung von Datenpaketen
durch geeignete Protokolle realisieren. Aufgabe dieser Dienste zur
Datenkommunikation ist der technisch zuverlässige und fehlerfreie
Transport von Daten vom Sender zu einem oder mehreren Empfängern. Quelle der zu übermittelnden Daten sind digitalisierte Inhalte,
wie etwa gesprochene Sprache (Audio), Grafiken/Bilder, Bewegt-
bilder (Video), das ist der dritte Baustein. Der vierte Baustein der
technischen Ebene stellt Dienste für die geschäftliche Anbahnung,
Vereinbarung und Abwicklung der Kauf- beziehungsweise Ver-
kaufsprozesse zur Verfügung. Hierzu zählen Sicherheitsmechanismen wie Verschlüsselung und digitale Unterschrift, Authentifizie-
rungsdienste, elektronische Zahlungssysteme sowie Navigationshilfen wie „elektronische Einkaufszentren" (Electronic Malls), elektronische „Gelbe Seiten", Kataloge und Suchmaschinen.

Zur Realisierung konkreter Anwendungen zwischen Marktbeteilig-
ten sind die Bausteine der technischen Ebene in Teilen oder in ihrer
Gesamtheit erforderlich. Anwendungsbeispiele sind Video On Demand, Electronic-Shopping, Home-Banking, Fernunterricht, Global
Sourcing, Supply Chain Management, Online Marketing und interaktive Werbung.

Zu der dritten, umfeldbezogenen Ebene zählt die Institutionalisie-
rung, Kodifizierung und Abstimmung rechtlicher, politischer, technischer, wirtschaftlicher und sozialer Belange. All diese Faktoren definieren das Umfeld und bilden die Rahmenbedingungen von Electronic Commerce. Hierzu zählen etwa die Regelung des Zugangs zu
der erwähnten Infrastruktur, die Frage nach der Privatheit und Vertraulichkeit übertragener Informationen, die Frage nach der Finan-

zierung der notwendigen Infrastruktur, die organisatorische, technische und juristische Lösung von Interessenskonflikten (Schlechter-
füllung von Kaufverträgen, Betrug etc.) sowie Fragen der technischen Standardisierung von Datenformaten und Übertragungsproto-
kollen. Das Internet unter Nutzung des World Wide Web gilt de
facto trotz einer Reihe bislang ungelöster Probleme derzeit als die geeignete, globale Infrastruktur für Electronic Commerce. Anhand
einer Wertschöpfungskettenbetrachtung lassen sich primäre und sekundäre Aktivitäten des Electronic Commerce identifizieren.

Primäre Aktivitäten des Electronic Commerce umfassen die für die
unmittelbare Leistungserstellung von digitalen Gütern und elektronischen Dienstleistungen notwendingen Aktivitäten. Die Abbildung 9 skizziert grob die wesentlichen Stufen der Wertschöpfungskette, beginnend vom Produzenten, der die abzusetzenden Inhalte
gegebenenfalls digitalisiert und gestalterisch aufbereitet oder einen
Dienst kreiert. Beim Packaging werden diese Inhalte eventuell mit
weiterem, digitalen Input (beispielsweise Einbindung von Werbung
Dritter) zu Produkten zusammengestellt und Dienste etwa in Form
einer Applikation realisiert. Die Stufe der Speicherung und Bereitstellung bezweckt das technische Verfügbarmachen der digitalen
Produkte oder Applikationen auf elektronischen Marktplätzen für
potentielle Nutzer. Die Stufe des Transports und der Verteilung beinhaltet die Übertragung der digitalen Informationen vom Anbieter
an den oder die Empfänger, gegebenenfalls mit gleichzeitiger Erhebung von Gebühren. Die übertragenen Informationen werden in Abhängigkeit von der Funktionalität des Endgeräts präsentiert.
Schließlich nutzt der Abnehmer diese Information im Rahmen einer
Anwendung (Video On Demand, Tele-Shopping etc.).

Sekundäre Aktivitäten unterstützen – im umfänglichsten Falle über
alle Markttransaktionsphasen – die den Geschäftsvorgängen zugrundeliegenden Transaktionen zwischen den einzelnen Wert-
schöpfungsstufen. Zu diesen Aktivitäten gehören beispielsweise Zu-
griffs-, Abrechnungs-, Sicherheits-, Verzeichnis- und Empfehlungs-
dienste, sowie Dienste vertrauenswürdiger dritter Parteien (Trusted
Third Parties), die etwa über einen fairen Austausch von „Geld gegen Ware" wachen, (De-)Chiffrierungsschlüssel verwalten oder die

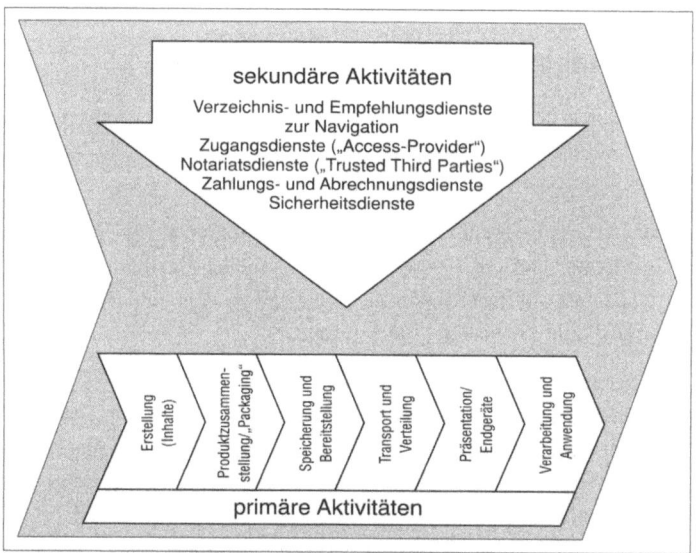

Abbildung 9: Wertschöpfungskette Electronic Commerce

die Übertragung elektronischen Geldes zwischen den Teilnehmern und eventuell einer zwischengeschalteten Bank übernehmen.

Nutzenpotentiale von Electronic Commerce

Alle beteiligten Wirtschaftssubjekte versprechen sich von Electronic Commerce Nutzengewinne. Auf der Verbraucherseite besteht die Hoffnung, Kostenvorteile zu erfahren, aufgrund a) eines stärkeren Wettbewerbs zwischen Anbietern, forciert durch elektronisch gestützte Auswertungen einer größeren Anzahl von Angeboten in kurzer Zeit, b) der Senkung von Transaktionskosten, beispielsweise in Form von Zeit- und Kosteneinsparungen durch eine fehlerfreiere und schnellere Abwicklung von Online-Aufträgen, oder c) des Ausschaltens von Intermediären und der möglichen Einsparung der damit verbundenen Margen. Aus Unternehmersicht stellt Electronic Commerce ein weites und neuartiges Betätigungsfeld dar, welches nahezu alle betrieblichen Funktionsbereiche tangiert. Mindestens zehn Hypothesen zum betriebswirtschaftlichen Nutzen im allgemeinen von Electronic Commerce lassen sich anführen.

- Produktwerbung: Electronic Commerce verbessert durch einen direkten, informationsreichen und interaktiven Kontakt mit Konsumenten die Produktwerbung.

- Neuer Vertriebskanal: dank des unmittelbaren Zugangs zu Konsumenten und der bi-direktionalen Natur der Kommunikationsbeziehung, bildet Electronic Commerce eine neuartigen Vertriebskanal für bestehende Produkte.

- Kosteneinsparungen: durch die Nutzung öffentlicher Telekommunikationsinfrastrukturen, wie dem Internet, und die Wiederverwendung digitalisierter Informationen, kann Electronic Commerce die Kosten der Informationsversorgung von potentiellen Kunden senken.

- Time-To-Market: Electronic Commerce-Systeme erlauben die zeitliche Reduzierung der Durchlaufzeiten von Bestellung über Produktion hin zur Lieferung von Informationen und Diensten.

- Kunden-Service: durch „intelligente" Produkte und die zunehmende Verfügbarkeit von intelligenten Unterstützungssystemen, verbessert Electronic Commerce den Kundenservice.

- Marken- oder Unternehmensidentität: Electronic Commerce-Systeme werden Bestandteil von marken- oder unternehmensidentitätbildenden Maßnahmen.

- Technology learning und organizational learning: Technologischer Fortschritt im Bereich Electronic Commerce zwingt a) Unternehmen zu Lernprozessen („push von außen", vom Markt auf die Unternehmung) und b) bildet gleichzeitig die Grundlage zum Experimentieren mit neuen Produkten, Diensten und Prozessen („pull von innen", vom Unternehmen in Richtung Markt).

- Kundenbeziehungen: Electronic Commerce wird aufgrund seiner Fähigkeit, Informationen über Kundenwünsche und Verhaltensmuster zu sammeln und auszuwerten, individualisiertere Beziehungen zwischen Lieferanten und ihren Abnehmern gestatten.

• Mass-Customization und neuartige Produkte: die informationsbasierte Natur von Electronic Commerce-Prozessen erlaubt die Kreation neuartiger Produkte oder die Individualisierung bestehender Produkte in innovativer Weise.

• Neue Geschäftsmodelle: die Neustrukturierung von Branchen im Zusammenwirken mit Electronic Commerce-Systemen erlaubt oder fordert neue Geschäftsmodelle aufgrund des unmittelbaren Zugangs zu verteiltem Wissen und der unmittelbaren Verteilung an Endkunden.

Entwicklungsperspektiven des Electronic Commerce

Die bisherige Entwicklung und die Dimension des Electronic Commerce lassen sich anhand aktueller, auf das Internet und dessen Benutzer bezogene Zahlen darstellen. Deshalb zunächst eine Reihe von Fakten. Quelle der hier dargestellten Ergebnisse sind namhafte Marktstudien, vorwiegend aus den Jahren 1996 und 1997. Eine übersichtliche Zusammenstellung dieser und weiterer Ergebnisse findet sich bei: www.cyberatlas.com.

Marktgröße: es gibt derzeit rund 16 Millionen registrierte Domains. In den letzten Jahren ist die Anzahl Domains um durchschnittlich 70 Prozent gewachsen. In jüngerer Zeit ist eine Verlangsamung der Wachstums zu verzeichnen. Zwar läßt sich die Anzahl der ans Internet angeschlossenen Computer relativ genau bestimmen, eine exakte Schätzung der Anzahl der Internet-Nutzer ist allerdings nicht möglich, da man nicht genau weiß, wie viele Internetteilnehmer sich einen Rechneranschluß teilen. Entsprechend variieren die Berechnungen von konservativ etwa 28 Millionen bis großzügig geschätzte 55 Millionen und mehr Internetteilnehmern. Insgesamt hatten mehr als 23,4 Millionen Haushalte 1996 Zugang zum Internet. Dieser Wert soll sich bis zum Jahr 2000 auf 66 Millionen Haushalte er-

höhen. Von im Jahre 1996 befragten 1100 Online-Geschäften gaben
31 Prozent an, sie wären bereits in der Gewinnzone und über 28 Prozent schätzen ein, sie würden innerhalb der nächsten 12 bis 24 Monaten Gewinne erwirtschaften. Das durchschnittliche Verkaufsvolumen pro Web-Site innerhalb eines Monats liegt bei 7100 US-Dollar.
Die Verteilung der monatlichen Verkäufe teilt sich wie folgt auf: 11
Prozent der Web-Sites machen einen Umsatz zwischen 1 bis 99 US-Dollar, 29 Prozent einen Umsatz zwischen 100 bis 999 US-Dollar,
39 Prozent einen Umsatz zwischen 1000 bis 9999 US-Dollar, 18
Prozent einen Umsatz zwischen 10 000 bis 99 999 US-Dollar, zwei
Prozent einen Umsatz zwischen 100 000 bis 1 Million US-Dollar
und ein Prozent einen Umsatz von mehr als eine Million US-Dollar.
Auf Dollarbasis gerechnet, übersteigt das Business-to-Business-Segment den Einzelhandel. Beispielsweise wickelt General Electric
mehr als eine Milliarde Dollar Geschäftsvolumen mit seinen Zulieferanten über ihr Web-basiertes System ab. Das ist mehr als die gesamten Konsumentenausgaben 1996. Je nachdem wie umfänglich
das Business-to-Business-Segment definiert ist, wird sich das Geschäftsvolumen in diesem Segment im Jahre 2000 auf 60 bis 160
Milliarden US-Dollar beziffern. Anderen Vorhersagen nach sollen
in 10 Jahren mehr als 20 Prozent aller Ausgaben von Haushaltungen
über Information-Highways abgewickelt werden. Dem Online-Einzelhandel wird ein Umsatz von mehr als 6,6 Millarden US-Dollar im
Jahr 2000 vorausgesagt.

Online-Werbung: der Online-Werbemarkt belief sich 1995 auf 37
Millionen. Für 1997 werden 400 bis 1000 Millionen US-Dollar erwartet. Im weiteren wird mindestens bis zum Jahr 2000 mit einem
jährlichen, kontinuierlichen Wachstum von 250 Prozent gerechnet.
Bezogen auf den US-amerikanischen Markt macht das Volumen für
Online-Werbung bereits 14 Prozent der Werbeumsätze der nationalen Tageszeitungen aus. In der Bundesrepublik Deutschland wurde
1996 etwa 2 Million DM in Online-Werbung investiert.

Demographische Eckwerte: das durchschnittliche Alter von Internet-Anwendern ist knapp über 35. Dabei sind 41 Prozent verheiratet, 41 Prozent sind ledig. 45 Prozent der Onlinesurfer sind über 40.
Jeder zehnte Nutzer (mehr als 3 Millionen) ist jünger als 18 Jahre

und nutzt das Internet von Zuhause oder von der Schule aus. 54 Prozent der Nutzer verfügen über zumindest einen College-Abschluß. Das Mittel aus mehreren Studien deutet an, daß über 40 Prozent der Internet-Nutzer weiblich sind. Bei mehr als einem Drittel der Webnutzer ist eine Substituierung von alternativen Aktivitäten wie Buchlesen oder Fernsehen zugunsten des Webs festzustellen. Der Median des Haushaltseinkommens ist 60 000 US-Dollar, das durchschnittliche Haushaltseinkommen liegt bei etwa 59 000 US-Dollar. Internet-Nutzer sind zumeist in der Computerbranche oder im Ausbildungssektor tätig. Eine Untersuchung von 2781 Befragten kommt zu dem Ergebnis, daß 39 Prozent auf Angestellte und Studierende entfallen sowie neun Prozent auf Selbständige; der Großteil der Befragten wünsche sich aktuelle, sachliche, kurze und kostenlose Informationen; nur 22 Prozent der Interviewten wären bereit, für Informationen im Netz etwas zu bezahlen.

Eine ähnlich gelagerte Studie mit 1800 Befragten kommt zu dem Ergebnis, daß 48 Prozent der Internet-Nutzer Studierende, 33 Prozent Angestellte und ebenfalls neun Prozent Selbständige beziehungsweise Freiberufler sind. Hinsichtlich der psychografische Kennzeichen deuten verschiedene Studien an, daß 70 Prozent der Internet-Nutzer als „Macher" und „erlebnisorientiert" charakterisiert werden können. Sie sind als Meinungsführer und Innovatoren für ihr soziales Umfeld bestimmend und finden sich verstärkt in Kreisen der Gesellschaft, denen innovative Impulse nachgesagt werden, wie etwa das universitäre Umfeld. In bezug auf die Form des Zugriffs auf das WWW bedient sich nahezu die Hälfte aller Internet-Nutzer eines kommerziellen Zugangs-„providers". Während derzeit noch etwa 40 Prozent der Teilnehmer professionellen gegenüber 30 Prozent privaten Hintergrund haben, dürfte sich dies bis zum Jahre 2000 in etwa die Waage halten. Einer aufgestellten Nutzersegmentierung nach sind 46 Prozent aus Firmen, 15 Prozent aus dem Ausbildungsbereich, 12 Prozent beruflich bedingte Konsumenten und 27 Prozent „Private".

Nutzerverhalten: insgesamt hat sich die tägliche Nutzung des Webs dramatisch seit 1995 ausgeweitet. Über 60 Prozent der Internet-Nutzer sind pro Woche mehr als 2 Stunden online. Mehr als 51 Prozent der Webnutzer sind über 10 Stunden pro Woche online. 22 Prozent davon nutzen gar das Web über 20 Stunden pro Woche. Knapp 50 Prozent der Webnutzer greifen auf das Web täglich zu. Als Gründe für die Webnutzung wird unter Mehrfachnennung Unterhaltung (57 Prozent), Nachrichten (49 Prozent), Computerprodukte (21 Prozent), Reise (30 Prozent) und Finanzinformationen (26 Prozent) angegeben. Die populärsten Internetdienste sind nach wie vor E-Mail, surfen im Web, online „chatten" und Software online beziehen. Shopping-Aktivitäten nehmen dabei spürbar zu. Marktstudien bestätigen, daß bereits 2,7 Millionen Teilnehmer das Internet für Online-Shopping oder für kommerzielle Dienste wie das Erledigen von Bankgeschäften und das Besorgen von Reiseinformationen nutzen. Obwohl 53 Prozent der Internet-Nutzer das Web für ihre Kaufentscheidung konsultiert haben, führten lediglich 15 Prozent den eigentlichen Kauf über das Web auch tatsächlich aus.

Vor 1996 haben dagegen nur ein Prozent der US-Webnutzer via Web eingekauft. Etwa 50 Prozent der Online-Geschäfte wurden für Software getätigt, 25 Prozent für Publikationen und 23 Prozent für Computer-Hardware. Zu den bedeutendsten Marksegmenten zählen Finanzdienstleistungen, Sex, Reise, Einzelhandel, Musik, Bücher und Autos. Hinweise auf Webseiten stammen zu 39 Prozent aus traditionellen Printmedien, zu 44 Prozent von Mund-zu-Mund-Propaganda und zu 32 Prozent wird das Online-Blättern („browsen") selbst als Quelle gesehen; lediglich zehn Prozent der Nutzer erfahren Webseiten über sogenannte „hot links".

Gestaltungsmöglichkeiten für Unternehmen im Electronic Commerce

Bereits die wenigen, nachfolgend angeführten Aspekte und Beispiele zum Marketing verdeutlichen die enormen Gestaltungsmöglichkeiten für Unternehmen, betriebswirtschaftlichen Nutzen aus (WWW-basiertem) Electronic Commerce zu ziehen. Das Internet läßt sich in mindestens dreierlei Weise als Marketinginstrument nutzen. Zum einen als Kommunikationskanal zum Kunden für Marketingbotschaften, zum zweiten als eigenständigen Vertriebskanal und zum dritten als Plattform für Kundenservice.

In erster Linie nutzen Unternehmen das WWW im Sinne eines Kommunikationskanals, um Informationen über ihre Firmen und ihre Produkte zu kommunizieren. Die virtuelle Präsenz von Unternehmen und Werbebotschaft kann grundsätzlich entweder durch eigene Seiten oder durch Werbung auf anderen, am besten stark frequentierten Seiten erfolgen. Umsatzerhebungen verdeutlichen, daß Werbung bei Electronic Commerce trotz der in den elektronischen Netzen nicht immer exakt möglichen Reichweitenmessung die größte Rolle spielt. Die Werbestrategien variieren dabei erheblich. Es scheint, daß in vielen Fällen noch im Sinne der traditionellen Massenkommunikationsmedien agiert wird. Ein Inhalt wird an viele potentielle Kunden verteilt. Die medienspezifischen Eigenheiten des Internets werden dabei bei weitem nicht ausgereizt. Neben den grundsätzlichen Möglichkeiten der Werbefilm-ähnlichen Selbstdarstellung mit Audiounterstützung wird vor allem die Fähigkeit zur Interaktivität kaum genutzt. Auf entsprechend eingerichteten Seiten können Produkte unmittelbar gemäß den individuellen Kundenwünschen zusammengestellt und präsentiert werden. Eine durchdachte Struktur vorausgesetzt, kann der Kunde den Umfang an Information, den er über ein Produkt wünscht, weitgehend selbst bestimmen. Des weiteren können virtuelle Produkte angeboten werden. Darunter versteht man Produkte, die zunächst in der angebotenen Form (noch) nicht physisch existieren, sich aber in kurzer Zeit gemäß individueller Kundenwünsche anfertigen lassen. Denkbar sind umfangreiche elektronische Produktkataloge, die Tausende von Produktvarianten beinhalten, aus welchen der Kunde „sein" Produkt (etwa Computer) selbst zusammenstellen kann (Mass Customization).

Im Zusammenhang mit einem eigenständigen Vertriebskanal kann die elektronische Übermittlung von Informationen um Funktionen wie Ferninstallation, Ferndiagnose und Fernwartung beim Kunden erweitert werden. Da hierbei relativ leicht durch Erheben personenbezogener Daten Eingriff in die Privatsphäre des Kunden genommen wird, sind diese Funktionalitäten nicht ganz problemlos. Handelt es sich um rein informationstechnisch realisierte Produkte (elektronische Bücher, PC Spiele, bestimmte Bank- und Finanz-transaktionen, Reisearrangements), kann der Interessent Demon-strationen und Teile der Produkte ausprobieren („downloaden"). Gegen Bezahlung wird die vollständige Programmversion bezie-hungsweise das vollständige Produkt entweder elektronisch über-tragen oder per konventionellem Postwege ins Haus geschickt.

Das Internet/WWW als Plattform für Kundendienste eignet sich ins-besondere dadurch, als daß über das Internet ein Rückkanal vom Konsumenten zum Produzenten vorhanden ist. Beispielsweise kön-nen Produktprobleme und ihre Lösungen mittels E-Mail zwischen Wirtschaftssubjekten asynchron ausgetauscht werden. Denkbar sind auch Fehlerbehebungslisten, die der Konsument online lesen kann, und Konsumentenumfragen zur Zufriedenheit mit Produkt und Ser-vice. Die Qualität der Kommunikationsbeziehung zwischen Sender und Empfänger verändert sich folglich. Es handelt sich weniger um einen passiven, anonymen Empfänger aus der Masse, sondern um einen individuellen, aktiven, interagierenden, mit spezifischem In-teressenprofil suchenden Interessenten.

Stereotype Fehleinschätzungen zu Electronic Commerce

Die Liste der verzerrten, übertriebenen oder der gar falschen Ein-schätzungen zu Electronic Commerce ließe sich derzeit beliebig um-fangreich aufstellen. Drei vielzitierte Aussagen seien in den nach-folgenden Abschnitten kritisch hinterfragt.

Fehleinschätzung 1: Electronic Commerce führe zu einem Mas-sensterben der Zwischenhändler, Mittelsmänner und anderer, markt-vermittelnder Institutionen (Intermediäre), weil Produzent und Kon-sument in unmittelbaren Kontakt – eben unter Ausschaltung von Intermediären – treten können.

Wenn man von einer vollständigen Bedrohung der Intermediäre durch moderne Informations- und Kommunikations-Technologien spricht, setzt man voraus, daß sämtliche Geschäftstransaktionen auf elektronischer Ebene abgewickelt werden und es hier ausschließlich zu Direktkontakten zwischen Anbieter und Nachfrager kommt. Viele Anbieter werden in den nächsten Jahren auf elektronischer Ebene präsent sein und versuchen, direkt mit dem Konsumenten in Kontakt zu treten. Dies dient vor allem dazu, vorhandene konventionelle Distributionsstrukturen zu ergänzen und Markt-Transaktionskosten zu reduzieren. Um nun die Rolle der Intermediäre auf elektronischen Märkten fair beurteilen zu können, müssen neben ökonomischen Faktoren auch subjektive Kriterien wie der Einfluß persönlicher Beziehungen auf die Abwicklung von Transaktionen berücksichtigt werden. Aus Sicht des Konsumenten repräsentiert der Intermediär eine Vielzahl von Produzenten und vermag damit nicht nur ein breites Spektrum an Bedürfnissen zu erfüllen, sondern auch eine vorgeschaltete Qualitätsprüfung gegenüber den Anbietern der Basisleistungen vorzunehmen. In der subjektiven Einschätzung der Konsumenten wirkt diese neutrale Position vertrauensbildend. Weitere wesentliche Funktion und auch eine Chance für zukünftige Intermediäre ist die Generierung von Mehrwertdiensten, die Basisleistungen der Hersteller mit weiteren Informationen oder sonstigen Dienstleistungen anreichern, um sie so zu höherwertigen Produkten zu machen. Für das Einschalten von Intermediären spricht auch das explosionsartig steigende Informationsvolumen, das eine immer zeit- und kostenaufwendigere qualitative Selektion erfordert. Genau hier entsteht ein Bedarf an neuen und neuartigen Dienstleistungen, die ein Intermediär erfüllen könnte. Für Intermediäre entstehen somit auch neue Chancen in der elektronischen Sphäre.

Fehleinschätzung 2: Electronic Commerce führe zur ungeahnten Markttransparenz. Ein Shopping-Paradies von Produkten und Dienstleistungen öffne sich dem Konsumenten. Interessenten vermögen in sekundenschnelle durch intelligente Software-Agenten das große Angebot nach der besten Kaufmöglichkeit zu durchkämmen.

Tatsächlich gibt es erste Ansätze der computergestützten Suche und Auswertung von Produktinformationen. Prominentes Beispiel ist der „BargainFinder". Hierbei handelt es sich um ein Softwareprogramm, das gemäß spezifischer Vorgabe in den Datenbanken von

Online-Musikläden Preisinformationen zu Musik-CDs sammelt und vergleicht. Der Konsument erhält bereits nach wenigen Sekunden eine Übersicht, welches Musikgeschäft die gesuchte CD am billigsten anbietet. Im Regelfall kann diese CD auch unmittelbar online beim jeweiligen Versender bestellt werden. Nach diesem Modell kann man sich nun eine Vielzahl an entsprechend programmierten „intelligenten Software-Agenten" vorstellen, die ständig auf der Suche nach geeigneten preiswerten Produkten unterwegs sind und so zu einer erhöhten Markttransparenz beitragen. Dieser interessante Anwendungsfall hat in der Folge bereits dazu geführt, daß ein Teil der Musikläden den Zugriff durch Softwareagenten auf ihre Preisinformationen unterbinden, also einen unmittelbaren, automatisierten Preisvergleich verhindern.

Im Kern gibt es nur zwei Strategien für Unternehmen, sich eine marktstarke Position im Electronic Commerce aufzubauen: Kostenführerschaft oder Differenzierungsstrategie, im letzteren Fall beispielsweise durch Einzigartigkeit des Produktes in Qualität, Design oder Funktionalität. Je Segment kann es immer nur einen Kostenführer geben. Verfolgen mehrere Mitbewerber diese Strategie ist ein immer unprofitablerer Wettbewerb die Folge.

Genau das kann ein Software-Agent wie der BargainFinder, der lediglich einen Preisvergleich durchführt, fördern. Angesichts eines derartigen, meist ruinösen Preiswettbewerbs wird die Differenzierung zunehmend über andere Leistungsmerkmale (zum Beispiel Service) erfolgen. Die übermäßige (vermeintliche) Marktransparenz lediglich anhand von Preisinformationen ist demnach einzig für den Kostenführer der Branche von Interesse. Eine unbeschränkte Markttransparenz auf elektronischen Märkten ist daher eher weniger wahrscheinlich.

Fehleinschätzung 3: mit der Einrichtung von Homepages erschließe man sich nahezu kostenlos einen potentiellen Kreis von mehreren Millionen neuer Kunden.

Es ist richtig, daß mit der Einrichtung einer WWW-Homepage theoretisch jeder angeschlossene Internetteilnehmer diese auch einsehen kann. Unter praktischen Gesichtspunkten ist die Größe des potentiellen Kundenkreise wesentlich nüchterner einzuschätzen. Durch das Plazieren von Produktinformationen in Form von Web-Seiten ist diese nicht automatisch für den Konsumenten auch gleich „sichtbar". Die Herausforderung bleibt, wie man konkret Kunden zum „browsen" auf diese Seiten bewegen kann. Unbekannt bleibt daher in aller Regel, welche Seite wo mit welchem Angebot in das Netz neu eingestellt wurde. Selbst die Aufnahme in die Verzeichnisse der gängigen Suchmaschinen hilft nur bedingt weiter. Die angebotene Leistung muß auch von den gezielt Suchenden über geeignete Schlüsselwörter gefunden werden. Daneben werden, als zweites Argument, Angebote mit stark regionalem Charakter nicht dadurch weltweit interessant, nur weil sie weltweit angeboten werden. Wird, als drittes Argument, schließlich eine bestimmte Sprache, zum Beispiel Deutsch, für die eigenen Seiten gewählt, beschränkt sich das Einzugsgebiet konsequenterweise auch auf einen begrenzten Teilnehmerkreis mit den entsprechenden Sprachkenntnissen. Viertens: damit die Werbebotschaft ein breites Publikum erreicht, muß ein entsprechender Werbeaufwand angesetzt werden. Und dieser ist im Vergleich zum nahezu kostenlosen Einrichten und Unterhalten einer Homepage durchaus kostenintensiv, nutzt man konventionelle Werbeträger oder etwa die „Werbefläche" stark frequentierter Web-Seiten. Daneben ist nicht jeder Kunde, der über Web-Seiten Geschäfte tätigt, auch zwangsläufig ein neuer Kunde. Möglicherweise substituiert er nur den traditionellen Distributionsweg durch den elektronischen.

Schließlich bleibt die Kundenbindung schwierig, zumal es auf einer elektronischen Plattform mit benutzerfreundlichen Schnittstellen zum Kunden auch vergleichsweise einfach ist, beim nächsten Mal die gewünschte Leistung von einem anderen Anbieter zu beziehen.

Virtuelle Messen – Marketingplattform der Zukunft

von Christian Schulze

Virtuelle Messen – Der verheißungsvolle Begriff

„Der Betrachter wird am Bildschirm durch dreidimensionale Räume gleiten, sich Messestände anschauen und Objekte anklicken können, um detaillierte Produktinformationen abzurufen." (*Wirtschaftswoche* Nr. 1/2 1996)

So läßt sich die gängige Vision beschreiben, die sich mit dem Begriff „virtuelle Messe" verbindet. Obwohl diese Vision, die die Wirtschaftswoche vor rund zwei Jahren gezeichnet hat, mittlerweile problemlos technisch realisierbar ist, finden virtuelle Messen im Internet in der Regel noch immer nicht im Cyberspace statt, sondern beschränken sich auf eine informationsorientierte Darstellung der Inhalte unter Verwendung klassischer HTML-Seiten. Neben den Fragen, ob virtuelle Messen im Netz überhaupt eine Zukunft haben und welche Rolle sie dann spielen werden, soll sich dieser Beitrag auch mit der aktuellen Entwicklung virtueller Messen beschäftigen. Die Philosophien der Anbieter sind verschieden. Messegesellschaften sehen virtuelle Messen in der Regel als veranstaltungsbegleitende Serviceleistungen für die Aussteller und Besucher ihrer realen Messen. Unabhängige Anbieter hingegen versuchen, im Internet Plattformen zu etablieren, die ähnlich einer realen Messeveranstaltung ein attraktives Umfeld für Firmenpräsentationen im Netz schafft. Die Fragen, denen sich dieser Beitrag widmet sind folgende:

- Haben virtuelle Messen im Netz eine Zukunft?
- Müssen virtuelle Messen im Cyberspace stattfinden?
- Werden virtuelle Messen reale Messeveranstaltungen ablösen?

Im folgenden wird versucht, diese Fragen zu beantworten. Dazu ist es nötig, den Begriff „virtuelle Messe" zu definieren und zu untersuchen, welche Versprechen er im einzelnen enthält.

Die Beschränkungen der Gegenwart

Eine virtuelle Messe ist die gemeinschaftliche Präsentation von Produkten und/oder Dienstleistungen verschiedener Hersteller und/oder Anbieter, die nicht real existiert, sondern der Wirklichkeit auf einem (elektronischen) Medium, das speziellen Besuchergruppen zugänglich ist, nachempfunden wird. Welches Modell wird dieser Definition am ehesten gerecht?

Sicher entspricht eine Messe, die im Cyberspace stattfindet, am ehesten unserer Definition. Auf einer solchen Messe wäre Virtualität in Vollendung realisiert. Allerdings gibt es im Moment einige Gründe, die dafür sprechen, auf echte Virtualität zu verzichten: die Datentransferraten im Internet sind unzureichend. Schon das Übertragen einfacher Graphiken gerät häufig zur Geduldsprobe. Das Übertragen komplexer in VRML programmierter virtueller Welten würde in zweierlei Hinsicht den Nutzer frustrieren: zum einen muß er lange Übertragungszeiten in Kauf nehmen, zum anderen diese langen Übertragungszeiten auch noch bezahlen.

Die Entwicklungskosten für virtuelle Welten sind, wenn man einen gewissen Qualitätsstandard nicht unterschreiten will, immens hoch. Die Messehallen, die Stände und vor allem die Produkte müssen in der Sprache VRML programmiert werden. Das ist heute selten der Fall: zwar geben einige Anbieter vor, daß sich der Besucher ihrer virtuellen Messe im Cyberspace bewegt, wenn man aber überhaupt auf Produktebene Informationen abrufen kann, sind diese zumeist wieder in Form klassischer HTML-Seiten hinterlegt und die vermeintlich dreidimensionale Welt gerät zur Mogelpackung.

Virtuelle Messen im Cyberspace sind nur dann sinnvoll, wenn der Besucher auch die Möglichkeit hat, Produkte dreidimensional zu betrachten. Für potentielle Aussteller bedeutet das: während ein Unternehmen auf einer realen Messe seine Produkte einfach am Messestand präsentieren kann, müssen diese für eine Messe im Cyberspace per Software nachgebaut, programmiert werden. Das ist in Abhängigkeit von den Produkten kostenintensiv und aufwendig. Außerdem sind viele Unternehmer froh, wenn sie ihren Internet-Auftritt erfolgreich hinter sich gebracht haben, für das Abenteuer einer virtuellen Messe im Cyberspace sind sie einfach noch nicht bereit, ganz abgesehen von den damit verbundenen Kosten und dem zu erwartenden Aufwand. Da virtuelle Mesen aber nur mit einer Vielzahl von Ausstellern attraktiv sind, verbietet sich gegenwärtig die Realisierung einer virtuellen Messe im Cyberspace.

Was sucht der Besucher einer Messe wirklich? Stark vereinfachend könnte man sagen: er ist auf der Suche nach Information. Ist es dabei wichtig, daß er sich durch Messehallen bewegt? Diese Frage läßt sich nicht pauschal beantworten. Tatsache ist aber, daß die Darstellung von Information häufig nicht auf Dreidimensionalität angewiesen ist. Man kann auch über geschickt gestaltete Graphiken und adäquate Wahl der Terminologie einen gewissen Messecharakter vermitteln. In jedem Fall aber kann man Informationen zur Verfügung stellen. Dort, wo Virtualität im engeren Sinne für die Aufbereitung der Information notwendig ist, kann man auf dreidimensionale Darstellungen zurückgreifen. Die Stärke von Messeveranstaltungen liegt zudem in der gemeinschaftlichen Präsentation zahlreicher Anbieter. Diesem Anspruch kann natürlich auch eine virtuelle Messe in hohem Maße gerecht werden. Mit der Masse der Aussteller steigt die Attraktivität eines Messeplatzes, auch im Internet. Wenn Information qualitativ hochwertig präsentiert wird und eine Vielzahl von Ausstellern zusammenkommt, hat eine virtuelle Messe auch ohne Dreidimensionalität gute Erfolgschancen.

Reale und virtuelle Messen im Vergleich

Um die Frage beantworten zu können, ob virtuelle Messen reale Messen ersetzen können, wollen wir zunächst reale und virtuelle Messen vergleichen.

Kosten

Die Angebote für das Betreiben eines eigenen Web-Servers beginnen bei rund 100 DM pro Monat. Geht man davon aus, daß solche Sonderangebote ein hohes Maß an Eigeninitiative voraussetzen und für Service und Pflege weitere Kosten anfallen, gelangt man, wie die Computer-Zeitschrift *c't* in Heft 4/95, zu einer realistischen Schätzung von rund 500 bis 4000 DM pro Monat. Die dauerhafte Präsenz auf einer virtuellen Messe sollte um einiges günstiger sein, da die Unternehmen technische Ressourcen gemeinsam nutzen. Tatsächlich kann man im Moment im Internet schon für 100 DM auf virtuellen Messen einen passablen Messestand betreiben.

Die Messepräsenz auf einer realen Messe, beispielsweise der CeBIT, läßt sich sicher nicht für unter 1000 DM pro Quadratmeter realisieren (inclusive Standmiete, Auf- und Abbau, Material- und Personalkosten). Ein Zehn-Quadratmeter-Stand auf der CeBIT kostet also wenigstens 10 000 DM. Für diesen Betrag könnte man auf einer virtuellen Messe über Jahre vertreten sein.

Öffnungszeiten und Verfügbarkeit

Während eine reale Messe in der Regel nur ein paar Tage im Jahr geöffnet ist, ist eine virtuelle Messe das ganze Jahr über Tag und Nacht verfügbar. Zu einer realen Messe muß man in den meisten Fällen anreisen, eine virtuelle Messe holt man sich einfach auf den Bildschirm. Bei gewissenhafter Pflege sind virtuelle Messen immer aktuell. Wenn reale Messen stattfinden, sind sie das natürlich auch, aber sie finden eben nicht dauerhaft statt.

Sensitive Wahrnehmung

Der Besucher virtueller Messen ist in seiner sensitiven Wahrnehmung gegenüber realen Messen stark eingeschränkt. Das hat zwar Vorteile (niemand tritt ihm während seines Besuchs in einer hoffnungslos überfüllten Messehalle auf die Füße), aber in den meisten Fällen überwiegen die Nachteile. Man möchte auf einer Automobilmesse eben wirklich mal in einem Auto sitzen oder auf einer Sound-Messe eine Hi-Fi-Anlage im Original hören. Cyberspace-Fanatiker werden jetzt entgegnen, daß das alles technisch machbar sei.

Aber wie realistisch ist die Vorstellung, daß wir irgendwann alle nur noch mit Datenhandschuh und -helm ausgestattet unseren Alltag bestreiten, wo heute immer noch zahlreiche Haushalte nicht einmal über einen PC, geschweige denn einen Internet-Zugang verfügen?

Aber auch für Messen, die auf starke sensitive Wahrnehmung bauen, kann eine begleitende virtuelle Messe sinnvoll sein. Sie kann das Info-Material der Aussteller das ganze Jahr über bereithalten. Der Besucher kann sich auch in messefreien Zeiten informieren, vielleicht wird er sogar erst durch die virtuelle Messe zu einem realen Messebesuch animiert.

Interaktion und Kommunikation

Auf realen Messen werden gerne Geschäfte abgeschlossen. Das liegt unter anderem daran, daß man sich direkt von den Verantwortlichen beraten lassen kann: Probleme werden im Gespräch ausgeräumt und Rabatte ausgehandelt. Bis zu einem gewissen Grad kann diese Situation durch interaktive Messestände, E-Mail und Online-Chat auf einer virtuellen Messe nachgebildet werden.

Ein Gespräch von Angesicht zu Angesicht wird jedoch durch diese Techniken nicht zu ersetzen sein. Daß Videokonferenzen jemals flächendeckend in unseren Haushalten möglich werden, ist auch zu bezweifeln. Auch aus diesem Grund werden virtuelle Messen eher Ergänzung denn Ersatz realer Messen sein.

Zusammenfassend läßt sich sagen, daß virtuelle Messen reale Messen sicher nicht ablösen, sondern sinnvoll ergänzen werden. Sie können sich neben realen Messen als eigenständige Informationsplattform im Netz etablieren. Sie stellen beispielsweise für kleine Unternehmen im Marketing-Mix eine kostengünstige Alternative zu realen Messen dar.

Geschäftsmöglichkeiten auf virtuellen Messen

Auf einer virtuellen Messe sollte der Besucher in der Lage sein, die Produkte, die er sich angeschaut hat, ohne Medienbruch (das heißt ohne Ausweichen auf ein anderes Medium wie Fax, Telefon oder Brief) zu bestellen. Damit es überhaupt möglich ist, auch auf einer virtuellen Messe Verträge zu schließen und Geschäfte zu tätigen, müssen zunächst zwei Probleme gelöst werden, die eng zusammenhängen: die Frage der Datensicherheit und das Problem der Rechtsunsicherheit. Da beide Probleme nicht nur virtuelle Messen, sondern den gesamten Internet-Bereich betreffen, werden sie hier nur kurz angerissen.

Datensicherheit

Im Moment werden Daten im Internet unverschlüsselt übertragen. Im Internet-Protokoll selber sind keine Sicherheitsmechanismen verankert. Folgende Fragen tauchen auf:

- Wurde die Bestellung und so beispielsweise der Name eines Geschäftspartners und dessen Kreditkartennummer „abgehört"? (Vertraulichkeit)

- Ist der Absender einer Bestellung wirklich der, der er vorgibt zu sein? (Authentizität)

- Wurde die Bestellung verfälscht? (Integrität)

Die Kryptographie stellt Methoden zur Verfügung, die das Problem lösen. Es gibt allerdings verschiedene Ansätze für den Einsatz dieser Methoden.

Protokollebene

Die im WWW eingesetzten Protokolle werden durch Sicherheitsfeatures erweitert. Die neuen Protokolle müßten in die gängige WWW-Software integriert werden. Dazu gibt es mehrere Vorschläge und damit das Problem der Standardisierung.

Hard- oder Softwarezusätze

Auf Sender- und Empfängerseite müssen die gleichen Zusätze verfügbar sein, um sichere Kommunikation zu ermöglichen. Neben der Frage, welches System sich durchsetzt, spielt die Kostenfrage eine große Rolle. Der Konsument ist sicher erst dann bereit, teure Soft- oder Hardwarezusätze einzukaufen, wenn er abschätzen kann, daß sein System dauerhaft und vielfältig nutzbar bleibt. Die Entwicklung des Zahlungsverkehrs im Internet hängt auch von der zukünftigen Entwicklung des elektronischen Geldes im Bankenbereich ab. Eine integrative Lösung scheint erstrebenswert.

Rechtsunsicherheit

Aus der mangelnden Datensicherheit resultiert das Problem der Rechtsunsicherheit. Zwar sind Willenserklärungen, die auf elektronischem Wege abgegeben werden, also beispielsweise das Schließen von Kaufverträgen, grundsätzlich rechtsverbindlich. Der Verkäufer hat jedoch nachzuweisen, daß überhaupt ein wirksamer Vertrag geschlossen wurde. Das fällt ihm wegen der fehlenden Datensicherheit schwer. Der Kunde kann schließlich behaupten, ein anderer habe unrechtmäßig in seinem Namen den Vertrag geschlossen. Da auch weitere juristische Detailfragen noch offen sind, ist es ratsam, bei größeren Geldbeträgen eine zusätzliche schriftliche Absicherung zu verwenden.

Theoretisch ist der Einsatz von Sicherheitsmaßnahmen kein Problem mehr. Durch die wachsende Kommerzialisierung des Netzes wächst der Druck auf die Hersteller von Netzprodukten. Sie müssen ihren Kunden komfortable, das heißt transparente, und preisgünstige Sicherheitslösungen bieten und diese Lösungen möglichst kostenlos in ihre Produkte integrieren.

Dann wird auch in absehbarer Zeit das elektronische Bezahlen kein Problem mehr sein: so können beispielsweise Kreditkartennummern sicher übertragen werden. Der Besucher einer virtuellen Messe kann dann ohne Medienbruch und vor allem ohne Angst auf der Messe Produkte kaufen und bezahlen.

Werbung im Internet?

Internet und klassische Werbeträger: ein Vergleich

In Vergleichen des Mediums Internet mit herkömmlichen, klassischen Werbeträgern tauchen immer wieder die gleichen Argumente auf. Die Argumentation zielt meistens darauf ab, Unternehmen für das Schalten von Seiten im Internet zu gewinnen. Im folgenden Abschnitt werden diese Argumente vorgestellt.

Globale Verfügbarkeit

Jede WWW-Präsentation ist weltweit abrufbar. Zwar braucht nicht jedes Unternehmen diese globale Verfügbarkeit, aber sie stellt in zahlreichen Fällen einen Vorteil gegenüber der auf einen Sendebereich beschränkten beziehungsweise auf das Einzugsgebiet einer Zeitschrift reduzierten Reichweite dar.

Kosten

Das Schalten von Web-Seiten ist im Vergleich zum Schalten von Print- oder TV-Werbung deutlich günstiger. Eine halbe Minute im deutschen Fernsehen kostet zur Prime Time 50 000 bis 100 000 DM. Ähnliche Kosten ergeben sich im Print-Bereich. Das Schalten einer Werbeseite in der Ausgabe eines Wochenmagazins liegt in der gleichen Preiskategorie. Auf virtuellen Messen kann man schon für 100 DM monatlich einen Messestand unterhalten. Das bedeutet insbesondere, daß ein Messeauftritt im Internet auch für kleine Unternehmen möglich ist, die klassische Formen der Werbung nicht finanzieren können.

Kontrollmöglichkeiten

Die Wirkung von Print-Kampagnen läßt sich über Auflagengröße und Reichweite ermitteln. Bei der TV-Werbung liefert die Gesellschaft für Konsumgüterforschung Informationen über Einschaltquoten. Ein direkter Zusammenhang zu dem Absatz eines Produktes ist nur schwer feststellbar. Auf Web-Servern werden alle Zugriffe im sogenannten Server-Protokoll registriert. Protokolliert werden die IP-Nummer, von der aus zugegriffen wurde, Datum und Zeit des Zugriffs.

Daraus lassen sich direkt die Brutto- und Netto-Reichweite einer Seite ermitteln. Außerdem läßt sich die Verweildauer auf den Seiten einer Internet-Präsentation beziehungsweise eines virtuellen Messestandes nachrechnen. Das gibt die Möglichkeit, die Dramaturgie des Besuches eines Messestandes nachzuzeichnen und so Stärken und Schwächen einer Präsentation zu erkennen. Es gibt mittlerweile komfortable Tools, die eine solche Auswertung ermöglichen.

In seiner Präsentation kann ein Unternehmen außerdem Formulare hinterlegen, die der Besucher eines Messestandes ausfüllt. Auf einem solchen Formular kann er seine elektronische Visitenkarte hinterlassen, Info-Material anfordern oder seine Meinung zu den Produkten des Unternehmens oder der Präsentation äußern. Das Unternehmen erhält so ein direktes Kunden-Feed-back. Darüber hinaus ist natürlich die Anzahl der über das Medium verkauften Produkte direkt meßbar.

Optimierungsmöglichkeiten

Während für Print- und TV-Werbung nach der Drucklegung beziehungsweise der Produktion eine Optimierung nicht mehr möglich ist, kann eine Internet-Präsentation weiterentwickelt und verbessert werden. Grundlage kann dabei beispielsweise die Auswertung der Serverprotokolle sein. So entsteht ein dynamischer Prozeß, der es ermöglicht, die Präsentation auf die Bedürfnisse der Kunden zuzuschneiden.

Soweit die berechtigten Argumente, die häufig verwendet werden, um Unternehmen das Medium Internet als Werbeträger näher zu bringen. Der wesentliche Unterschied zwischen Print- beziehungsweise TV-Werbung und Werbung im Internet wird leider häufig vernachlässigt.

Der wesentliche Unterschied

Der Besucher wird bei den klassischen Werbeträgern mit Werbung konfrontiert, ob er das will oder nicht. Er kann Print-Werbung lediglich überblättern oder TV-Werbung abschalten beziehungsweise zu einem anderen Sender springen.

In der Regel „erträgt" er Werbung, und deren Wirkung findet im Unterbewußtsein statt. Dabei wirkt TV-Werbung stärker, weil sie multimedial arbeitet und damit mehrere Sinne anspricht. Das multimediale Erlebnis wird durch die Interaktion im Internet zwar noch gesteigert.

Dennoch ist Internet-Werbung grundsätzlich anders zu bewerten als Werbung in den klassischen Werbeträgern. Hier entscheidet sich der Besucher bewußt für Werbung oder eben nicht.

Genau das ist der wesentliche Unterschied. Um sich die Werbeseiten eines Unternehmens im Internet ansehen zu können, muß der Benutzer irgendwie darauf gestoßen werden, daß diese Werbeseiten existieren. Interaktion und Multimedia bedeuten zwar, daß der Besucher multimediale Werbung interaktiv erleben kann, aber eben auch, daß er selber entscheidet, was er sich anschaut. Die entscheidende Frage lautet also: wie können Unternehmen dafür sorgen, daß ihre Internet-Präsentation überhaupt gefunden und besucht wird?

Hinweise in den klassischen Werbeträgern

Unternehmen können in den klassischen Werbeträgern auf ihre Internet-Präsentation verweisen. Das setzt dann aber den Kontakt eines Besuchers mit einem klassischen Werbeträger voraus.

Eigene Domain

Für größere Unternehmen führt der Weg häufig über den Domain-Namen: die Internet-Präsentation ist unter www.firmenname.de abgelegt, wird auch einfach unter diesem Namen gesucht und gefunden. Das setzt allerdings voraus, daß der Unternehmensname schon bekannt ist. Potentielle Neukunden werden so nicht erreicht.

Suchsysteme

Viele verwenden für die Recherche im Netz eines der zahlreichen Suchsysteme. Es gibt zwei Typen von Suchsystemen: die klassischen Suchsysteme setzen eine Anmeldung des Unternehmens voraus, das heißt wenn ein Unternehmen möchte, daß es in dem betreffenden Suchsystem unter bestimmten Stichworten gefunden wird, muß es sich mit diesen Stichworten dem Suchsystem bekannt machen. Neue Suchsysteme durchforsten das gesamte Netz in regelmäßigen Intervallen und legen einen Volltext-Index über das ganze Internet an. Das Internet bietet ein riesiges Informationsangebot, das leider völlig unstrukturiert und unüberschaubar ist. Deshalb sind Suchsysteme häufig der Ausgangspunkt für eine Internet-Session. Leider erhält der Benutzer bei einer Anfrage in hohem Maße redundante Information. Abfrageergebnisse sind in der Regel genauso unstrukturiert wie das Netz selber. Man erkennt sofort, daß alle beschriebenen Möglichkeiten, potentielle Kunden auf eine Internet-Präsentation aufmerksam zu machen, Schwächen haben. Dieses Problem können schließlich virtuelle Messen in idealer Weise lösen.

Virtuelle Messen als innovative Marketingplattform

Aus den geschilderten Problemen erwachsen die folgenden Anforderungen: im Internet müssen Plattformen geschaffen werden, die

- es dem Benutzer ermöglichen, schnell an die Information zu gelangen, die er sucht,

- Unternehmen die Möglichkeit geben, neue Kunden zu gewinnen,

- so interessant gestaltet sind, daß der Benutzer sie, ähnlich einem Kaufhausbummel, auch dann besucht, wenn er sich einfach nur umsehen will.

Diesen Anforderungen kann eine virtuelle Messe in hohem Maße gerechtwerden.

Über Messe-Infosysteme findet der Benutzer sehr schnell seinen
Weg zu den Unternehmen. Dabei kann er ganz gezielt nach Branchen, Produkten oder Dienstleistungen suchen.

Unternehmen können über Messe-Infosysteme auch Neukunden gewinnen, beispielsweise dann, wenn ein Besucher nach einem konkreten Produkt fragt und das Infosystem ihm mit allen Unternehmen
antwortet, die ein solches Produkt in ihrem Programm führen.

Die Betreiber einer virtuellen Messe sollten darauf achten, daß die
Unternehmen ihrer Präsentation den Charakter eines Messestandes
geben: aktuelle Information, Beratung und das Knüpfen von Kon-
takten, nicht die reine Werbung, sollten im Mittelpunkt stehen.
Außerdem sollte die Messe selber neben einem komfortablen Mes-
se-Infosystem einiges zu bieten haben. Das können beispielsweise
Diskussionsforen, Job-Börsen und Infoseiten über neue Netzent-
wicklungen sein. So wird eine virtuelle Messe für den Besucher zur
idealen Informations- und Kommunikationsplattform im Internet.

Neben der Chance, sich auf einer häufig frequentierten Plattform zu
präsentieren, was zweifellos ein Vorteil gegenüber einer Präsentation „irgendwo im Netz" darstellt, können Unternehmen natürlich
auch die üblichen Wege gehen, um ihren Messeauftritt bekannt zu
machen. Sie können in ihrer klassischen Werbung auf ihren virtuellen Messeauftritt verweisen, ihren Messeauftritt unter einem eigenen Domain-Namen www.firmenname.de laufen lassen (sofern das
Messekonzept diesen Wunsch berücksichtigt), sich bei allen klassischen Suchsystemen mit der Adresse ihres virtuellen Messestandes
registrieren.

Die eigentliche Innovation einer virtuellen Messe besteht also darin, daß sie die Stärken des Mediums Internet nutzt und seine
Schwächen überwindet. Angesichts der rasanten Kommerzialisierung des Internet und der fehlenden Strukturierung des Angebots
werden sich virtuelle Messen als innovative Marketingplattform
durchsetzen.

Rechtliche Probleme bei der Internet-Präsentation

von Stefan Ernst

Die Zahl der Unternehmen, die über eine eigene Homepage im Internet vertreten sind, steigt. Die rechtlichen Aspekte der Nutzung des „Information-Superhighways" sind jedoch nur wenigen Unternehmern bekannt. Gleichwohl sind zumindest einige Grundkenntnisse unerläßlich, möchte man nicht Gefahr laufen, mit möglicherweise ziemlich kostspieligen Schadensersatzforderungen konfrontiert zu werden. Daß im Rahmen dieses Beitrages nicht alle Fragen umfassend dargestellt werden können, ist offensichtlich. Im Einzelfall wird stets die Einholung konkreten Rechtsrats unerläßlich sein, was auch dadurch bedingt ist, daß keine der hier anzusprechenden Rechtsfragen bislang höchstrichterlich entschieden wurde. Zweck des Textes ist es, den Leser auf mögliche Problemkonstellationen hinzuweisen.

Der Domain-Name

Internet-Adressen sind ein knappes und begehrtes Gut. Im Telefonbuch mag eine Firma aufgrund ihres Standortes einmalig sein. Im Internet ist sie dies nicht, da es nur noch ein einziges Adreßverzeichnis gibt. Kaum ein Name ist deutschlandweit wirklich einmalig. In der Anfangszeit des Internet-Booms machten sich (nicht nur in den Vereinigten Staaten) zudem findige Köpfe einen Spaß daraus, Domains mit den Namen großer Firmen zu belegen, die diese bezahlen oder mühsam wieder einklagen mußten.

Bei der Wahl seines Domain-Namens ist der Unternehmer als sogenannter Content-Provider grundsätzlich frei. Er kann seine Internet-Adresse selbst bestimmen. Am sinnvollsten erscheint freilich die

Wahl des Firmennamens. Wettbewerbsrechtlich ungeklärt ist bislang, inwieweit die Verwendung allgemeiner Berufsbezeichnungen (Zum Beispiel Steuerberater.de) wegen Suggerierung einer Alleinstellung unzulässig sein kann.

Schwierigkeiten können – wie gesagt – auftreten, wenn der geplante Name bereits durch einen anderen Provider benutzt wird. Es stellt sich dann die Frage, ob der Unternehmer diese Adresse einfordern kann. Unproblematisch erscheint das, wenn er den gewünschten Namen als Marke im Markenregister beim Patentamt eingetragen hat. In diesem Falle ist der Benutzer auf Aufforderung zur Aufgabe dieses Namens verpflichtet. Geschieht die Benutzung einer nicht als Marke eingetragenen Firmenbezeichnung durch einen Provider, der zu dem gewählten Kürzel keinerlei Beziehung hat, so kann aus namensrechtlichen Gründen ebenfalls Unterlassung gefordert werden.

Problematisch wird es allerdings, wenn der den Namen blockierende Nutzer mit der Firma namensidentisch ist. In diesem Fall gilt grundsätzlich das Prioritätsprinzip. Die Priorität richtet sich allerdings nicht danach, wer zuerst im Internet präsent war, sondern wer im geschäftlichen Verkehr zuerst unter diesem Namen aufgetreten ist. Ein Anspruch auf Freigabe besteht im übrigen auch dann, wenn eine Domain nicht tatsächlich genutzt, sondern lediglich reserviert wurde.

Die deutschen Domain-Namen werden bei einer von einem Interessenverband deutscher Internetprovider gegründeten Einrichtung namens DE-NIC (Deutsches Network Informationcenter) in Karlsruhe zentral registriert. DE-NIC überprüft allerdings nicht, ob fremde Rechte entgegenstehen. Ob also die gewünschte Domain möglicherweise markenrechtlich geschützt ist, muß der Provider selbst feststellen.

Die Verwendung urheberrechtlich geschützter Werke

Die Verwendung von urheberrechtlich geschützten Werken, seien es Texte, Graphiken (zum Beispiel Karikaturen) oder Photographien, zur Gestaltung einer Unternehmenshomepage ist nur mit Zustimmung des jeweiligen Urhebers zulässig. Dabei ist zu beachten, daß auch bei Werken, für deren Nutzung der Unternehmer eigentlich urheberrechtliche Lizenzen erworben hat, die Nutzung im Netz nicht ohne weiteres erlaubt ist. Wurde der Lizenzvertrag zu einer Zeit geschlossen, zu der das Internet noch keine bekannte Nutzung war, sind keinerlei diesbezügliche Rechte übertragen worden. Aber auch jüngere Verträge schließen diese nicht automatisch ein. Ein Verlag etwa, der bislang nur Printmedien herausgegeben hat, kann sich nicht auf eine vertragliche „Übertragung aller urheberrechtlichen Nutzungsrechte" berufen, weil sich diese trotz dieses Wortlauts nur auf die zum vertraglichen Zweck erforderlichen Rechte bezieht. Der urheberrechtliche Zweckübertragungsgedanke verhindert einen Rechtsübergang, wenn ein Vertrag nicht üblicherweise dazu dient, eben dieses Recht einzuräumen. Eine potentielle Internetnutzung hätte hier ausdrücklich genannt werden müssen. Das kann sogar im festen Arbeitsverhältnis gelten.

Überhaupt ist Vorsicht geboten mit fremden Urheberrechten, zumal deren Existenz unabhängig von einer möglichen Anmeldung oder Kenntlichmachung durch Zeichen wie © ist. Geschützt ist auch die sogenannte „kleine Münze" des Urheberrechts, also Werke von relativ geringer schöpferischer Qualität.

Die Tatsache, daß große Mengen von Daten problemlos und schnell durch Netze wandern können, macht auch und gerade urheberrechtlich geschützte Werke der Kunst, Literatur und Wissenschaft (inclusive natürlich Computerprogramme) noch leichter verfügbar. Urheberrechtsverletzungen im Zusammenhang mit der Nutzung von Computern sind ein leidiges Thema.

Die Rechtsfolgen der Nutzung und Weitergabe von Computerprogramm-Raubkopien sollten jedem PC-Benutzer bekannt sein. Vorsicht ist auch geboten beim Einspeichern, Abrufen und Nutzen anderer Werke übers Netz ohne Lizenz. Nicht allein Software-Piraterie ist strafbar und kann zu kostspieligen Schadensersatzklagen führen. Auch wer geschützte Werke, zum Beispiel CD-ROM-Lexika, übers Internet schickt, ohne hierzu befugt zu sein, kann belangt werden. Das Einscannen und Übersenden von Büchern ist ebenfalls nicht ohne weiteres zulässig.

Die Verwendung von Portrait-Fotografien

Das Recht am eigenen Bild ist eine Einrichtung des deutschen Rechts, die dem Persönlichkeitsschutz dient. Wer nicht Person der Zeitgeschichte, also Berühmtheit, ist, muß einer Veröffentlichung seines Fotos zustimmen. Will ein Unternehmen auf seine Homepage die Abbildungen einzelner oder gar aller Mitarbeiter einspeisen, müssen diese gefragt werden. Eine Ausnahme gilt nur für herausgehobene Personen, die im Lichte der Öffentlichkeit stehen.

Hyperlinks

Ein zentrales Element der Gestaltung von Web-Seiten ist die Verwendung sogenannter Links. Statt alle Inhalte auf einer Seite anzuzeigen, verwendet man eine Art Inhaltsverzeichnis. Klickt der Benutzer dann ein Wort oder ein Icon an, so wird eine andere Seite geöffnet. Auf diese Weise kann man auch die Angebote anderer Content-Provider aufrufen. Es fragt sich, ob auch auf deren Seiten Verweise auf die eigenen Angebote untergebracht werden können.

Gegen Verweise auf fremde Textseiten oder Graphiken mittels eines Links bestehen keine grundsätzlichen juristischen Bedenken. Ein Link ist insgesamt nicht mehr als ein Hinweis, daß an einer bestimmten Stelle etwas liegt, verbunden mit der technischen Möglichkeit, es sogleich anzuschauen. Auch urheberrechtlich erscheint dieses Vorgehen unbedenklich, da ein Zugriff auf geschützte Werke, und damit eine mögliche Urheberrechtsverletzung durch unberechtigtes Kopieren, erst durch den User erfolgt. Unzulässig ist die Verwendung aber, wenn persönlichkeitsrechtliche Erwägungen entgegenstehen. Der Hinweis auf „ein besonders schlechtes Beispiel" kann den Link aus äußerungs- oder wettbewerbsrechtlichen Gründen unzulässig machen. Unter Umständen anders zu beurteilen ist die Verwendung sogenannter Frames, bei denen der Link nur unter einen untergeordneten Teil der Seite abdeckt, gleichwohl aber wichtige Informationen widergibt. Da der Rahmen immer noch den Namen der verweisenden Seiten trägt, kann der Eindruck entstehen, diese habe die Informationen angeboten, obwohl sie von einem anderen Anbieter stammen. Dies kann urheberrechtlich (Verschweigen fremder Botschaft) und wettbewerbsrechtlich (unlauteres Ausnutzen fremder Leistung) unzulässig sein.

Werbung

Die Internet-Präsenz des Unternehmens ist oft eine Frage des Images, der Werbung. Präsentiert werden die Firma, die Mitarbeiter und die Ware. Bei letzterem sind stets die Werberegeln des Wettbewerbsrechts und der branchenspezifischen Spezialgesetze zu beachten. Das deutsche Recht kennt Werbeverbote, die in vielen anderen Ländern so nicht bestehen. Selbst dann, wenn der Server des Service-Providers in einem Land steht, in dem die Gesetzgebung weniger streng ist, dürfte bei einer in erster Linie für Deutschland bestimmten Präsentation die Mißachtung dieser Normen wettbewerbswidrig sein – Stichwort „Umgehungsversuch". Wie stets im Wettbewerbsrecht ist auch bei Werbung im Internet besondere Vorsicht geboten.

Das unverlangte Zusenden von der Werbung per Telefax ist für den Empfänger ein erhebliches Ärgernis. Fremde Telekommunikationseinrichtungen sind von jeder Inanspruchnahme freizuhalten, die ihre bestimmungsgemäße Funktion beeinträchtigt. Aus diesem Grunde ist diese Form der Werbung unzulässig. Dies gilt sogar, wenn der Beworbene selbst Gewerbetreibender ist. Das Verbot erstreckt sich auch auf das unverlangte Zusenden von E-Mail. Dies gilt auch dann, wenn eine E-Mail offen als kommerziell bezeichnet wird, denn das Ausfiltern geht zu Lasten des Adressaten. Auch wäre angesichts der einfachen und kostengünstigen Möglichkeit, massenhaft Werbung zu verschicken, ein für alle Adressaten unzumutbarer Mißbrauch dieses Mediums zu erwarten.

Der Abschluß elektronischer Verträge

Es ist nicht auszuschließen, daß sich in Zukunft der Geschäftsverkehr mancher Branchen zum großen Teil auf elektronischem Wege abspielen wird. Wie sehen elektronische Verträge aus?

Grundsätzlich sind Verträge formlos möglich. Die Parteien können aber auch jede beliebige Form vereinbaren. Eine E-Mail kann also ebenso eine rechtsverbindliche Willenserklärung sein wie das gesprochene Wort am Telefon oder ein Fax.

Abgesehen davon, daß verschiedene Vertragstypen aber schon von Gesetzes wegen einer bestimmten Form, zumeist der einfachen Schriftform, genügen müssen, ist die Identität des Absenders eines elektronischen Briefes noch eine höchst unsichere Sache. Hierauf große Investitionen aufzubauen, wird zu Recht kein Unternehmer wagen. Hier soll die mit dem sogenannten Multimediagesetz eingeführte digitale Signatur Abhilfe schaffen, bei der der Absender über einen Code identifiziert wird, dessen Schlüssel eine unabhängige Stelle besitzt. Damit ist es möglich, den Absender einer E-Mail eindeutig zu bestimmen und bislang kaum bemerkbare Manipulationen zu verhindern.

Bei zunehmendem Datenverkehr werden mehr und mehr (Verbraucher-)Verträge international abgeschlossen. Hier stellt sich die Frage nach dem anzuwendenden Recht. Das Internationale Privatrecht ermöglicht eine Rechtswahl grundsätzlich sogar in Allgemeinen Geschäftsbedingungen (AGB). Zustandekommen und Wirksamkeit solcher Klauseln sind dann nach dem in der Wahl angegebenen Recht zu beurteilen, Dies gilt allerdings nicht bei Verbraucherverträgen und bei reinen Inlandsvereinbarungen, bei denen das AGB-Gesetz anwendbar bleibt.

Fehlt eine Rechtswahlklausel, ist in Verbraucherverträgen das Recht des Verbraucherstaates anzuwenden. Im übrigen unterliegt der Vertrag dem Recht des Staates, mit dem er die engsten Verbindungen aufweist (in der Regel der Staat des Anbieters oder gegebenenfalls dem UN-Kaufrecht). Vertraglich abdingbar ist allerdings stets nur das dispositive bürgerliche Recht, nicht aber Urheber-, Wettbewerbs-, Datenschutz- und Strafrechtsregelungen, die der Verfügungsmacht der Vertragsparteien entzogen sind. Unterliegt ein Vertag dem deutschen Recht, sind stets insbesondere die Normen des AGB-Gesetzes und des Verbraucherschutzes zu beachten.

Eigene Mitarbeiter als Internet-Surfer

Der Unternehmer sollte seine Mitarbeiter zur Vorsicht hinsichtlich ihres Verhaltens im Netz anhalten. Eine besondere Gefahrenquelle ist – neben dem Urheber- und dem Vertragsrecht – das Äußerungsrecht. Während die meisten Menschen im privaten Freundeskreis doch recht unverblümt sagen, was sie denken, sind sie gegenüber Fremden mit Recht wesentlich vorsichtiger. Während man im geschlossenen Auto ungehört drauflos schimpfen kann, sollte man dies bei heruntergekurbelter Scheibe lieber unterlassen, will man mögliche Rechtsstreite von vornherein vermeiden.

Bei der Kommunikation über das Internet sollten sich die Teilnehmer trotz der scheinbar familiären Vertrautheit stets bewußt bleiben, daß sie es mit Unbekannten zu tun haben. Die relative Unpersönlichkeit der Kommunikation im Netz kann zu losen Formulierungen verführen. Gleichwohl gelten die zivil- und strafrechtlichen Folgen für Beleidigung, Verleumdung und üble Nachrede auch hier. Der Mitarbeiter kann auf Unterlassung, Widerruf und Schadensersatz verklagt werden.

Insbesondere wenn fremdes Recht anwendbar ist, kann Unachtsamkeit sehr teuer werden. Im anglo-amerikanischen Raum beispielsweise sprechen die Gerichte bei erfolgreichen Verleumdungsklagen oft erhebliche Schadensersatzsummen zu. Es ist zumindest nicht auszuschließen, daß ein deutscher Nutzer im Ausland verklagt wird. Die meisten Urteile sind dann auch im Inland vollstreckbar.

Diese Warnung gilt ganz besonders für Beiträge zu News- und Diskussionsgruppen, die von vielen Teilnehmern gelesen werden, da dort die Gefahr einer tatsächlichen Rechtsverfolgung durch die Betroffenen am größten ist. Vorsicht ist insbesondere geboten bei allzu deutlicher Meinungsäußerung und bei der Weitergabe von nicht verifizierter Information. Es hilft hierbei in der Regel auch nicht, sich auf eine andere Quelle zu berufen und sein eigenes Unwissen zu beteuern. Wer irgendwo etwas aufnimmt, sollte sich hinsichtlich des Wahrheitsgehalts absichern, bevor er es weitergibt. Je größer das Auditorium, desto wahrscheinlicher ist eine Klage. Niemand sollte sich angesichts zum Teil sogar möglicher strafrechtlicher Folgen auf eventuelle Beweisprobleme seitens des Klägers oder der Staatsanwaltschaft verlassen.

Netiquette

Die Zahl der unterschiedlichen Benimmregeln, die unter dem Namen „Netiquette" durch das Netz geistern, ist unübersehbar. Eine wirkliche Rechtsverbindlichkeit geht von diesen grundsätzlich nicht aus. Selbstjustizartige Strafaktionen unter Berufung auf illegitimes Verhalten im Netz wie sogenanntes Flaming (öffentliche Beschimpfung) bleiben unzulässig und werden durch die Netiquette nicht gerechtfertigt. Ebenfalls verboten sind sogenannte Mail-Bomben, mit denen unter Berufung auf die Wahrung der Netiquette ein Nutzer im Internet mundtot gemacht wird, indem man seinen Anschluß durch das Zusenden großer Datenmengen blockiert.

Datenschutz

Datenschutz dient dem Schutz des Rechts auf informationelle Selbstbestimmung, das dem allgemeinen Persönlichkeitsrecht des Grundgesetzes entspringt. Dieses gewährt dem Bürger das Recht, grundsätzlich selbst über die Preisgabe und Verwendung seiner Daten zu entscheiden. Datenschutz bezweckt nicht den Schutz von Daten, sondern den der dahinter stehenden Menschen.

Für deutsche Unternehmen, aber auch für ausländische mit Sitz und Niederlassung im Inland, gilt das deutsche Datenschutzrecht. Das Einspeichern, Verändern, Nutzen oder die anderweitige Verarbeitung von personenbezogenen Daten im Computer ist ungeachtet der dabei verwendeten Verfahren oder Programme nur dann zulässig, wenn es ausdrücklich vom Gesetz erlaubt ist oder die betroffenen Personen zustimmen. Personenbezogene Daten sind persönliche Informationen jeglicher Art. Unzulässig ist es also beispielsweise, die Adressen einer bestimmten Gruppe von Kunden zu speichern und weiterzugeben, ohne deren (schriftliche) Einwilligung zu besitzen.

Das Multimediagesetz

Nach Abschluß der Zuständigkeitsquerelen mit den auf ihre Rundfunkhoheit pochenden Bundesländern hat der Bundestag zum 1. August 1997 das sogenennte Multimediagesetz erlassen. Dieses heißt eigentlich Informations- und Kommunikationsdienstegesetz (IuKDG) und besteht aus einer Vielzahl von neuen Gesetzen und Gesetzesänderungen. Dieses regelt allerdings keineswegs umfassend alle das Netz betreffenden Rechtsfragen. Zweck des IuKDG ist die Beseitigung von Hemmnissen für die freie Marktentfaltung im Teledienstebereich und die Anpassung einzelner Normen an die fortschreitende Technik.

Im einzelnen besteht das Gesetz aus folgenden Regelungen:

- Art. 1: Gesetz über die Nutzung von Telediensten (Teledienstsgesetz (TDG)).

- Art. 2: Gesetz über den Schutz personenbezogener Daten bei Telediensten (Teledienstedatenschutzgesetz (TDDSG)).

- Art. 3: Gesetz zur digitalen Signatur (Signaturgesetz (SigG)).

- Art 4: Änderung des Strafgesetzbuches.

- Art. 5: Änderung des Gesetzes über Ordnungswidrigkeiten.

- Art. 6: Änderung des Gesetzes über die Verbreitung jugendgefährdender Schriften.

- Art. 7: Änderung des Urheberrechtsgesetzes.

- Art. 8–10: Änderung des Preisangabengesetzes und der Preisangabenverordnung.

- Art. 11: Inkrafttreten.

Gesetzliche Neuregelungen enthalten nur die ersten drei Artikel, während die übrigen Normen lediglich bestehende Gesetze anpassen.

Zweck des Teledienstegesetzes ist es, einheitliche wirtschaftliche Rahmenbedingungen für die verschiedenen Nutzungsmöglickeiten der elektronischen Informations- und Kommunikationsdienste zu schaffen. Die Anbieter von Telediensten benötigen Rechtssicherheit und Marktoffenheit. Das TDG erklärt alle Teledienste im Rahmen der Gesetze für zulassungs- und anmeldefrei.

Der Begriff der Teledienste wird vom Gesetz weit gefaßt. Hierunter fallen Online-Dienste, E-Mail, Newsgroups und Telebanking ebenso wie Datendienste ohne Rundfunkcharakter (zum Beispiel Wirtschafts-, Wetter-, Verkehrs- oder Umweltdaten, nicht aber Nachrichten), Telespiele, elektronische Versandhauskataloge und ähnliches.

Die Abgrenzung zwischen Rundfunk und Diensten mit individual-kommunikativem Charakter ist deshalb erforderlich, weil der Bund aufgrund der Gesetzgebungszuständigkeit der Länder für Hörfunk und Fernsehen nicht regelungsbefugt ist. Hier ist die Zukunft möglicherweise noch mit Abgrenzungs- und Einordnungsschwierigkeiten zu rechnen. Besondere Bedeutung hat die Regelung der Verantwortlichkeit der Diensteanbieter. Das TDG befreit den Anbieter von jedweder Verantwortung für fremde Inhalte, zu denen er lediglich den Zugang vermittelt. Dies gilt aber nur für fremde Inhalte, die dem Anbieter unbekannt sind oder deren Sperrung ihm technisch unmöglich oder unzumutbar ist.

Das TDDSG bestimmt für die Anbieter von Telediensten ähnliche datenschutzrechtliche Pflichten, wie sie die Datenschutzgesetze auch sonst vorsehen. Insbesondere das Erstellen von Nutzerprofilen wird untersagt.

Die Anpassung im Straf- und Ordnungswidrigkeitenrecht dienen lediglich der Klarstellung, um die Anwendbarkeit bestimmter Normen auch auf Taten in Datenschutz deutlich werden zu lassen. Entsprechendes gilt für das Jugendschutzrecht. Die Änderung des Urheberrechtsgesetzes liegt in der Umsetzung der EU-Datenbankrichtlinie und nimmt Datenbanken in den Schutz des Urheberrechts ausdrücklich und – bei fehlender urheberrechtlicher Schöpfungshöhe – als geschützte Herstellerleistungen zusätzlich auf. Nach der Änderung von Preisangabegesetz und -verordnung sind angebotene Leistungen auch online preismäßig inclusive Umsatzsteuer auszuzeichnen.

Die juristischen Probleme, die durch die wirtschaftliche Nutzung von internationalen Datennetzen entstanden sind und noch entstehen werden, sind weiträumig. Sie sind ebenso weiträumig wie es die ökonomischen Möglichkeiten sind, die sich bieten. Es ist zu hoffen, daß die wichtigsten Fragen in näherer Zukunft durch Gesetzgebung und höchstrichterliche Rechtsprechung geklärt werden, damit den Unternehmern klare Rahmenbedingungen für ihr Handeln an die Hand gegeben werden.

Mercedes-Benz in den Online-Medien

von Frank H. Appenzeller

Das Engagement der Marke Mercedes-Benz im Bereich der Interaktiven Medien wird von der Überzeugung getragen, daß einerseits gravierende technische und gesellschaftliche Veränderungen, andererseits der gegen Ende dieses Jahrtausends zunehmend härter werdende internationale Wettbewerb neue Anforderungen an international agierende Unternehmen stellen wird:

- Die technische Erreichbarkeit der Haushalte nimmt zu. Bereits heute verfügen nahezu alle Haushalte in Deutschland über einen Telefonanschluß. Bis zum Jahr 2000 werden 85 Prozent der Haushalte außerdem über Kabel und Satellit erreichbar sein.

- Die Telekommunikationskosten sinken. Durch den Wegfall der Monopole im Telekommunikationsbereich werden bis zum Jahr 2000 die Kommunikationskosten in Europa um etwa 30 Prozent sinken.

- Die Leistungsfähigkeit der Hardware wächst. Gegenwärtig verdoppelt sich rund alle eineinhalb Jahre die Leistung bei einer gleichzeitigen Halbierung der Preise.

- PCs im privaten Bereich verbreiten sich zunehmend. Bis zum Jahr 2000 werden über 40 Prozent aller Haushalte einen PC besitzen.

- Die Computer- und die Telekommunikationsindustrie verbinden sich. Bestehende Kommunikationsnetze werden zu leistungsfähigen Infobahnen ausgebaut.

- Eine Computergeneration wächst heran. Breite Bevölkerungsschichten werden unbefangen mit der neuen Technik umgehen.

Es ist davon auszugehen, daß diese Entwicklungen zu einer ver-
stärkten Nutzung von Online-Diensten als Kommunikations- und
Informationsmedien führen werden. Erste Anzeichen hierfür sind
bereits heute erkennbar: die Userzahlen des World Wide Web, des
Internet und kommerzieller Online-Dienste nehmen stetig zu. Diese
Zahlen beziehen sich in erster Linie auf schmalbandige Online-An-
gebote, die bereits heute völlig neue Kommunikationsformen ermöglichen. Erste breitbandige Angebote werden diskutiert oder befinden sich bereits in der Erprobung. Mit zunehmender Bandbreite
werden die heute noch weitestgehend statischen Inhalte der Online-
Angebote durch dynamische Medien wie Sound und Video eine Ergänzung finden. Mit zunehmender Bandbreite steigt aber auch die
Möglichkeit zur Interaktion zwischen Content-Providern und den
Nutzern der Angebote, so daß sich neue Formen der Lieferanten-
Kunden-Beziehung entwickeln werden. Eine Grundvoraussetzung
hierfür sind jedoch überzeugende Medien- und Kommunikations-
strategien und deren konsequente Umsetzung.

Zu unserem Hauptanliegen

Das Internet ist zunächst einmal ein weiteres Medium zum Transport von Informationen. Die Sonderstellung des Internets gründet
insbesondere auf der Fähigkeit zum Dialog. Unser Hauptanliegen
richtet sich dementsprechend zunächst darauf, Informationen über
die Marke Mercedes-Benz und seine Produkte mittels Internet zu
verbreiten. Unser besonderes Interesse gilt dabei dem Dialog.

Das Angebot zum Dialog nutzen wir, um mehr über die Bedürfnisse
und Wünsche der Anwender zu erfahren. Das Angebot zum Dialog
nutzen die Anwender, um mehr über uns und unsere Produkte zu erfahren. Dabei sprechen wir mit unseren Internet-Aktivitäten vor allem
die jüngeren Zielgruppen an. Für diese Gruppen wird das Internet als
„Informations- und Kommunikationsforum" immer wichtiger.

Abbildung 10 zeigt, daß die Profile der Internetnutzer in Deutschland
besonders in Bezug auf das Alter eine deutliche Übereinstimmung mit
den Besuchern der Mercedes-Benz Internetpräsenz aufweisen.

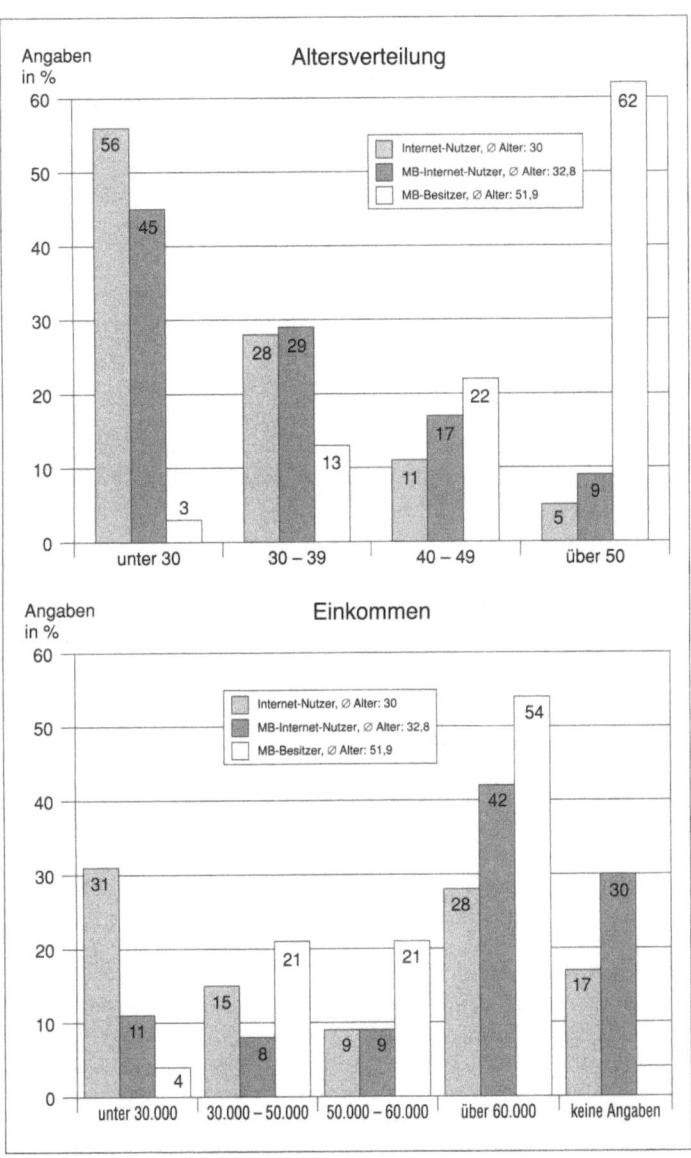

Abbildung 10: Nutzerprofile in Deutschland

Unseren Internet-Auftritt richten wir konsequent an den Bedürfnissen der Nutzer aus: professionelles, facettenreiches
Informationsangebot, attraktiver Aufbau der Information, interessante Möglichkeiten zur Interaktion und schnelle Reaktionszeiten
beim Dialog.

Die Vorteile elektronischer Medien sind aus unserer Sicht:

- Ansprache neuer/jüngerer Zielgruppen,

- Erfüllung des individuellen Informationsbedarfs,

- Reduzierung von Eintrittsbarrieren und Schwellenängsten,

- Anpassung an sich veränderndes Kundenverhalten,

- aktives Akquisitionsmanagement,

- Reduzierung der Fahrzeugbereitstellung zu Landzwecken
  (POI/POS-Systeme),

- Reduzierung in der Stellfläche für die Fahrzeuge (POI/POS-
  Systeme),

- Vermittlung eines Technologie-Images,

- 24stündige Verfügbarkeit,

- einheitliche Dokumentenbasis.

Um diese Vorteile nutzen zu können, wurden vor einiger Zeit bei
Mercedes-Benz zwei Projektgruppen eingerichtet: zum einen für die
Offline-Nutzung der Neuen Medien, wie etwa die Produktion von
CD-ROMs, und zum anderen für die Online-Nutzung elektronischer
Medien.

Das Fachgebiet „Neue Medien im Vertrieb" ist im Zentralvertrieb
der Daimler-Benz Aktiengesellschaft angesiedelt und kümmert sich
die Themen Internet/Online Services, Interactive TV und virtuelles
Fahrzeug.

Zentrales Thema dieses Beitrags ist die Nutzung des Internets und
der Online-Dienste. Aus diesem Grund wird in den weiteren Ausführungen nur auf diesen Bereich eingegangen.

Nutzung des Internet-Dienstes WWW und des Online-Dienstes T-Online

Seit dem 5. Juli 1995 ist Mercedes-Benz mit einem zweisprachigen Angebot (Deutsch und Englisch) im Internet vertreten. Gemeinsame URL für den Zugriff auf das Web-Angebot von Mercedes-Benz ist http://www.mercedes-benz.com.

Momentan sind im Web etwa 6000 Seiten mit Inhalten rund um Mercedes-Benz vorhanden. Die wesentlichen Inhalte dieses Angebots lauten wie folgt:

- PKW,

- NFZ,

- Services,

- gesamte Produktpalette,

- tagesaktuelle Informationen,

- Innovationen,

- Motorsport,

- MB-Classic,

- Wir über uns.

Mit gleichen Inhalten engagiert sich Mercedes-Benz seit Anfang August 1995 auch im rein deutschen Online-Dienst T-Online.

Bei der Festlegung der Inhalte stand die sukzessive Schaffung eines reichhaltigen Informationsangebotes, das weit über das eigentliche Produkt „Auto" hinausgeht, im Vordergrund.

Mit der Vielfalt des Informationsangebots verband sich die Absicht, den unterschiedlichen Interessensbereichen gerecht zu werden und so Anknüpfungspunkte zu schaffen, die User an das Angebot, und somit auch an die Marke Mercedes-Benz zu binden.

Warum World Wide Web und T-Online?

Weltweit wird Deutschland nach den USA eine Führungsrolle bei den absoluten Userzahlen im Internet ausüben. Europa hat bereits rund 60 Prozent der Nutzerzahlen der USA (Abbildung 11).

Das Internet wird von rund 70 Millionen Personen weltweit genutzt. Einer der interessantesten Dienste innerhalb des Internets stellt das World Wide Web dar. Dieser Dienst bietet den Nutzern zugleich den höchsten technischen Standard und Komfort.

Einfaches Klicken mit der Maus auf hervorgehobene Textstellen oder „hot spots" führt den Anwender durch die Angebote. Die Programmiersprachen (HTML, Dynamic HTML, XML,…) erlauben darüber hinaus zusammen mit JAVA und Activ Server Pages Er-

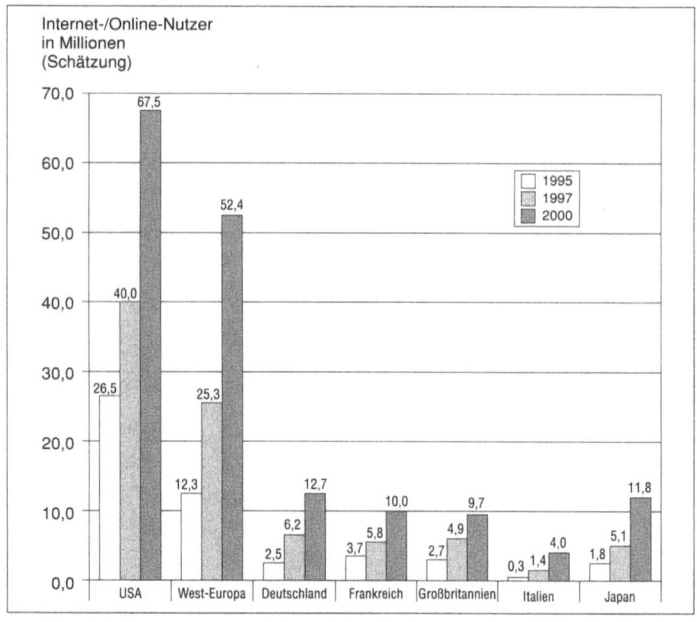

Abbildung 11: Nutzerzahlen weltweit

Quelle: European Information Technology Observation 1997/Diebold

weiterung, die die Erstellung interessanter Inhalte und die Präsentation neuer Serviceangebote. Neben dem World Wide Web gibt es aber auch kommerzielle Online-Anbieter. So weisen die drei großen amerikanischen Anbieter ein ebenfalls beachtliches Nutzer-Potential auf.

Das Wachstum dieser Online-Dienste ist mit dem des Internets vergleichbar. Ausschlaggebend für die Entscheidung von Mercedes-Benz, sich zunächst im World Wide Web zu engagieren war, daß sämtliche kommerziellen Online-Anbieter Gateways zu Internet und World Wide Web angekündigt oder bereits realisiert hatten.

Diese Tatsache bot die Möglichkeit, sich auf einen Online-Dienst zu beschränken, die Ressourcen zielgerichtet einzusetzen und das Gesamtbudget schonen zu können. Dennoch war gewährleistet, daß alle Online-Nutzer auf das Angebot der Marke Mercedes-Benz zugreifen konnten.

Auch in Zukunft werden wir das World Wide Web als zentrales Element unserer Online-Aktivitäten betrachten. Eine Sonderrolle innerhalb der kommerziellen Online-Dienste nahm aus unserer Sicht T-Online der Deutschen Telekom ein. Zum einen handelt es sich um einen rein deutschen Dienst, der zwar auch über ein Gateway zum Internet verfügt, aber andererseits nach dem Internet auch der am besten genutzte Online-Dienst des deutschen Marktes (derzeit über eine Million Nutzer) darstellt.

Hinzu kam, daß sich zum Zeitpunkt der Entscheidung der KIT-Standard in der Einführung befand. Dies bot der Marke Mercedes-Benz die Gelegenheit, mit einem die Möglichkeiten des KIT-Standard nutzenden multimedialen Angebot ein entsprechend attraktives Angebot zu realisieren.

Hinzu kam, daß von Anfang an vorgesehen war, den deutschen Markt als Testmarkt für Verkaufsmodule, zum Beispiel das Gebrauchtwagenmodul, innerhalb der Online-Dienste zu nutzen, wofür zum damaligen Zeitpunkt T-Online die besten und sichersten Voraussetzungen bot. Diese Sonderrolle von T-Online gibt es aus unserer Sicht heute nicht mehr. Mercedes-Benz wird daher das Engagement bei T-Online Ende 1997 beenden!

Technische Umsetzung

Die programmtechnische Umsetzung des T-Online-Angebotes orientierte sich an den Vorgaben des KIT-Standards. Nach Fertigstellung der Inhalte durch eine externe Agentur wurden die Inhalte auf die Telekom-Rechner eingespielt und der Zugang zu T-Online über *Mercedes# freigeschaltet.

Die Programmierung der Web-Programme orientierte sich an den Möglichkeiten, die durch Netscape, Microsoft und Internet-Explorer gegeben sind. Die Informationen wurden dazu plattformbezogen aufbereitet. Dabei erfolgte eine Trennung von Layout und Content. Es handelt sich hierbei um ein Redaktionssystem, welches hinter der MB-Firewall eingesetzt wird. Die erstellten Seiten wurden auf einen Live-Server gespiegelt, welcher sich vor der Firewall befand. Durch das Redaktionssystem ist die Einhaltung von CI/CD (Corporate Identity/Corporate Design) sichergestellt. Durch den Einsatz von SSL (Secure Socket Layout) bieten wir den Usern bei Dialogen größtmögliche Sicherheit. Auch hier wird die eigentliche Seitenproduktion durch eine externe Agentur übernommen.

Die schrittweise Entwicklung des Internet in den Vertrieb

Interneteinstieg der Marke Mercedes-Benz

Mercedes-Benz ist seit dem 5. Juli 1995 mit einem zweisprachigen Angebot im Internet vertreten. Von Anfang an konnte mit einem umfangreichen Programm die komplette PKW-Palette zusätzlich ergänzender Informationen abgebildet werden.

IAA-Spezial

Im Rahmen der Messeaktivitäten auf der Internationalen Automobilausstellung 1995 wurde „Mobilität" auf eine neue, durchaus revolutionäre Art demonstriert. Innerhalb des Internet wurde erstmals ein virtueller Messestand kreiert, der Online-Usern weltweit aktuelle Infos des Mercedes-Benz Messestandes von der IAA übermittelte. Mittels VRML-Technologie hatte der Messebesucher die Möglichkeit, sich auf der Messe via Internet-Plattform dreidimensional zu bewegen.

Als weiters interaktives Element wurde ein Internet-Café kreiert, in dem zahlreiche verschiedenartige Foren tagten. Neben dem Mercedes-Benz Forum und einem Expertenforum mit Direktoren, Vorständen und anderen Repräsentanten wurde ein freies Forum mit freier Themenwahl durch die Benutzer organisiert. Innerhalb des Expertenforums konnten die Teilnehmer direkt per Nachricht/ E-Mail Fragen zu Mercedes-Benz stellen, die umgehend von Mercedes-Benz Führungskräften beantwortet wurden.

Zahlreiche Aktivitäten führten zu einem spielerischen Umgang mit dem Hause Mercedes-Benz. In der Rubrik „Sound and Rave" standen den Online-Usern verschiedene Sound-Files zum Fernladen zur Verfügung. Mit Hilfe dieser wie auch eigener Geräusche konnten die User individuelle Kompositionen kreieren und über das Internet an Mercedes-Benz zurücksenden. Per Live-Camera wurden Messebilder via Internet übermittelt.

Eine weitere Messeneuheit war der virtuelle Autosalon. Neben der Möglichkeit des Abrufs technischer Daten sämtlicher Mercedes-Benz-Modelle konnte sich der Internet-Surfer auch seinen individuellen Wunschwagen zusammenstellen. Der Info-Service überprüfte anschließend, ob das individuell konfigurierte Fahrzeug in der Form gebaut werden konnte und teilte das Ergebnis online mit. Dadurch wurden Baubarkeitskonflikte interaktiv aufgelöst.

Weitere Online-Services waren Online-News, eine tagesaktuelle Messeberichterstattung, sowie aktuelle Beiträge zum Motorsport.

Die Bilanz: die Messeaktivitäten entsprachen einem Zugriff von 330 000 Nutzern innerhalb 12 Tagen. An den Foren wurden 306 Teilnehmer gezählt. Insgesamt wurden eine positive Resonanz von Besuchern und Benutzern registriert.

Oktober 1995

Start des Moduls News innerhalb der Rubrik Aktuelles & Termine. Die wichtigsten Neuigkeiten sind per Link direkt anzusteuern. Ferner sind Meldungen der vergangenen Monate via Links in dem jeweiligen Monat abrufbar.

Dezember 1995

Start des Moduls Mercedes Lease Finance innerhalb der Rubrik Services. Die Mercedes Lease Finance ist eine Tochter der Debis. Die Verlinkung dieses Moduls wurde integriert, um den potentiellen Kunden hinsichtlich Finanzierungsmöglichkeiten zu informieren.

Kontinuierlicher Ausbau der Inhalte

Der folgende zeitlich gegliederte Ablauf stellt den kontinuierlichen Ausbau der Inhalte im Internet dar.

März 1996

Während des Automibilsalons in Genf stand die Vorstellung der neuen V-Klasse in Form einer separaten Rubrik im Internet im Mittelpunkt. Des weiteren wurde ein neues Design der Web-Seiten getestet.

Mai 1996

Neustart der Mercedes-Benz Internet-Aktivitäten. Es wurde eine überdurchschnittliche Struktur des Angebots sowie ein nach CD/CI-Gesichtspunkten neues Layout umgesetzt. Sart sämtlicher A-Klasse-Kommunikationsaktivitäten im Internet. Inhalt der A-Klasse-Aktivitäten waren ein interaktives A-Klasse Spiel mit mehreren Stationen sowie der Newsletter. Der Nutzerresponse der A-Klasse war zufriedenstellend. Nach Kritik durch die Nutzer wurde das A-Klasse Spiel eingestellt. Eine Neukonzeption wurde im Zusammenhang von VP/KW, einer neuen Agentur und VMC/NIM erstellt.

Juni 1996

Erste Web-Seiten des Zubehörverkaufs und der Stellenbörse im Internet.

Juli 1996

Sart des Regionenkonzepts. Der Online-Auftritt sowohl auf Wholesaleebene als auch auf Retailebene ist aufgrund der Wahrung nationaler und regionaler Interessen der Kunden unbedingt notwendig.

Durch Direktvertrieb von Produkten und Dienstleistungen sowie einem umfangreichen Online-Angebot von Konkurrenzunternehmen und markenübergreifender Drittanbieter (Dealernet, carpoint, Auto byte) verschärft sich die Wettbewerbssituation. Zudem besteht die Gefahr eines negativen Image-Transfers durch einen unkoordinierten Händlerauftritt. Das Regionalkonzept soll diesen Risiken offensiv begegnen. Der Ansatz ist die Abbildung des weltweiten Vertriebsnetzes von Mercedes-Benz in die globale Welt des Internets unter Berücksichtigung von CD und CI-Gesichtspunkten.

Inhalte des Regionenkonzeptes sind:

• Inhalte auf drei Ebenen: Zentrale – Wholesale – Retail,

• Rahmenstruktur für jede Ebene,

• eigene Inhalte gemäß Rahmenstruktur,

• Verknüpfung zur „Erlebniswelt Mercedes-Benz",

• durchdachte und einfache Navigation, einheitliches CD/CI,

• Gemeinsame DV-Lösungen.

Zur Gewährleistung eines einheitlichen CI/CD wurde ein Styleguide entwickelt, der global Rahmenvorgaben über Gestaltungsgrundsätze des Layouts und den Einsatz der Gestaltungselemente für das Internet/WWW-Angebot von Mercedes-Benz auf allen drei Ebenen festlegt. Internet Task Force beendet die Arbeit. Die Internet Task Force hatte die Aufgabe, die Rahmenbedingungen des Internet-Auftritts festzulegen.

Teilprojekte der Task Force:

- Internet-Policy: Festlegung der Zuständigkeiten und Verantwortung innerhalb von Mercedes-Benz.

- DV-Konzept: Festlegung der Namenskonventionen bezüglich WWW und E-Mail.

- IT-Sicherheitskonzept: Technisches Sicherheitskonzept mit zweistufigem Firewall-Konzept zum Schutz Mercedes-Benz-eigener Netze inklusive Schutzzielen bezüglich der Internet-Nutzung.

Aus der Task-Force ging die Gründung einer Internet-Redaktion hervor sowie die Zuordnung der Internet-Stelle zu VMC/NIM. Funktion der damaligen Internet-Redaktion und heutigen Online-Redaktion ist die ressortübergreifende Information sowie die Abstimmung und Koordination der Aktivitäten zwischen dem Ressort und den Sparten.

Ebenfalls Start der V-Klasse Spiele 1+2 sowie ein Live-Interview mit Boris Becker.

August 1996

Im Rahmen einer A-Klassen-Erweiterung wurde eine befristete Kooperation mit SWF 3 zum New Pop Festival 1996 eingegangen.

September 1996

Start des Nutzfahrzeugaufritts mit dem Actros.

Oktober 1996

Messen im Internet (Paris, Berlin und Birmingham).

November 1996

Aufnahme der Mercedes-Benz-Card sowie Beginn des V-Klasse Spiels 3.

Neue Inhalte 1997

Neustart der A-Klasse

Richtschnur für den Internet-Auftritt der A-Klasse ist die von Mercedes-Benz vorgegebene Kommunikationsstrategie, innerhalb welcher zum ersten Mal ein Cross-Media-Ansatz konsequent realisiert werden soll. Dies bedeutet eine enge Zusammenarbeit innerhalb der Kampagne zwischen klassischen und neuen Medien. Ziel ist die Koordination und das gegenseitige Aufgreifen und Übernehmen von Gestaltungselementen.

Innerhalb des A-Klasse-Auftritts soll dem Internet-Nutzer die Produktivität der A-Klasse hinsichtlich Sicherheitskonzept, Umweltverträglichkeit, Raumökonomie, Innenraumvariabilität sowie Fahrzeugausstattung und Komfort in interaktiver Form nähergebracht werden.

Start des Händlersuchsystems

Das Händlersuchsystem steht unter dem Motto „Der Weg zu Ihrem Mercedes-Benz Partner". Zielvorgabe war die Kreation eines nutzerfreundlichen Händlersuchsystems für den deutschen Markt. Das System ist in der Lage via Eingabe auf Wunsch des Kunden die zu ihm nächstgelegensten Mercedes-Benz-Partner zu erörtern, die anhand der Eingabe einer Postleitzahl oder eines Ortes lokalisiert werden.

Als Suchergebnis erhält der Nutzer eine tabellarische Übersicht bezüglich Anschrift, Telefon und Telefax von jeweils acht Mercedes-Benz Partnern aus seiner Umgebung. Die Händlergebiete werden dabei berücksichtigt.

Es existiert eine Verlinkung zwischen der Homepage von Mercedes-Benz und den Mercedes-Benz Partnern, bei der auf Wunsch der entsprechende Straßenkartenausschnitt auf die Tabelle übertragen werden kann.

Auf weiteren Wunsch kann sich der Nutzer Angaben zu Straßenbezeichnungen geben und Entfernung und Fahrzeit berechnen lassen.

Frauen als Zielgruppe im Internet

Zum Thema Frauen im Internet wurde im Herbst 1996 eine Diplomarbeit vergeben, die Ende Februar fertiggestellt war.

Automobilsalon in Genf

In Genf fand die Premiere der A-Klasse statt. Aus diesem Grund wurde im Rahmen der A-Klasse-Kommunikationsstrategie entschieden, ein Internet-Café einzurichten, um die Messebesucher vor Ort sowie den Online-Messebesuchern Hintergrundinformationen zur A-Klasse zu liefern. Dazu wurde das Sondermodul A-Planet erstellt, welches den Messe-Event „Weltpremiere" kommuniziert. Des weiteren wurde auf Grundlage der Pressemappe das Standardprogramm A-Klasse erweitert sowie die anderen Messeneuheiten wie zum Beispiel neue V-Motoren präsentiert.

Das Regionenkonzept 1997

Weiterentwicklung des Regionenkonzepts 1997. Ziel ist eine vollständige styleguidekonforme Anbindung der Retailstufe an den Internetauftritt von Mercedes-Benz. Ein Bericht zur Entwicklung des Regionenkonzeptes wird im Rahmen eines MCE Meeting im 2. Quartal erfolgen.

Online-Selling

Momentan besteht das Projekt Online-Selling A-Klasse, welches als Pilotprojekt für zukünftige Online-Selling-Aktivitäten zu sehen ist. Aufgrund strategischer Überlegungen und der Abhängigkeit gegenüber anderen sich verzögernden Prozessen kann der Start voraussichtlich erst Anfang 1998 realisiert werden.

Zukünftige Aktivitäten

Unser Auftritt in den Online-Medien ist geprägt von einem professionellen, facettenreichen Angebot, das sich an den Bedürfnissen der User orientiert. Im Dialog mit den Usern arbeiten wir laufend daran, das Informationsangebot auszubauen und noch attraktiver zu gestalten. In diesem Zusammenhang ist auch eine Anpassung der Inhalte an nationale und regionale Rahmenbedingungen geplant – entsprechend den jeweiligen nationalen und regionalen kulturellen Gegebenheiten.

Bisherige Nutzerakzeptanz

Die Nutzerakzeptanz ist positiv, wie eine Reihe von Umfragen im Web sowie auf Messen zur WWW-Aktivität der Mercedes-Benz ergaben.

Sozio-demographische Daten der Mercedes-Benz Internet Nutzer:

- mehr als 90 Prozent der Nutzer sind männlich,

- 60 Prozent der Nutzer sind noch keine Mercedes-Benz-Kunden,

- das Durchschnittsalter liegt bei 32 Jahre,

- mehr als 95 Prozent haben Abitur oder eine höherwertige Ausbildung.

Nutzer-Response (pro Woche):

- 17 000 E-Mails insgesamt, unter denen 1000 Anfragen nach Gebrauchtfahrzeuge sind,

- 150 Adressen aus dem V-Klasse Spiel,

- 250 Adressen, sozio-demographische Daten und Feedback aus Fragebogen,

- 9000 Adressen aus der A-Klasse im Internet,

- 1995: rund 5000 User-Sessions, 1997: 65 000 User-Sessions,

- ca. 14 Prozent D, ca. 20 Prozent US COM, 12 Prozent NET, 11 Prozent Asien, 18 Prozent Europa, 25 Prozent unaufgelöst.

2. Kapitel

Business Learning

In unserem Informationszeitalter muß Wissenstransfer effizienter sein denn je. Betriebliche Aus- und Weiterbildung ist dadurch zu einem der größten Wettbewerbsfaktoren jedes Unternehmens geworden. Die folgenden Autoren berichten über ihre Erfahrungen im Bereich Business Learning und über die Effizienz von multimedialer Nutzung in der Aus- und Weiterbildung. Anhand von Praxisbeispielen wird verdeutlicht, wie Unternehmen und Konzerne sehr erfolgreich in den Neuen Medien operieren, welches die Kriterien für ihre Einführung sind und wie deren Zukunft aussieht. Dadurch bieten sie den Lesern eine bessere Orientierung und regen an, die Anwendungsmöglichkeiten in eigenen Firmen zu überdenken.

Multimedia –
Didaktische Grundlagen

von Lars Balzer, Maria Bannert und Reinhold S. Jäger

Multimedia ist in aller Munde. Dennoch existieren meist nur vage Vorstellungen, was unter dieser schillernden und vielgepriesenen Innovation konkret zu verstehen ist. Insbesondere betriebliche Entscheidungsträger sowie direkt Betroffene wissen oftmals nicht genau, wie ein multimedialer Lern- und Arbeitsplatz aussehen muß, um diese neue Technologie optimal zu nutzen. Deshalb wollen die Autoren mit diesem Beitrag über die Grundlagen eines effektiven Multimedia-Einsatzes informieren.

Hierbei konzentrieren wir uns auf die instruktionspsychologischen Grundlagen von Multimedia. Wir vertreten die Auffassung, daß erst mit der Berücksichtigung dieser Grundlagen die Vorteile von Multimedia gegenüber den traditionellen Lern- und Arbeitswerkzeugen effektiv zum Tragen kommen.

Definitionen für den Begriff Multimedia gibt es beinahe ebenso viele wie es Beiträge über Multimedia gibt. Dabei besteht nicht das Problem darin, überhaupt eine Definition zu finden, vielmehr können sich viel zu viele Personen irgend etwas vorstellen. Nicht gerade einfacher wird es, wenn man bedenkt, welch eine lange Geschichte Multimedia hat.

Zunächst scheint Multimedia – so der Begriff – mehrere Wahrnehmungskanäle anzusprechen und sich durch den Einsatz mehrerer Medien auszuzeichnen. Multimedia integriert verschiedene Medien wie Text, Bild, Video und Ton und kombiniert sie miteinander. Der Computer nimmt hierbei eine zentrale Position ein, indem er die Koordination übernimmt und eine Interaktion von Medium und Anwender auf der einen und den Anwendern unter sich auf der anderen Seite ermöglicht.

Für das Lernen mit Multimedia besonders vorteilhaft ist die Möglichkeit des „Selber-Machens". Hierfür ist der Computer bestens geeignet, da über ihn alle Vorgänge gesteuert und koordiniert werden.

Instruktionspsychologie für eine Multimedia-Didaktik

Auch wenn der rasante technologische Fortschritt nunmehr die Realisierung individueller und flexibler Lernumgebungen zuläßt, so ist es doch beim heutigen Stand des Multimediamarktes eher ernüchternd festzustellen, daß viele Multimediasysteme jeglicher didaktischen Fundierung entbehren.

Viele multimediale Systeme mögen zwar unterhaltsam sein, aber Lernerfolg läßt sich mit ihnen sicherlich nur schwer erzielen. Dem geforderten Prinzip des Edutainment, der Kombination von Unterweisung (education) und Unterhaltung (entertainment), wird dabei nicht entsprochen.

Was gilt es aber in didaktischer Hinsicht bei Multimedia zu beachten beziehungsweise welche Kriterien müssen berücksichtigt werden, um instruktionspsychologischen Anforderungen zu genügen? Diese Fragen wollen wir anhand der nachfolgenden Ausführungen beantworten. Zuerst werden wir die instruktionspsychologische Forschung und Praxis kurz vorstellen, die wichtigsten Konzepte erörtern und danach deren Relevanz für das Lernen und Lehren mit Multimedia herausstellen.

Instruktionspsychologie: Was ist das?

Instruktionspsychologie ist eine wissenschaftliche Teildisziplin der Psychologie, die sich mit dem Lernen und Lehren in allen Lebensbereichen beschäftigt. Sämtliche psychischen Veränderungen eines Individuums, die aus den persönlichen Erfahrungen mit sich und der Umwelt resultieren, werden als Lernen aufgefaßt. Beispielsweise kann es sich dabei um den Erwerb des Einmaleins oder des engli-

schen Grundwortschatzes (kognitiver Bereich), das Erlernen des
zehn-Finger-Schreibsystems für die Benutzung einer Tastatur (psychomotorischer Bereich) oder aber um die Verminderung von
Phobien, wie etwa der Angst vor Spinnen (affektiver Bereich) handeln. Durch Vererbung oder Entwicklung bedingte Veränderungen
werden aber nicht als Lernen definiert, sie sind demnach nicht das
Resultat von Lernprozessen. Im Alltag erfolgt Lernen einerseits oftmals unbemerkt und eher beiläufig, andererseits gibt es spezielle
Situationen und Einrichtungen – Schule ist die bekannteste –, in
denen systematisch gelernt – weil gelehrt wird. Lehren heißt, Lernprozesse gezielt zu initiieren, kontinuierlich zu fördern und bei
Bedarf zu berichtigen. Damit werden die intendierten psychischen
Veränderungen – seien es Einsichten, Einstellungen oder aber komplexe Verhaltensmuster – schneller, sicherer und vor allem auch
ökonomischer gelernt, als es ohne eine Unterweisung und Hilfestellung überhaupt möglich wäre.

Um von vorneherein einem weitverbreiteten Mißverständnis entge-
genzuwirken, wollen wir klarstellen, daß Instruktion als „spezielle
Form des Lehrens" nicht mit reiner Informationsvermittlung gleich-
zusetzen ist. Vielmehr geht sie mit der Absicht, geplante Veränderungen kognitiver, affektiver und psychomotorischer Prozesse
gezielt zu bewirken, weit darüber hinaus. Die hierbei getroffenen
Entscheidungsaspekte betreffen das zu erlernende Verhalten, die
Rahmenbedingungen, unter denen Lehren und Lernen stattfinden,
externe Förder- und Kontrollmechanismen sowie die zeitliche Be-
grenzung der Lernprozesse. Diese allgemein skizzierten Aufgabenfelder deuten bereits an, wie zentral die Erkenntnisse der instruktionspsychologischen Forschung für die Konzeption und Evaluation
von neuen Lerntechnologien – wie etwa computerunterstütztes Lernen (CUL) beziehungsweise computer-based Training (CBT), Multimedia und Telelernen – sind. Wohl deshalb erlebt dieser For-
schungszweig derzeit eine Renaissance, eine Schlüsselstellung
nimmt dabei die Forschung und Praxis zum Instruktionsdesign ein.

Instruktionsdesign (gewöhnlich wird das Akronym ID verwendet)
betrifft den gesamten Vorgang der Planung, Gestaltung und Evaluation von Lernumgebungen mit dem Ziel, durch die gewählten In-

struktionsmaßnahmen geplante Veränderungen bei den teilnehmenden Personen – speziell die Modifikation ihrer kognitiven Strukturen – gezielt herbeizuführen.

Unter einer Lernumgebung werden ganz allgemein alle externen Einflußgrößen aufgefaßt, welche für die angestrebten internen Lernprozesse der Instruktionsmaßnahmen von Bedeutung sind beziehungsweise sein könnten. Das können beispielsweise die verwendeten Lehrmethoden, Lehrmedien und Teilnehmerunterlagen sein. Aber auch die realisierte Abstimmung auf die individuellen Voraussetzungen der Lerner, etwa ihren Vorerfahrungen oder ihrer Lernbereitschaft, die Zusammensetzung der Lerngruppe oder aber die Ausgestaltung des Lernplatzes sind hierfür von entscheidender Bedeutung.

Der Gestaltungsprozeß von Lernumgebungen läßt sich idealtypisch in mehrere Phasen beziehungsweise in die einzelnen ID-Komponenten unterteilen: Analyse und Planung, Konzeption und Entwicklung, Implementierung und Anwendung sowie Evaluation und Revision. Beim systemischen Instruktionsdesign werden diese Instruktionssituationen und -verläufe in ihrer Komplexität als System betrachtet, weshalb die Gestaltung von Lernumgebungen unter dieser Sichtweise einem systemischen Vorgehen entspricht. Solche Ansätze haben den entscheidenden Vorteil, daß der Gesamtzusammenhang der Bildungsmaßnahme berücksichtigt wird. Eine Verbesserung der Lernwirksamkeit und Akzeptanz seitens der Lerner wird damit nachdrücklich angestrebt.

In Abhängigkeit von der Analyseebene des didaktischen Feldes wird zwischen Makrodesign und Mikrodesign unterschieden. Das Design auf der Makroebene umfaßt die Planungen und Entwicklungen im Vorfeld der Bildungsmaßnahme, die durchgeführten Erfolgskontrollen und die daraus abgeleiteten Revisionen. Das Design auf der Mikroebene betrifft hingegen eher die Gestaltung und Durchführung einer Instruktionseinheit, beispielsweise einer Lektion in einem Multimediasystem.

MIt der nachgestellten Abbildung 12 wollen wir einen Überblick über den gesamten ID-Prozeß auf der Makroebene geben. Einerseits

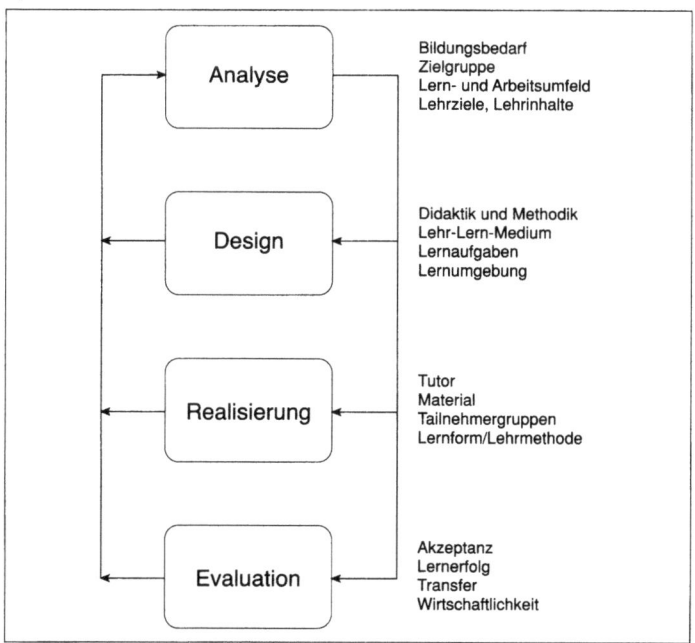

Abbildung 12: Systemisches Instruktionsdesign (Makroebene)

eignet sich dieses allgemeine Modell besonders als Orientierungsfa-
den für die Planung und Konzeption von multimedialen Lernumgebungen. Andererseits verdeutlicht es das komplexe Beziehungsge-
flecht der einzelnen Komponenten und ihrer jeweiligen Bestim-
mungsgrößen. Beispielsweise können erst nach einer ausführlichen
Analyse des bestehenden Bildungsbedarfs, der potentiellen Zielgruppe und deren typischen Arbeitsumfelder die Lehrziele formuliert und darauf abgestimmt die Lehrinhalte konzipiert werden. Und
erst dann kann die Entscheidung für das jeweilige didaktische und
methodische Vorgehen getroffen werden. Diese didaktischen Ent-
scheidungsfelder werden bei der Gestaltung von Multimediasystemen häufig ignoriert. Nach dem Motto „die Technik macht's möglich" werden dem Lernenden überladene Benutzerschnittstellen präsentiert mit „effekthaschender Benutzerführung", ohne daß zuvor
deren didaktischen Eignung in bezug auf den konkreten Lernbedarf,

der Zielgruppe sowie dem Lernumfeld untersucht und bestimmt wurde. In diesen Fällen wäre ehrlicherweise ein gut konzipiertes Buch lernwirksamer.

Lehrmethoden und Lehrfunktionen

Welche Faktoren gilt es auf der Mikroebene, also der konkreten Durchführung einer Lerneinheit, aus didaktischer Sicht zu beachten? Hierfür ist das Konzept der Lehrmethoden zentral, die als Instrumente zur Vermittlung von Lerninhalten verstanden werden, mit deren Einsatz die jeweils intendierten Lernziele erreicht werden sollen. Es handelt sich also um externe Hilfsmittel, welche die nötigen Voraussetzungen für einen planmäßigen Ablauf der stattfindenden individuellen Lernprozesse herstellen. Problematisch ist das Konzept der Lehrmethoden dahingehend, daß sich diese nur auf einer sehr abstrakten Ebene charakterisieren und klassifizieren lassen, da sie im konkreten Fall entscheidend von den Lerninhalten, den Lernenden und vom Lernverlauf abhängen. Eindeutiger beziehungsweise konkreter lassen sich dagegen die prototypischen didaktischen Handlungen fassen, die in unterschiedlicher Kombination in den komplexen Lehr- beziehungsweise Instruktionsstrategien zum Tragen kommen. Diese Handlungen sind die Grundformen des Lehrens schlechthin:

- Erklären und Referieren,

- Vorzeigen,

- einen Handlungsablauf erarbeiten,

- Beobachten und Anschauen,

- eine Operation aufbauen,

- einen Begriff bilden und ihn anwenden,

- Üben und Wiederholen,

- das Curriculum planen,

- Prüfen und Bewerten

Lehrmethodische Entscheidungen können nur sehr schwer in Form von allgemeingültigen Patentrezepten vorgegeben werden. Dies ist deshalb der Fall, weil ihre jeweilige Wirksamkeit von verschiedenen Komponenten des ID-Modells (siehe oben) abhängen. Beispielsweise kann die Wahl der angemessenen Lehrmethode erst auf der Basis der zuvor festgelegten Lernziele erfolgen; Lehrmethoden sind deshalb lernzielspezifisch.

Trotz dieser Problematik stellt sich für künftig zu entwickelnde Multimedia-Anwendungen die Frage, welche Lehrmethoden beziehungsweise welche spezifische Kombinationen von Lehrhandlungen nun Lernerfolg garantieren.

Hierfür geben die Lehrfunktionen einen geeigneten Rahmen vor. Mit der ersten Lehrfunktion „Motivation" soll sichergestellt werden, daß der jeweilige Lerner überhaupt motiviert ist oder motiviert wird zu lernen. Dies läßt sich beispielsweise durch einen interessanten Problemfall zum Einstieg realisieren. Eine ansprechende Benutzerschnittstelle tut ihr übriges.

Die zweite Lehrfunktion „Informationsdarbietung" sorgt dafür, daß die lehrziel-relevanten Informationen in der Lernumgebung bereitstehen und zwar in einem Format, die den individuellen Lernervoraussetzungen Rechnung tragen. Komplexe Sachverhalte sollen etwa nicht nur textuell, sondern auch mittels Bilder, zum Beispiel in überschaubaren Grafiken dargeboten werden. Durch die dritte Lehrfunktion „Informationsverarbeitung" wird darauf geachtet, daß der Lerner die aufgenommene Information angemessen verarbeitet, das heißt diese versteht, indem er sie mit seinem bereits vorhandenen Wissen verknüpft.

Eine hierfür sehr bewährte Hilfe sind Simulationen, in denen schwer verständliche Lerninhalte simuliert und wichtige Aspekte hervorgehoben werden. Besteht die Möglichkeit der Interaktion mit dieser Simulation, zum Beispiel durch das Vor- und Rückspulen, oder die Simulation in Zeitlupe ablaufen zu lassen, gelingt es dem Lerner noch besser, diese schwierigen Abläufe nachzuvollziehen und zu verstehen. Die vierte Lehrfunktion „Speichern und Abrufen" soll gewährleisten, daß der Lerner die vermittelten Informationen behalten und zu späteren Zeitpunkten wieder erinnern kann. Bezogen auf Multimediasysteme ist es also wichtig, durch entsprechende Hinweise auf die wichtigen Fakten aufmerksam zu machen – etwa in Form von Zusammenfassungen oder dem altbekannten Merke! – und mit gezielten Rückfragen und Übungsaufgaben das Erlernte zu überprüfen.

Das Ziel des Lehrens ist letztlich die erfolgreiche Übertragung des erworbenen Wissens auf ähnliche Situationen, welche durch die fünfte Lehrfunktion „Transfer" entsprechend unterstützt wird. Dies läßt sich in Multimediasystemen mit der Darbietung geeigneter Problemfälle verwirklichen, die mehr oder weniger stark von den Lernaufgaben abweichen. Allerdings kann das Multimediasystem nicht überprüfen, ob tatsächlich eine Anwendung des Gelernten im späteren Arbeitskontext erfolgt. Die sechste Lehrfunktion „Kontrolle und Steuerung" hebt sich von den vorangegangenen durch ihre übergeordnete Rolle ab. Diese soll sicherstellen, daß jede der fünf zuvor genannten Lehrfunktionen ganz gewiß realisiert wird. Deren Umsetzung stellt auch die größte Herausforderung in Multimediasystemen dar. Fällt es einer Lehrkraft noch vergleichsweise einfach, zu überprüfen, ob nun ein Lerner motiviert ist, ob er die relevanten Informationen tatsächlich wahrnimmt und diese auch im richtigen Sinne versteht, um bei Bedarf einzugreifen, ist es um ungleiches schwerer, diese menschliche Intelligenz in einem Programm umzusetzen. Gerade wegen dieser Schwierigkeiten ist es ratsam, das Lernen mit Multimedia in ein umfassendes Schulungskonzept einzubinden und dafür zu sorgen, daß der Lernende sich gelegentlich mit anderen Lernpartnern und einem menschlichem Tutor austauschen kann.

Situiertes Lernen und Konstruktivismus

Die ernüchternde Feststellung „Lehren macht nicht lernen" legt nahe, daß individuelle Aneignungsprozesse während des Lehrens den Lernerfolg entscheidend mitbestimmen. Während in der Vergangenheit kognitive Lerntheorien vor allem die mentale Struktur und Prozesse des Lerners untersuchten, richten die derzeit aktuellen konstruktivistischen Lerntheorien ihr Augenmerk besonders auf die aktive und konstruktive Rolle der Lerner sowie deren Unterstützung und Förderung durch entsprechend gestaltete Lernumgebungen. Aus diesem Blickwinkel ist zwangsläufig die didaktische Beurteilung von Multimedia durch eine größere Verflechtung von externalen und internalen Faktoren in den jeweiligen Lehr-Lernsituationen gekennzeichnet.

Das heißt, neben den aktiven Konstruktionsprozessen des Lerners ist also auch die Situation beziehungsweise der spezifische Kontext, worin das Lehr-Lerngeschehen stattfindet, das entscheidende Merkmal für das Lehren und Lernen. Diesbezüglich sind nicht nur die materiellen und physikalischen Gegebenheiten bedeutsam und demnach einzubeziehen, sondern vor allem auch die soziale Umwelt: Lernen findet im weitesten Sinne betrachtet immer in Interaktion mit anderen Menschen statt, nämlich in direkter Kommunikation oder indirekt, wie etwa durch das Einbeziehen bestimmter Mitmenschen in die eigene Gedankenwelt oder aber einfach durch den Gebrauch menschlich erstellter Werkzeuge.

Ein solches Werkzeug sind de facto Multimediasysteme. Folglich kann das Lernen nicht losgelöst von den jeweiligen auto-biographischen, historischen und kulturellen Hintergründen untersucht und verstanden werden.

Folgende Gestaltungsprinzipien werden von diesen neuen Lern- und Lehrtheorien als maßgebliche Faktoren für effektive Lernumgebungen immer wieder angeführt:

- authentische Lernkontexte,

- komplexe und ganzheitliche (Lern-) Tätigkeiten,

- multiple Kontexte und Perspektiven,

- soziale Kooperation,

- individuelle Unterstützung und

- Förderung der Selbststeuerung.

Diese Gestaltungsmaßnahmen sind jedoch nicht so neu, wie uns gelegentlich von ihren Vertretern eingeredet wird. Es gibt schon eine lange Tradition von fallbasierten, handlungs-beziehungsweise projektorientierten Unterrichtsmodellen. Deren Ursprünge reichen zurück in die Reformpädagogik, insbesondere die der 20er und 30er Jahre. Neu an den „neuen" Instruktionsmodellen ist hingegen der gezielte Einsatz von computerunterstützten Lernumgebungen, wie Computerlernprogramme, Hypertext- und Multimedia-Systeme.

Vor allem der Fortschritt in den Computertechnologien ermöglicht den simultanen Einsatz von verschiedenen Medien wie Text, Grafik und Film, die im herkömmlichen Unterricht in einer derart flexiblen und adaptiven Einsatzform nicht verfügbar sind.

Lernerfolg und Transfer

Lernerfolg liegt vor, wenn die anvisierten Lernziele einer Instruktionsmaßnahme in einem gewissen Grad erreicht wurden. Kriterium ist dabei die erziele qualitative und/oder quantitative Veränderung beim Lernen. Die Lernziele beschreiben den erwünschten Lernzustand, den der Lerner nach der Bildungsmaßnahme erlangt haben soll. Auf diese Weise ist feststellbar, in welchem Ausmaß der Lerner den vermittelten Lehrstoff beherrscht. Zwei Positionen sind hierbei in besonderer Weise hervorzukehren, die den Tranfer des Lernens betreffen.

Instruktionsgefördertes Lernen ist nahezu immer auf spätere, häufig auch neuartige Situationen ausgerichtet, in denen die erlernten Kompetenzen zur Anwendung kommen sollen. Werden die erworbenen Kenntnisse und Fertigkeiten einer Bildungsmaßnahme – dem sogenannten Lernfeld – auf einen anderen Kontext – das sogenannte Funktionsfeld – übertragen, wie etwa auf den Arbeitsplatz, dann liegt Lernübertragung beziehungsweise Transfer vor. In diesem Kontext sind Instruktionsmaßnahmen nur dann als erfolgreich zu bewerten, wenn ein merklicher Transfer vorliegt.

Aus der Lerntransferforschung kann festgehalten werden, daß bei der Durchführung von Instruktionsmaßnahmen möglichst authentische Situationen hergestellt werden sollen. Ist dies nicht realisierbar, sollten zumindest die charakteristischen Bezüge zum Funktionsfeld explizit und kontinuierlich herausgestellt werden. Darüber hinaus ist bei der transferorientierten Qualifizierung nicht nur die Vermittlung des bereichsspezifischen Wissens wesentlich, sondern auch die Erklärung von allgemeinen Strategien sowie das eigenständige und verteilte Üben.

Evaluation der Lernprozesse mit Multimedia

Die bisherigen Ausführungen unterstreichen ebenfalls die Notwendigkeit, schon vor der Instruktionsmaßnahme – beziehungsweise im konkreten Fall des Multimediaeinsatzes – die jeweils angestrebten Lernziele zu verdeutlichen. Diese bestimmen nicht nur die Ausgestaltung der Lernumgebung in Abhängigkeit des anvisierten Lern- und Transfererfolgs. Vielmehr werden damit gleichfalls die Kriterien für den Lernerfolg verbindlich festgelegt, die sowohl bei der Lernerfolgsüberprüfung als auch in späteren Transferkontrollen im Funktionsfeld maßgeblich sind. Anhand dieser Kriterien läßt sich letztlich die Wirksamkeit der Instruktionsmaßnahme, und damit die Wirksamkeit des multimedialen Systems bestimmen. Diese Wirksamkeit ist in drei verschiedenen Formen verortet:

- Die Effektivität einer Instruktionsmaßnahme bezieht sich auf das Ausmaß des erzielten Lernerfolgs und Transfers.

- Die Effizienz umfaßt die verschiedenen Zeit- und Kostenfaktoren und damit ihre Wirtschaftlichkeit.

- Schließlich wird mit dem dritten Erfolgskriterium die Lernerakzeptanz einer Bildungsmaßnahme berücksichtigt.

Eine umfassende Evaluation von Bildungsmaßnahmen im allgemeinen und Multimedia-Schulungen im speziellen muß alle drei Erfolgskriterien gleichermaßen berücksichtigen. In dem weiter oben dargestellten ID-Makromodell werden diese Größen als wesentliche Faktoren der Evaluation einer Lernumgebung angeführt.

In bezug auf die Effektivität von Instruktionen gilt es, in einem weiteren Schritt die zugrunde liegenden Lernbereiche einer Maßnahme zu unterscheiden. Üblicherweise werden in Anlehnung an die Lehrzieltaxonomie von Bloom kognitive, affektive und psychomotorische Lernergebnisse unterschieden, die jeweils mit verschiedenen Verfahren zu erheben sind. Die kognitiven Lernziele können ihrerseits in deklaratives, prozedurales und metakognitives Wissen unterteilt werden. Während der Erwerb von deklarativem Wissen in Lernerfolgskontrollen vergleichsweise häufig überprüft wird, blieb bislang eine systematische Erforschung von prozeduralen und metakognitiven Lernergebnissen aus.

Zusammengenommen machen die Darlegungen deutlich, daß beim erfolgreichen Einsatz von Multimedia zahlreiche pädagogisch-didaktische Konzepte sowie psychologische Kriterien gleichermaßen zu berücksichtigen sind.

Das abgebildete ID-Makromodell skizziert nicht nur die entscheidenden Aufgabenfelder des Instruktionsdesigns, sondern stellt insgesamt die vielschichtigen kontextuellen Rahmenbedingungen heraus, die bei der Untersuchung von Bildungsmaßnahmen zu berücksichtigen sind. Den einzelnen Aufgabenfeldern beziehungsweise ID-Komponenten sind spezifische pädagogisch-psychologische Größen zugeordnet, von denen angenommen wird, daß sie die Effektivität, Effizienz und Akzeptanz von computerunterstütztem Lernen entscheidend beeinflussen.

Auf der Ebene des Mikrodesigns, in der die didaktischen und methodischen Entscheidungen für die eigentliche Durchführung einer Instruktionsmaßnahme getroffen werden, sind insbesondere die dargestellten Lehrfunktionen richtungsweisend. Aufgrund ihrer übergeordneten Rolle hinsichtlich verschiedener Lehrtheorien wird damit der mikrodidaktische Rahmen von Instruktionsmaßnahmen umrissen. Zusätzlich wird dieser durch die neueren Befunde zum situierten Lernen und deren Implikationen für das Design von Lernumgebungen ergänzt.

Nicht zuletzt gilt, daß systematische Erfolgskontrollen von Instruktionsmaßnahmen im allgemeinen und von neuen Lerntechnologien im speziellen eine wesentliche Voraussetzung dafür sind, die Lernwirksamkeit von Instruktionsmaßnahmen zu überprüfen und zu optimieren.

Instruktionspsychologische Empfehlungen für den Einsatz von Multimedia

Derzeit steht eine Vielzahl von instruktionspsychologischen Erkenntnissen zur Verfügung, die für den Einsatz von multimedialen Lern- und Arbeitsplätzen richtungsweisend sind. Wir vertreten die Auffassung, daß eine instruktionspsychologische Fundierung von Multimedia unabdingbar ist, sollen Lernprozesse mit dauerhaftem Erfolg gewährleistet werden.

Nach einer Einführung in die Instruktionspsychologie wurde von uns hervorgehoben, daß insbesondere das Forschungsfeld des Instruktionsdesigns klare Anweisungen für die Planung, Entwicklung, Durchführung und Evaluation von Multimedia ermöglicht. Die Forschung zum Instruktionsdesign ist interdisziplinär und pragmatisch orientiert und strebt die Optimierung der jeweils gesetzten Ziele an. Zu diesem Zweck greift diese Disziplin auf unterschiedliche Paradigmen, theoretische Positionen sowie methodische Verfahren und Techniken zurück. Wegen dieser eklektischen Beschaffenheit wird Instruktionsdesign auch als „verbindende" Wissenschaft zwischen Praxis und Forschung verstanden.

Ferner haben wir aufgezeigt, daß die Analyse, Konzeption und Bewertung von instruktionsgeförderten Lernumgebungen als ein System von verschiedenen, aufeinander bezogenen Entscheidungsebenen zu betrachten ist.

Die Frage nach der besten Lehrmethode für multimediale Lernumgebungen kann folglich in dieser allgemeinen Form nicht beantwortet werden. Die Wahl der geeigneten Lehrmethode ist nur ein Aspekt des komplexen multimedialen Lehr-Lerngeschehens und zudem lernzielspezifisch. Die Empfehlung in einem Multimediaprogramm, ein ausschließlich auf entdeckendes Lernen ausgerichtetes Training oder aber eine strikt angeleitete Instruktion zu realisieren, ist ohne Kenntnisse der anderen Rahmenbedingungen inhaltsleer. Da viele Multimedia-Systeme jedoch in ein Wissensgebiet einführen, ist eine tutorielle Anleitung und Unterstützung zu Trainingsbeginn zu favorisieren. Diese soll jedoch mit zunehmendem Lernfortschritt sukzessive reduziert werden, damit die Lernenden mehr Verantwortung für ihre eigene Lerntätigkeiten erhalten. Speziell für das selbständige Lernen ist eine solche Eigenkontrolle zentral, und selbständiges Lernen ist wiederum für eine regelmäßige Multimedia-Nutzung unabdingbar. Mit einer Checkliste schließen wir unsere instruktionspsychologische Betrachtungsweise von Multimedia ab. Diese kann wegen der Vielschichtigkeit des didaktischen Feldes nur eine allgemeine Form annehmen und ist für den jeweiligen Lernkontext entsprechend auszugestalten.

Instruktionspsychologische Empfehlungen für die Gestaltung von multimedialen Lernsystemen sind:

- Aufmerksamkeit durch Instruktion initiieren und Motivation fördern,

- Lernziele spezifizieren und prinzipielle Vorgehensweise darlegen,

- Gestaltung der Lernaufgaben mit Blick auf Komplexität, Abstraktion, Bedeutungsgehalt und weitere Merkmale der Lerninhalte vornehmen,

- multimediale Vermittlung des Lerngegenstandes,

- Informationsmenge an die individuellen Voraussetzungen des Lernenden anpassen,

- Gedächtnishilfen im Lernmaterial integrieren,

- Übungsmöglichkeiten im ausreichenden Maße bereitstellen,

- dem Lerngegenstand adäquate Lernstrategien gezielt fördern,

- Lernerfolg über geeignete Leistungsparameter erschließen und dem Lernenden zurückmelden,

- möglichst authentische Fälle darstellen,

- genügend Lernzeiten einräumen, eventuell Lernnischen bereitstellen,

- Möglichkeit zur Artikulation und Reflexion mit anderen.

Die Gestaltung multimedialer Kiosk-Systeme

von Martina Schäfer

Kiosk-Systeme sind rechnerbasierte Informationsauskunfts- und Transaktionssysteme, die neue Vertriebsformen unterstützen. Das Spektrum reicht von Produktinformations-Systemen und elektronischen Orientierungshilfen im Handel über Point of Information-Systeme und Kiosk-Systeme an öffentlichen Plätzen in Städten, Flughäfen oder Bahnhöfen bis hin zum interaktiven TV-Shopping in den privaten Haushalten. Sie bieten neue Formen der Darstellung von Produkten und Dienstleistungen und eröffnen damit flexible Möglichkeiten für deren elektronische Vermarktung.

Über multimediale Kiosk-Systeme können Anwendungen wie zum Beispiel Präsentationen, interaktive Produktinformationen, Tele-Consulting, Tele-Shopping, Erlebniseinkäufe in virtuellen Kaufhäusern oder Edutainment und Schulung angeboten werden. Kiosk-Anwendungen erweitern einerseits das Marketing-Instrumentarium: über die Auswertung von „Datenspuren", die die Kunden am Kiosk-System hinterlassen, liefern diese Informationen für die Kundensegmentierung und Marktforschung. Andererseits bietet die Integration von Kiosk-Systemen in die betriebswirtschaftlichen Systeme eines Unternehmens neue Anwendungsschwerpunkte zur gezielten Unternehmenssteuerung und Managementinformation.

Wesentliche Merkmale multimedialer Kiosk-Systeme

Eine allgemein anerkannte Definition für „Kiosk-Anwendungen" in Theorie und Praxis gibt es bislang nicht. Viele sogenannte Kiosk-Systeme sind nur reine Auskunftssysteme, das heißt „Point of Information". Die Erfahrung in der Nutzung solcher Point of Information zeigt, daß in vielen Fällen ohne die Möglichkeit einer konkreten Transaktion, das heißt beispielsweise einer Bestellung, das Anwendungsinteresse sehr schnell sinkt. Weitergehende Definitionen beschreiben einen Kiosk als ein öffentlich zugängliches, rechnerbasiertes System, bei dem ein nicht für die Kioskbenutzung geschulter Anwender für eine kurze Zeit Informationen abruft und Transaktionen veranlaßt. Die heute existierenden „stand-alone" Kiosk-Systeme sind nur ein Zwischenschritt zu weitergehenden technischen Anwendungsmöglichkeiten.

Mit der zunehmenden Informatisierung der Haushalte treten Kiosk-Systeme nicht nur in öffentlich zugänglichen Bereichen, sondern auch in privaten Haushalten auf. Beispiele dazu sind Kioske in Online-Diensten oder auch Anwendungen im Bereich des interaktiven Fernsehens. Im Bereich des Handels spielen Kiosk-Systeme am „Point of Sale" zur Angebots- und Verkaufsunterstützung, das heißt am Ort der Kaufentscheidung und Kaufhandlung (der räumlich und zeitlich unabhängig von der physikalischen Präsenz der Ware sein kann) eine wesentliche Rolle. Kiosk-Systeme werden oftmals an die zu bewerbenden Produkte und Sortimente angepaßt eingesetzt, zum Beispiel zur Erweiterung des Sortiments.

Auf Basis dieser Tatsachen kann ein Kiosk-System charakterisiert werden als ein rechnerbasiertes Informationsauskunfts- und Transaktionssystem, das sowohl in öffentlichen als auch in privaten Bereichen zugänglich ist, auch von nicht geschulten Personen intuitiv bedient werden kann, eine räumlich und zeitliche Unabhängigkeit von der physikalischen Präsenz des Produktes oder des Dienstleisters ermöglicht und auf unterschiedlichen Technikplattformen realisiert werden kann.

Architektur eines Kiosk-Systems

Die Architektur und Implementierung eines verteilten multimedialen Kiosk-Systems, das die unabhängige Entwicklung einzelner Kiosk-Komponenten sowie eine einfache Erweiterbarkeit ermöglicht, erfordert die Aufteilung in einen Systemkern und spezifische Erweiterungen.

Die Module eines solchen Kiosk-Systems umfassen neben der graphischen Benutzungsschnittstelle die

- Systemkontrolle und Steuerung (Engine),

- Items,

- Editiereinheit,

- Datenhaltung.

Die Systemkontrolle und -steuerung ist unabhängig von der Darstellung der Inhalte. Sie greift direkt auf die Datenhaltung und die Funktionen der graphischen Oberfläche zu. Ein Item erzeugt graphische Ausgaben und nimmt Benutzereingaben entgegen. Jedem Item wird dazu ein Fenster auf der graphischen Oberfläche zugeordnet. Die Editiereinheit wird zur Veränderung der Inhalte in der Datenbank genutzt.

Das Leistungsspektrum einer Editiereinheit reicht von der Änderung und dem Austauschen von Inhalten bis hin zur vollständigen Erstellung eines Kiosks inklusive Ablaufstruktur und Layouts. Die Datenhaltungsschnittstelle stellt abstrakte Operationen (zum Beispiel Lesen/Setzen von Attributen, Anlegen/Löschen von Objekten, Setzen/Löschen/Abfragen von Beziehungen) zur Verfügung.

Die spezifischen Erweiterungen umfassen benötigte Peripheriegeräte und Kommunikationsmöglichkeiten, Online-Dienste zum Aktualisieren von Kiosk-Inhalten sowie zur Anpassung der Benutzungsoberfläche an die speziellen Betreiberwünsche. Ein Kiosk-System ist heute noch meist in einem Gehäuse untergebracht, das eine bedienungsfreundliche Anwendung (zum Beispiel Touch Screen) durch den Nutzer erlaubt. Diese Systeme gibt es in den verschiedensten Design-Varianten und Technikkonfigurationen. Sie werden sowohl als Stand-alone-Systeme als auch als vernetzte Systeme mit Anbindung an die Datenbanken und Intranets der Unternehmen betrieben. Zukünftig werden Kiosk-Systeme auch über das Telefon- und Kabelfernsehnetz des Benutzers über den Fernseher zugänglich sein. Neue Softwaretechnologien wie beispielsweise Magic Cap, Java, QuickTimeVR oder VRML (Virtual Reality Markup Language) bieten neue Potentiale für die Benutzungsschnittstelle. Die zukünftigen Lösungen müssen eine Kopplung von Internet-, Kiosk- und Intranet-Anwendungen zulassen.

Kiosk-Systeme in Handelsunternehmen

Die Aktivitäten der Wertschöpfungskette in einem Handelsunternehmen umfassen alles, was mit der Beschaffung, dem Transport, der Lagerung und dem Absatz von Waren verbunden ist.

Bislang wurden Informations- und Kommunikationssysteme im Rahmen der Wertschöpfungskette von Handelsunternehmen vor allem für die Optimierung der internen Prozesse (zum Beispiel Inhouse Mailing, elektronische Informationsdienste) und die Integration von Marktpartnern (kommerzielle Mailbox-Dienste, Electronic Data Interchange) genutzt. Eine neue Aufgabenstellung, die durch Informations- und Kommunikationssysteme unterstützt werden soll, ist die Intensivierung der Kundenbeziehungen.

Unternehmen haben bisher bei der Gestaltung ihrer Verkaufskonzepte vor allem die klassischen Erfolgsfaktoren Standort, Sortiment und Preis genutzt. Durch die Telekommunikation entsteht eine neue Wettbewerbsarena, die sich an den Werten und dem Wandel der Kunden orientiert. Trends im Konsumentenverhalten und Wertewandel bestimmen in der Zukunft den Verkaufserfolg:

- der Trend zum Erlebniskauf aufgrund zunehmender Bedeutung von Werten wie Freizeit, Genuß, Umwelt und individueller Lebensqualität;

- der Trend zur Individualität bei der Anschaffung und Auswahl von Produkten und Dienstleistungen;

- der Trend zu einer Kommunikation in Form von fachkundigen Beratungsgesprächen und Informations- und Entscheidungshilfen;

- der Trend zu Einkaufskomfort bestimmt die Wahl der Einkaufsstätte nach Kriterien wie zum Beispiel: Lage des Geschäftes, Erreichbarkeit des Geschäftes, Öffnungszeiten und Orientierung im
  Geschäft.

Unternehmen aus vielen Branchen werden zukünftig das Marketing
und den Vertrieb ihrer Produkte und Dienstleistungen sowie die
dazu notwendigen Transaktionen über eine elektronische Plattform,
einen sogenannten elektronischen Markt, abwickeln. Elektronische
Märkte sind mit Hilfe von Informations- und Kommunikations-Sy-
stemen realisierte Marktplätze mit Mechanismen des wirtschaftlichen Tausches von Produkten und Dienstleistungen, die alle Phasen
der Transaktion unterstützen.

Die klassische Einkaufsstätte, der „Point of Sale" wandelt sich zum
„Telecounter". Ein Telecounter ist durch einen hohen Anteil an
Informations- und Kommunikationstechnik sowie multimediale
Unterstützung der Warenpräsentation gekennzeichnet. Kauf-
entscheidung und Kaufhandlung werden nicht mehr an der klassi-
schen Ladentheke, sondern ortsunabhängig stattfinden. Der
Verkaufspunkt reicht dabei bis in die privaten Haushalte und an den
Arbeitsplatz im Büro. Es erschließen sich neue Anwendungsfelder
wie zum Beispiel „Teleshopping". Weltweit geben die Kunden be-
reits heute 75 Milliarden US-Dollar aus, ohne vorher ein Geschäft
betreten und die Ware in Augenschein genommen zu haben. Der
Verkaufspunkt kommt zum Kunden, die Häufigkeit, mit der sich
Anbieter und Nachfrager am nun virtuellen Markt treffen, steigt. Der
Kunde entscheidet darüber, mittels welchem Medium, in welcher
Form und an welchem Ort er einkaufen möchte beziehungsweise
seine Produkte und Dienstleistungen erhält.

Bausteine eines Kiosk-Systems

Die Bausteine eines Kiosk-Systems können in Analogie zu einem
klassischen Point of Sale in die drei Bausteine Wareneingang, Kommissionierung und Warenausgang gegliedert werden. Die angebotene Ware des Kiosk-Systems ist die Information.

Der Wareneingang am Point of Sale der klassischen Einkaufsstätte bezieht sich auf die physische Ware. Die Bausteine am klassischen Point of Sale bestehen demnach aus dem physischenWareneingang, der Kommissionierzone und dem physischen Warenausgang. Die Bausteine eines Kiosk-Systems lassen sich analog zum klassischen Point of Sale unterscheiden in Informationsproduktion, Kommissionierung und Informationstransaktion.

Informationsproduktion

Ebenso wie ein Handelsunternehmen sich für sein Warenangebot entscheiden muß, ist es notwendig, das Informationsangebot, das in ein Kiosk-System aufgenommen werden soll, sorgfältig auszuwählen. Dieses Informationsangebot ist in aller Regel multimedial und enthält häufig Filme und Videos.

Die Informationsproduktion hängt dabei im wesentlichen von der Zielsetzung für den Einsatz von Kiosk-Systemen ab. Es lassen sich folgende grundlegende Zielsetzungen unterscheiden:

1. Verbesserung des Verkaufsergebnisses

- über erweiterte und zusätzliche Möglichkeiten des Einkaufs,

- über einen Beratungsservice sowie

- durch Kosteneinsparung zum Beispiel über Einsparung von Regalflächen und Lager;

2. Profilierung der Einkaufsstätte beziehungsweise des Unternehmens durch Service- und Unterhaltungsangebote sowie Imagebildung. Damit soll indirekt das Verkaufsergebnis verbessert werden.

Je nach Zielsetzung des Unternehmens ist zu entscheiden, welche Informationen zusammengestellt, welche Medienunterstützung und welche Form der Produktion gewählt werden muß. Zur Informationsproduktion gehören die Entwicklung eines Storyboards, die Aufstellung eines Programmablaufs und das Prototyping des eigentlichen Programmes. Im Prototypen wird das Benutzerinterface bereits sowohl von der grafischen Oberfläche als auch von der programmiertechnischen Funktionalität ausgearbeitet. Menüs und Navigationsräume werden entwickelt und das Rahmenprogramm in Form von Grafiken und Animationen visualisiert. Die Informationsproduktion ist ein erheblicher Kostenfaktor und muß daher im Hinblick auf den Nutzen des Kiosk-Systems sorgfältig abgewogen werden.

Informationskommissionierung

Die Kommissionierung, definiert als die Übergabe der produzierten Inhalte an das Kiosk-System und die Freigabe zur Nutzung, umfaßt die Informationsaufbereitung, Repräsentation der Informationen und die Interaktionen. Von Seiten des Anbieters erfolgt die Beschickung des Kiosk-Systems auf elektronischem Weg. Der Kunde interagiert mit den Kiosk-Anwendungen durch Navigation im Programmangebot und Selektion der gewünschten Informationen. Die Kommissionierung hängt damit im wesentlichen von der Nutzungsform des Kiosk-Systems ab. Dabei unterscheidet man

- die Nutzung durch den Kunden selbst (autonomes System) und

- den Einsatz des Kiosk-Systems während eines Beratungs- beziehungsweise Verkaufsgespräches (moderiertes System).

Die Nutzungsformen haben unterschiedliche Auswirkungen auf die Gestaltung des Kiosk-Systems. Beim moderierten System kann man in der Regel davon ausgehen, daß der Bediener ein gewisses Maß an Vertrautheit durch vorherige Einarbeitung hat. Somit ist der Spielraum bei der Gestaltung des Funktionsumfanges und der Komplexität in der Bedienung größer. Autonome Systeme sind dagegen abhängig von der Akzeptanz der Anwender und Kunden, bei denen aber keine Vorkenntnisse vorausgesetzt werden können.

Eine intuitive Benutzerführung ist daher zwingend. Hinzu kommt, daß der Kunde mit entsprechenden Hinweisen („Eye-Catcher") erst einmal auf die Möglichkeit der Informationsbeschaffung über das Kiosk-System aufmerksam gemacht werden muß.

Entscheidend für die Kommissionierung ist die Organisation und Verwaltung der Informationen. Dabei spielen Datenbanken eine wichtige Rolle, um die im Vorfeld produzierten Informationen systematisch bereitzustellen (Speicherung) und jederzeit aktualisieren oder austauschen (Updating) zu können. Eine entscheidende Rolle spielen dabei die verschiedenen Übertragungswege (Telefonnetz, Breitbandkabelnetz, ATM), durch die vernetzte Kiosk-Systeme schnell und aktuell mit dem notwendigen Programmangebot versorgt werden.

Informationstransaktion

Wenn ein Kunde über das Kiosk-System ein Produkt ausgewählt hat, möchte er dieses möglicherweise sofort bestellen und bezahlen können. Dazu ist es erforderlich, daß zum einen alle für den Bestell- und Abrechnungsvorgang notwendigen Informationen zum Kiosk-Betreiber gelangen, und zum anderen der Kunde seinen Kauf beziehungsweise den Informationsabruf quittiert bekommt, zum Beispiel durch Ausgabe eines Dokuments oder eines Codes. Dieser Baustein der Informationstransaktion soll nun sicherstellen, daß richtig bestellt wird, der richtige Kunde bedient wird und der Geld- beziehungsweise Finanztransfer in die richtigen Wege geleitet wird. Des weiteren kann der Bestellvorgang am Kiosk-System einen physischen Warenprozeß auslösen. Das Unternehmen muß dafür sorgen, daß die richtige Ware schnell zum Kunden kommt. Damit verbunden ist die Optimierung der Logistikprozesse bei der physischen Warendistribution. Die folgenden zwei Standortvarianten müssen bei der Informationstransaktion berücksichtigt werden:

- das Kiosk-System zur Ergänzung des Waren- beziehungsweise Dienstleistungsangebots (Standort mit Warenpräsenz),

- das Kiosk-System zur Substitution des Waren- beziehungsweise Dienstleistungsangebot (Standorte ohne Warenpräsenz).

Die Gestaltung des Bausteins kann an Einkaufsstätten mit Präsenz der Waren einfacher sichergestellt werden als an Standorten, die außerhalb des unmittelbaren Zugriffsbereiches des Kiosk-Betreibers liegen. An Standorten ohne Warenpräsenz muß dagegen nicht nur der Abrechnungsvorgang sichergestellt werden, sondern es muß auch der logistische Warenprozeß angestoßen werden. Kiosk-Systeme in Eingangshallen von Unternehmen und an öffentlich zugänglichen Orten wie zum Beispiel Flughäfen, Bahnhöfen, Fußgängerzonen, Messen oder öffentlichen Einrichtungen erfordern eine entsprechende Gestaltung dieses Bausteins.

Dort muß darauf geachtet werden, daß die Kundenbestellungen eindeutig identifiziert werden können. Die Möglichkeiten der sofortigen Bezahlung erfordern zum Beispiel Schnittstellen für Karten- oder Bargeldeingabe.

Anwendungsbereiche für Kiosk-Systeme

Kiosk-Systeme können im Rahmen der Angebots- und Verkaufsunterstützung eine Vielzahl von Aufgaben und Funktionen wahrnehmen. Untersucht man Kiosk-Systeme hinsichtlich ihrer Anwendungsbereiche, so kristallisieren sich die folgenden sechs Typen heraus:

- Präsentation,

- Information,

- Beratung,

- Transaktion,

- Unterhaltung,

- Schulung.

Zur Sicherstellung eines erfolgreichen Einsatzes von Kiosk-Systemen sollte darauf geachtet werden, daß diese unterschiedliche Anforderungen an die inhaltliche, programmtechnische und mediale Konzeption aufweisen und damit die Kiosk-Bausteine Produktion, Kommissionierung und Transaktion von Informationen in unterschiedlicher Weise realisieren.

Präsentation

Kiosk-Systeme zur Präsentation dienen der Demonstration und Vorführung von Produkten und Dienstleistungen sowie zur Vorstellung eines Unternehmens und seiner Aktivitäten zum Zwecke der Corporate Identity und der Imagebildung. Das Interesse des Kunden soll geweckt werden. Kiosk-Systeme zu Präsentationszwecken sind überwiegend selbstablaufend und bieten tendenziell wenige oder gar keine Interaktionsmöglichkeiten. Der Kunde bewegt sich autonom im Informationsangebot des Kiosk-Systems und hat meist wenig Möglichkeiten, die Informationsabfolge zu beeinflussen. Einige Applikationen verfügen über einen speziellen Demonstrationsmodus, der sich automatisch einschaltet, wenn das Kiosk-System während einer definierten Zeitspanne nicht benutzt worden ist.

Information

Der Einsatz von Kiosk-Systemen dient dazu, das Informationsangebot direkt zu vermarkten beziehungsweise das Verkaufsergebnis des Unternehmens zu verbessern und die Kompetenz des Unternehmens über das Angebot hinaus zu dokumentieren (zum Beispiel mediale Erweiterung des Warensortiments).

Der Kunde, der über konkrete Kaufbedürfnisse und Kaufvorstellungen verfügt, erhält die Möglichkeit, mit Hilfe des Kiosk-Systems

- neue sowie zusätzliche Services zu erhalten. Dabei lassen sich auch komplexere Sachverhalte wie zum Beispiel detaillierte technische Einzelheiten ansprechen, die selbst den Fachhändler überfordern, und komplexere Sachverhalte visualisieren;

- eine Vorauswahl aus einem umfangreichen Angebot treffen zu können;

- Kombinationsmöglichkeiten und Produktvergleiche durchzuspielen;

- Tips, Ratschläge, Hilfen, Rezepte und Handlungsanleitungen über das eigentliche Angebot hinaus abzurufen.

Durch den Einsatz des Kiosk-Systems lassen sich Kosten für die Lagerung von Produktvarianten einsparen. Ein Kfz-Modell muß dann nicht in sämtlichen Farben und Ausführungen vorrätig in der Verkaufshalle stehen. Eine Ausführung reicht, die Varianten können am Kiosk-System gestaltet werden.

Die Interaktionsmöglichkeiten und Navigationshilfen, die programmseitig zur Verfügung stehen müssen, müssen auf der einen Seite vielfältige Kundengruppen bedienen können und auf der anderen Seite unterschiedlichste Informationstiefen berücksichtigen, je nach Informationsgrad des Kunden. Da die Systeme als Benutzungsschnittstelle meist einen berührungssensitiven Bildschirm oder einen „Trackball" aufweisen, können Texteingaben häufig nur über softwaretechnische Lösungen realisiert werden.

Beratung

In diesen Bereich fallen alle Kiosk-Systeme, bei denen die Kommunikation im Vordergrund steht. Kiosk-Systeme zur Beratung dienen in erster Linie dem verkaufsorientierten Informationsangebot durch gezielte Förderung des persönlichen Verkaufs und Services beziehungsweise durch eine systematische Beratung.

Die Kiosk-Anwendung wird durch das Verkaufspersonal, den Agenten oder das Außendienstpersonal moderiert und ist Ergänzung oder Substitution des Angebots. Darüber hinaus kann eine systemische Beratung auf zwei Wegen erfolgen: entweder bieten die Systeme über ein integriertes Videokonferenzsystem die Möglichkeit, einen Berater hinzuzuziehen, oder der Kunde schickt einen „elektronischen Agenten" über die Datenleitung, der für ihn Angebote recherchiert, einholt, bewertet und zurückliefert.

Einsatzfelder in Unternehmen ist der Verkauf von Produkten, die nur über Beratung verkauft werden, wie zum Beispiel Immobilien. Gerade in Bereichen, in denen Sachverhalte oder Objekte mit Hilfe von Fotos oder Videos präsentiert werden können, erweist sich der Einsatz von multimedialen Kiosk-Systemen als äußerst attraktiv. Eine Visualisierung von großen Objekten in der Planungsphase (zum Beispiel Robotersimulation, Architektur, Konstruktion), über die dann im Einzelnen diskutiert werden kann, kann über ein Kiosk-System stattfinden. Dem Kunden kann ein reales Bild zum Beispiel über die Zusammenstellung eines Wunschproduktes aus mehreren Einzelprodukten (Einrichtungshäuser, Büroplanung) vermittelt werden.

Genauso kann ein abstraktes Produkt wie zum Beispiel eine Finanzdienstleistung in beinahe spielerischer Form präsentiert werden. Das Gespräch zwischen Berater und Kunde wird zielgerichtet und strukturiert verlaufen. Für die große Zahl alternativer Finanzierungsformen und Kreditgeschäfte bieten Kiosk-Systeme die Chance, maßgeschneiderte Lösungen zusammenzustellen (Abbildung 13). Der Kunde kann sich Zahlen, Daten und Kreditbeispiele darstellen lassen, und der Berater leistet ihm individuelle Unterstützung.

Weitere Einsatzfelder sind Produkte, die stark dem technischen Fortschritt unterliegen und vom Verbraucher nur schwer beurteilt werden können, folglich vom Verkaufspersonal ein hohes Maß an kompetenter Beratung verlangen. Eine elektrotechnische Schaltanlage zum Beispiel, die aus vielen einzelnen elektronischen Modulen und Bauteilen zusammengesetzt ist, kann programmtechnisch so konfiguriert werden, daß dem Kunden die Einzelfunktionen und technischen Abläufe besser vermittelt werden können.

Transaktion

Bei Kiosk-Systemen für Transaktionen ist der Kunde nicht nur in der Lage, die gewünschten Informationen zu Produkten oder Dienstleistungen zu erhalten, sondern er kann vom Kiosk-System aus bestellen und bezahlen. Dabei werden zum einen Warenprozesse beim Anbieter und zum anderen Finanztransfers, zum Beispiel mit Geldinstituten, angestoßen.

Dazu ist eine Kommunikationsinfrastruktur zwischen dem Kiosk-System und den Anbieterunternehmen erforderlich. Die Informationstransaktionen müssen entsprechend dem Bestell- und Abrechnungsverhalten des Kunden gestaltet sein. Die Flexibilisierung der Einkaufsmöglichkeiten, das heißt die Möglichkeit, Angebote außer-

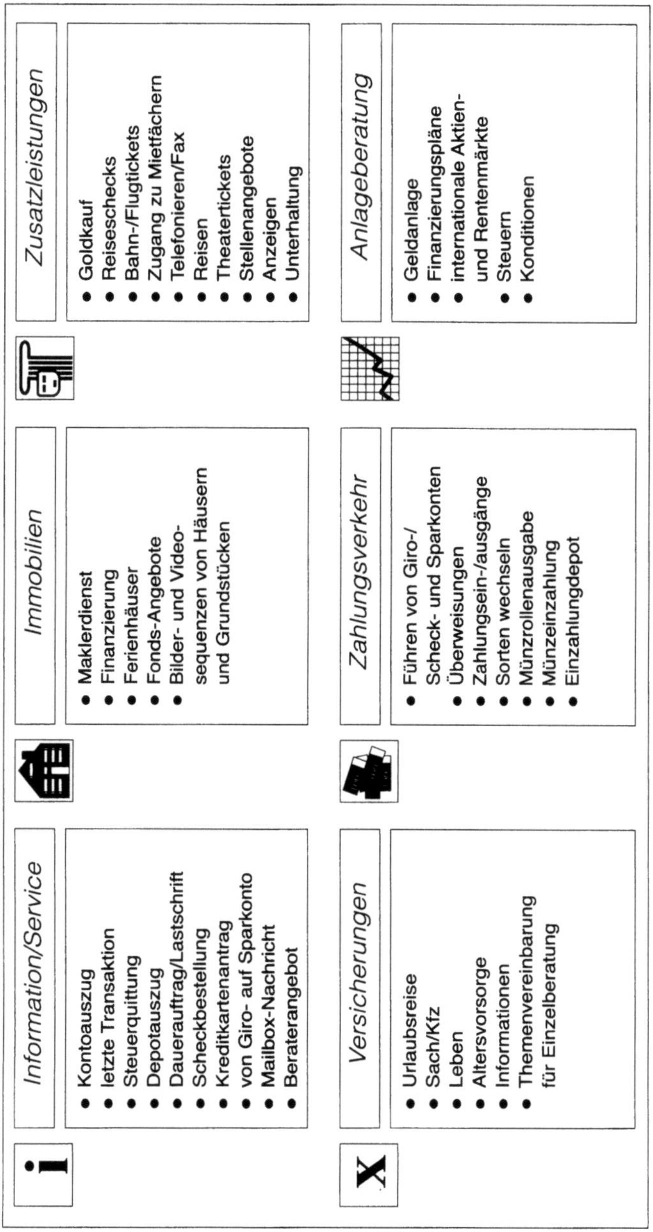

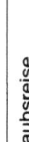

Information/Service
- Kontoauszug
- letzte Transaktion
- Steuerquittung
- Depotauszug
- Dauerauftrag/Lastschrift
- Scheckbestellung
- Kreditkartenantrag
- von Giro- auf Sparkonto
- Mailbox-Nachricht
- Beraterangebot

Immobilien
- Maklerdienst
- Finanzierung
- Ferienhäuser
- Fonds-Angebote
- Bilder- und Video-sequenzen von Häusern und Grundstücken

Zusatzleistungen
- Goldkauf
- Reiseschecks
- Bahn-/Flugtickets
- Zugang zu Mietfächern
- Telefonieren/Fax
- Reisen
- Theatertickets
- Stellenangebote
- Anzeigen
- Unterhaltung

Versicherungen
- Urlaubsreise
- Sach/Kfz
- Leben
- Altersvorsorge
- Informationen
- Themenvereinbarung für Einzelberatung

Zahlungsverkehr
- Führen von Giro-/Scheck- und Sparkonten
- Überweisungen
- Zahlungsein-/ausgänge
- Sorten wechseln
- Münzrollenausgabe
- Münzeinzahlung
- Einzahlungdepot

Anlageberatung
- Geldanlage
- Finanzierungspläne
- internationale Aktien- und Rentenmärkte
- Steuern
- Konditionen

Abbildung 13: Interaktive Finanzdienstleistungen am Banken-Kiosk

halb der gesetzlichen Öffnungszeiten und an Standorten außerhalb der stationären Einkaufsstätte erwerben zu können, ist der zentrale Aspekt von Kiosk-Systemen in diesem Anwendungsbereich.

Banken und Finanzdienstleister waren die Vorreiter von Kiosk-Systemen für Finanztransaktionen. Durch Telebanking ist es möglich, sämtliche Finanztransaktionen mit der Bank wie zum Beispiel Kontostandabfrage, Überweisungsaufträge außerhalb der Bankschalter abzuwickeln. Neue Angebotsformen werden zukünftig über Teledienste abrufbar sein. Der Kunde fordert am Bildschirm Angebote an, bekommt diese mittels hochauflösender Graphik oder Video präsentiert, kann verschiedene Ausstattungsoptionen durchspielen, Lieferzeiten erfragen, direkt bestellen und bezahlen.

Unterhaltung

Kiosk-Systeme in diesem Anwendungsbereich zielen darauf ab, den Point of Sale zum Erlebnisbereich ohne direkten Produktbezug auszuweiten. Es geht in erster Linie um eine Profilierung des Anbieterunternehmens durch Unterhaltungsangebote.

Die Vermittlung von Erlebniswelten und Entertainment erfolgt durch Rate- und Reaktionsspiele, Verbraucherquiz und Preisausschreiben. Interaktive Dienste wie Information On Demand stellen Erweiterungen bestehender Online-Dienste dar, die neben dem Abruf von Texten dem Anwender auch multimediale Informationen bieten. Da in einer Erlebniswelt Kaufentscheidungen schneller stattfinden, wenn die Emotionen angesprochen werden, wird dabei häufig Information mit Produktwerbung („Infomercials") vermischt.

Schulung

Dieser Anwendungsbereich ist am weitesten gefächert und bietet die vielfältigsten Gestaltungsmöglichkeiten für Kiosk-Systeme, je nach Zielgruppe, Inhalt und Verwendungszweck. Schulung kann über ein Kiosk-System zum Beispiel als Computer Based Training (CBT)-

Anwendungen oder Computerplanspiele angeboten und vermarktet werden. In diesem Fall werden Schulungsinhalte durch das Kiosk-System substituiert. Des weiteren können Schulungssysteme als Ergänzung zu Veranstaltungen oder Seminaren eingesetzt werden. Mitarbeiterschulung erlangt in den Unternehmen im Zeitalter des lebenslangen Lernens eine immer größere Bedeutung und verlangt nach arbeitsplatznahen Anwendungen.

Gestaltungsschwerpunkte der Einsatzpotentiale von Kiosk-Systemen

Für die dargestellten Anwendungsbereiche muß bei der Gestaltung besonders auf folgende Punkte geachtet werden:

Präsentation: Bei Präsentations-Systemen liegt der Gestaltungsschwerpunkt bei der Informationserstellung und Medienproduktion. Die Herausforderungen in diesem Anwendungsbereich sind die Kosten der Produktion und die multimediale Umsetzung der Informationen. Die Produktion der multimedialen Inhalte gilt als der Hauptkostenblock beim Einsatz von Kiosk-Systemen. Die Wirkungsweise von multimedialen Informationen auf den Betrachter entscheidet über die Akzeptanz zur Nutzung und über die Behaltenseffizienz der Information: ein wichtiger Aspekt zur Kundenbindung.

Information: Bei Informations-Systemen liegt der Gestaltungsschwerpunkt bei der benutzerseitigen Führung zur richtigen Information. Der Anwender muß sofort und einfach zur gesuchten Information gelangen. Die Herausforderung in diesem Anwendungsbereich ist die Realisierung der Interaktivität des Systems und die sich daraus ergebenden Zuordnungsprobleme und Wirkungsmechanismen.

Beratung: Bei Beratungs-Systemen liegt der Gestaltungsschwerpunkt bei den Beratungswerkzeugen. Die Herausforderungen für diese Anwendung sind die Realisierung von interaktiven Beratungswerkzeugen und die Integration ins System.

Transaktion: Bei Transaktions-Systemen liegt der Gestaltungs-schwerpunkt im Bestell- und Abrechnungsvorgang. Die Herausfor-derungen sind die Sicherstellung der Kundenidentifikation bei der Bestellung und die Realisierung integrierter Abrechnungsmöglich-keiten.

Was kosten Multimedia-Produktionen?

von Josephine Hofmann

Multimedia ist in aller Munde – die Multimediaindustrie eine dynamische Branche mit (noch) wenig Standardisierung. Die tägliche Beratungs- und Forschungspraxis am Fraunhofer-Institut für Arbeitswirtschaft hat gezeigt, daß potentielle Auftraggeber/Käufer angesichts relativ neuer Produkte kaum auf etablierte Preisstrukturen und Erfahrungswerte zurückgreifen können. Dies verunsichert den Käufer. Auf den folgenden Seiten werden typische Leistungsprofile und darauf basierende Kostenstrukturen dargestellt werden. Die angegebenen Zahlenwerte beruhen auf einer Fraunhofer-Studie aus dem Jahre 1995 und deren Aktualisierung. Abgefragt wurden typische Leistungs- und Kostenstrukturen der Branche mittels einer fiktiven Ausschreibung, auf die die beteiligten Unternehmen ein Angebot entrichteten.

Die Multimedia-Branche

Die Multimediabranche ist jung, dynamisch und von Akteuren unterschiedlichster Provenienz besetzt. Insgesamt wird die Anzahl der Multimediaunternehmen im deutschsprachigen Raum auf 350 bis 400 geschätzt (Multimedia Honorarleitfaden 1995). Die jährliche Übersicht im Branchenblatt *Multimedia* berichtet von einer kleinen Spitzengruppe mit Umsätzen zwischen 30 und 10 Millionen DM, während das Gros in der Umsatzgröße zwischen vier und zwei Millionen Umsatz anzusiedeln ist.

Der Hauptteil des Umsatzes der Multimediaentwickler wird mit Projektgeschäft (Multimedia-Softwareentwicklung, etwas mehr als 50 Prozent) gemacht – neben Hard- und Softwareverkauf sowie Service und Beratung. Dieses Projektgeschäft kann grob unterteilt werden in wirklich kundenindividuelle Produktionen – Auftragsgeschäfte – und in konsumerorientierte Anwendungen, die für den anonymen Käufermarkt erstellt werden.

Der Produktionsprozeß selbst integriert Bestandteile des marketingorientierten beziehungsweise zielgruppenorientierten Entwurfes, klassischer Softwareentwicklung, der Medienintegration, Mediengestaltung und nicht zuletzt der Informationsrecherche. Multimediaprodukte sind zum großen Teil kundenindividuelle Produkte, die einen hohen Abstimmungsaufwand und ein nicht unerhebliches Engagement auch des beauftragenden Unternehmens bedeuten.

Zusammengefaßt bedeutet dies, daß es sich bei „Multimedia-Entwicklern" in der Regel um kleine und recht junge Firmen handelt. Gerade die Dynamik auf Seiten der Branchenentwicklung bringt es aber mit sich, daß die Mechanismen des Marktes einen kannibalisierenden Effekt auf die Branche haben können. Vor allem junge Firmen bieten häufig zu Preisen unterhalb der Selbstkosten an; Entwürfe/Prototypen werden allzu oft als kostenlose „Vorleistung" für den Kunden erstellt.

Solche Mechanismen sind leider nicht immer zum Wohle des Kunden – wenn nämlich zu knappe Kalkulationen mit Zeitüberschreitungen, Qualitätsmängeln, Nacharbeiten und den entsprechenden Streitigkeiten verbunden sind, und damit letztlich das Image der gesamten Branche leidet. Zudem kann aufgrund der Neuheit der Produkte auch nicht auf etablierte Qualitätsstandards zurückgegriffen werden, die dem potentiellen Käufer als Orientierungsrahmen und Verhandlungsgrundlage dienen können.

Die Beratungs- und Forschungspraxis am Institut für Arbeitswirtschaft und Organisation zeigte jedoch schon früh, daß verläßliche Kalkulationsdaten und Rahmendaten eine gefragte Entscheidungsgröße seitens der potentiellen Anwender sind. Aus diesem Grunde wurde eine Umfrage gestartet, deren Ziel die Erkundung des Leistungsspektrums von Multimedia-Entwicklern und der angesetzten Kalkulationsgrundlagen und Preisrahmen war.

Wie sollte kalkuliert werden?

Die typische Multimediaproduktion ist eine Kombination aus Medienherstellung und Softwareentwicklung. Sie charakterisiert sich durch die Planung der Anwendung, die Herstellung von Einzelmedien und durch die abschließende Verknüpfung der Medien zur Multimedia-Anwendung.

In den vergangenen Jahren gab es viele unterschiedliche Ansätze und Ideen, wie die Produktion einer Multimedia-Applikation allgemeingültig abstrahiert werden kann und somit sicher kalkulierbar wird. So wurde zum Beispiel ein Kalkulationssystem entwickelt, welches sich an der Anzahl und Qualität der Bildschirmseiten orientiert (primär bei CBT-Applikationen). Später wurde eine sogenannte „Minutendaumenregel" (Aufwand je Minute) entwickelt, die die Nutzungsdauer der Anwendung bei vollständiger Nutzung aller Anwendungsteile zu Grunde legt. Diese Verfahren dienen heute aufgrund der vielfältigen technischen und kreativen Ausprägungen von Multimedia-Anwendungen kaum noch als sichere Grundlage, sofern man nicht eine Standardapplikation kalkuliert und auf übertragbare Erfahrungswerte zurückblicken kann. Heute eher praktiziert wird die Vorkalkulation nach Personalstundensätzen. Die größten Hindernisse für eine Standardisierung der Produktion, und damit auch für eine bessere Kalkulationsbasis von Multimedia-Entwicklungen, sind das Ausmaß der Individualität des einzelnen Multimedia-Produktes, steigende, dynamische Technologie-Entwicklungen auch während des Projektes und die bereits erwähnten fehlenden Qualitätsstandards.

Wie auch die Fraunhofer-Studie zeigt, ist heute eine Mischkalkulation nach Personalstundensätzen und einzelnen Produktionsverfahrensschritten und -einheiten üblich.

Wann entstehen welche Kosten?

Die Produktion von Multimedia-Produkten läßt sich in verschiedene Phasen einteilen. Ihre Beschreibung beinhaltet Werte über Kalkulationsansätze, die der Fraunhofer-Studie entnommen werden. Neun Unternehmen der Multimedia-Branche gaben hier auf Anfrage des Fraunhofer-Instituts Beispielangebote ab.

Diese Beispielangebote kalkulieren die Erstellung eines interaktiven Lernsystems zur Einführung einer neuen Produktlinie im Bereich „Sicherheit rund um den Personenkraftwagen" eines deutschen Automobilkonzerns. Die definierten Ziele waren Imageverbesserung (Public Relation) und Vertriebsförderung. Für die durchschnittliche Lerndauer wurden 60 Minuten veranschlagt. Insgesamt sollten 25 fest installierte Projektions-/Präsentations-Systeme PC- und Macintosh-kompatibel ausgestattet werden. Sämtliche Medien (also Audio, Video, Text, Grafik und Bilder) sollten zu etwa gleichen Teilen zur Anwendung kommen, wobei keine zusätzliche Videoproduktion, sondern die Ansteuerung von Videoabspielgeräten vorgesehen wurde. Bereits vorhandene Imagevideos des Unternehmens sollten hierbei als Quelle dienen.

Erste Phase: Die Konzeption und Planung

Grundsätzlich kann man feststellen, daß die Konzeptions- und Planungsphase den späteren Produktionserfolg nachhaltig beeinflußt. Daher übernehmen auch 100 Prozent der Multimedia-Firmen die Konzeption mittlerweile selbst.

Schon bei den ersten Consulting- beziehungsweise Briefinggesprächen müssen sorgfältig Produktionsziele definiert werden. Damit wird von Beginn an Produktionssicherheit, Termintreue und dadurch Kostenreduzierung erreicht. Das Briefing beinhaltet meist auch eine Umfeldanalyse, welche das Anforderungsprofil an das multimediale Produkt untersucht.

Die Inhaltsstrukturierung sowie die Zielgruppeneingrenzung der Anwendung ergänzen die Umfeldanalyse. Auch technische Produktionsbedingungen sowie das spätere Trägermedium müssen nach Möglichkeit schon im Briefing definiert werden. Der Multimedia-Entwickler kann daraufhin eine wesentlich fundiertere Ideenpräsentation (Exposé, Treatment, Prototyp) vorbereiten. Nicht selten wird ein erster Prototyp innerhalb weniger Tage zur weiteren Unterstützung der ersten Phase entwickelt. Er ist meist auch die beispielhafte Grundlage für die konzeptionelle Designentwicklung.

Die Feinkonzeption nach dem Briefing besteht zum einen aus kreativen Vorleistungen wie Konzeptskizzen, Storyboards, Drehbüchern sowie der didaktischen Aufbereitung des Inhalts, zum anderen aber auch aus dem Projektmanagement mit Produktionsplanung. Ein effizientes Projektmanagement sichert den Projekterfolg und kann einen erheblichen, aber auch rentablen Kostenfaktor bilden (bis zu zehn Prozent der Auftragskosten).

Produktionsmanagement und Controlling gehören zur gründlichen Arbeitsvorbereitung und sorgen für einen flexiblen und dennoch sicheren Produktionsablauf, für die Bereitstellung der Entwicklungstools im Hard- und Softwarebereich, für die Einteilung der Ressourcen sowie für die Festlegung der Produktionsstandards und -schnittstellen der einzelnen Produktionssegmente und Zwischenprodukte.

Wichtig ist auch in der ersten Phase die Abklärung der Rechtsfragen (Urheber-, Veröffentlichungs-, Vervielfältigungs- und Vertriebsrechte etc.) für Einzelmedien. Die Integration von mit Rechten belasteten Medien sollte sorgfältig überlegt werden. Sie lohnt sich nur bei qualitativ hochwertigen Produktionen mit öffentlicher Verbreitung, welche entsprechende Medien unbedingt verlangen.

Zudem haben die meisten Entwickler Zugang zu lieferfähigen Video-, Bild- und Tonarchiven. Auch hier müssen zwar Vergütungen für die Nutzung solcher Medien bezahlt werden, die oftmals sehr zeit- und kostenintensive Eroberung der Nutzungsrechte bekannter Beiträge entfällt dann aber durch klare Vertragsregelungen mit festgeschriebenen Preisen.

Die Preisangaben für die Konzeptionsphase des Beispielangebotes „Sicherheit rund um den Personenkraftwagen" lagen im Durchschnitt bei 16 500 DM, wobei die Angaben zwischen 5000 und 40 000 DM insgesamt schwankten. Es zeigte sich eindeutig, daß die Kalkulation der Konzeptionsphase sehr uneinheitlich ausfällt.

Zweite Phase: Die Akquisition und Produktion der Einzelmedien

Die zweite Phase stellt die einzelnen Medienbausteine der Gesamtproduktion zur Verfügung. Zuerst wird geprüft, welche Medien extern verfügbar und erschwinglich sind. Der in der Konzeption erstellte Anforderungskatalog für das Medienmaterial dient hier als Anleitung, da die Menge der zu beschaffenden oder zu produzierenden Medien schnell unübersichtlich werden kann. Wenn die individuelle Ausprägung der Anwendung es zuläßt, ist es oft besser (qualitativ und preislich), auf Archivmaterial zurückzugreifen statt die einzelnen Medien selbst zu produzieren.

Die Produktion der Einzelmedien wird in der Regel zeitlich parallel koordiniert. Dabei sollten Auftraggeber und Entwickler zusätzlich Teilabnahmen vereinbaren, damit weitere Arbeitsschritte bestmöglich abgesichert werden. Unter Umständen orientieren sich die Zahlungsfälligkeiten auch an den Teilabnahme-Terminen. Das Outsourcing einzelner Medienproduktionen in der zweiten Phase ist weit verbreitet und mit den stark unterschiedlichen Qualifikationsanforderungen bei Multimedia-Produkten zu verbinden. So übernehmen zum Beispiel nur 55 Prozent aller Produktionshäuser das Textediting oder es produzieren nur 64 Prozent Videofilme in eigenen Studios. Hierdurch wird eine Vielzahl zusätzlicher Abstimmungsschritte erzeugt, die zeitnah koordiniert werden müssen.

Bei der Texterstellung wird der geplante Applikationsinhalt zunächst formuliert, geschrieben, bestellt, korrigiert und dann in die Anwendung plaziert. Die eingeholten Beispielangebote des Fraunhofer Instituts belegen auch hier eine sehr unterschiedliche Preisgestaltung. So werden beispielsweise für die Erfassung von 100 Seiten ASCII-Text zwischen 150 und 5000 DM berechnet. Der Preisdurchschnitt liegt bei 2900 DM. Für die Gestaltung des Textes (Desktop-Publishing) wird ein durchschnittlicher Preis von 5100 DM kalkuliert. In der Fraunhofer-Studie zeigt sich zwischen den Anbietern eine sehr große Differenz, die sich aufgrund geringer Personal- und Technikkosten lediglich durch die Qualität des Desktop-Publishing- und Screendesigns begründen läßt.

Die Preisangaben der Multimedia-Entwickler für die Fraunhofer-Studie differierten im Grafikbereich besonder stark. So schwankt der Preis für das Scannen von 50 Farbbildern zwischen 400 und 5000 DM, der Durchschnittspreis liegt bei 2700 DM. Der Preis nach High Text Honorarleitfaden 1995 ist 3000 DM. Tiefpreise erzeugen schon allein durch die anfallenden Arbeitszeitkosten den Eindruck von Dumpingpreisen. Ansonsten sind Preisunterschiede durch Hardwarekostendifferenzen der einzelnen Scannersysteme sowie durch die teilweise qualitätsverbessernden Retouchetätigkeiten des Scanner-Operators begründet.

Die Kostensätze für die Videoproduktionen sind qualitäts- und aufwandsabhängig und können mit rund 20 000 DM beachtliche Größenordnungen erreichen. Meist werden Tagessätze für Aufnahmetage (zum Beispiel 2500 DM/Tag), Pauschalen für Drehbücher, unterschiedlichste Gagen für Darsteller, Stundensätze für Videoschnitt (100 bis 120 DM) und weitere Kosten für die unterschiedlichen Digitalisierungstechniken berechnet. Professionelle audiovisionelle Produktionen können sehr schnell sehr teuer werden.

Zur Herstellung von zwei- und dreidimensionalen Animationen für Schriftenanimationen oder komplexe technische Vorgänge gehören die Konstruktion (Modelling) der Animationsobjekte, die Designentwicklung, die Programmierung der Bewegung und Formatierung des Animationsfilmes. Animationen können wie Videoproduktionen je nach Qualitätsanspruch und Aufwand sehr teuer werden. Laut Honorarleitfaden 1995 kostet beispielsweise eine Sekunde 3D-Animation 3000 DM. Die Fraunhofer-Studie ermittelt einen Sekundenpreis von durchschnittlich rund 200 DM. Die Angaben der einzelnen Entwickler für eine Sekunde 3D-Animation liegen hier zwischen knapp über 100 und 350 DM.

Auch für die Audiodaten werden Konzeptunterlagen, ähnlich wie Drehbücher, entwickelt. Die Sichtung von Archiven kann die Produktion von eigenen Audioaufnahmen in Einzelfällen ersetzen.

Im Bereich der Audio- beziehungsweise Tonverarbeitung und Aufnahme zeigt sich sowohl in der Fraunhofer-Studie und im High Text Honorarleitfaden eine relativ homogene Preisbildung. Die Verarbeitung von Audiosignalen und die Aufnahme von Sprechertexten ist mit relativ geringen Kosten verbunden, solange auf besondere Musikproduktionen oder prominente Sprecher verzichtet wird. Preisdifferenzen entstehen hier in der Regel durch unterschiedliche Kalkulationsgrundlagen (etwa Hardware- und Softwareabschreibungen) oder durch signifikant unterschiedliche Qualitätsansprüche.

Vorbereitende Programmiertätigkeiten einzelner Module erleichtern die spätere Integration beziehungsweise Verknüpfung der einzelnen Medienproduktionen zu einem Gesamtwerk.

Die Stundensätze für Programmierer aller Systeme (Basisprogrammiersprachen wie C++ oder Autorensysteme) liegen zwischen 120 und 240 DM, wobei die meisten Angaben 200 DM nicht überschreiten. Schwierig ist jedoch die Kalkulation des Programmieraufwandes in Zeiteinheiten. Sie ist zu sehr von dem detailliertem Anforderungsprofil der Anwendung abhängig.

Dritte Phase: Die Erstellung des Gesamtproduktes

Die dritte Phase ist die eigentliche Abschlußphase der kreativen Produktion. Die Einzelmedien werden zu einem Multimedia-Produkt zusammengeführt, die abschließenden Programmiertätigkeiten gestartet. In dieser Phase empfehlen sich regelmäßige Zwischenpräsentationstermine und Tests für Funktionalität und Bedienbarkeit. Die Qualitätssicherung des multimedialen Produktes vermeidet nachträgliche Überraschungen und einen eventuellen Reklamationsaufwand für beide Seiten.

Am Schluß der dritten Phase werden Verbesserungen durchgeführt, weitere Zwischentest, sowie die Endabnahme beenden die dritte Phase. Tests und Abnahmen verursachen jedoch ebenfalls Kosten, welche meist nicht gesondert aufgeführt werden. Bei CBT-Applikationen können durchaus Kosten in Höhe von sieben Prozent des Auftragsvolumens allein durch Abnahmen entstehen. Da Tests und Abnahmen für den gelungenen Produktionserfolg bei multimedialen Anwendungen jeder Ausprägung unbedingt erforderlich sind, sollten diese Kosten ausgewiesen werden.

Vierte Phase: Installation, Wartung und der Vertrieb

Nach der Testphase erfolgt die endgültige Kundenabnahme, das Mastering der Endversion, die Vervielfältigung und der Vertrieb. Das Mastering und die Vervielfältigung ist als rein technischer Vorgang sicher zu kalkulieren und wird kaum zu den Kostentreibern der Produktion gezählt (Beispiel CD-ROM, Auflage 1000 Stück rund 9500 DM inklusive Mastering, Pressen, Jewelbox, CD-Booklet).

Je nach Multimedia-Applikation ist die Installation, Wartung und der Vertrieb des Produktes entscheidend. Daher ist der Service nach der eigentlichen Produktion in der vierten Phase maßgeblich am Erfolg des Produktes beteiligt. Schulungen müssen durchgeführt, Updates verbreitet und installiert werden. Während Schulungen meist nach Tagessätzen (durchschnittlich 1250 DM/Tag) abgerechnet werden, kalkulieren die Entwickler fünf bis sechs Prozent des Auftragsvolumens für die Wartung.

Die typischen Kostentreiber

Nach der Fraunhofer-Studie differieren daher die Offerten der einzelnen Anbieter um teilweise bis zu 200 Prozent. Besonders die Produktion und Bearbeitung der Einzelmedien sind sehr unterschiedlich kalkuliert worden. Die Gesamtpreise differieren zwischen 45 000 und 155 000 DM. Die Kostentreiber einer Multimedia-Produktion sind mittlerweile meist die Personalkosten der Entwickler, weniger die Hard- und Softwarekosten, also die technischen Kosten der Anwendung. Je nach Schwerpunkt beziehungsweise Art der Multimedia-Anwendung verteilen sich die Aufwandskosten auf die dadurch betroffenen Entwicklungsspezialisten.

Während eine Interaktive Messepräsentation ihre Kostentreiber sicherlich im Video- und Grafikbereich verbucht, ist es bei CBT-Anwendungen vor allem die Programmierung und pädagogische Aufbereitung (31 Prozent des Auftragssumme).

Ein weiterer Kostentreiber der Multimedia-Produktion ist nicht zuletzt die Absicherung der Nutzungsrechte für einzelne Medieninhalte. Bereits produzierte Medien unterliegen immer dem deutschen Urhebergesetz. Hierfür können Lizenzkosten erhoben werden, die in Einzelfällen die Nutzung solcher Medien in der eigentlichen Multimedia-Applikation unrentabel erscheinen lassen.

Ersatzweise müssen dann Neuproduktionen beziehungsweise Eigenproduktionen eingesetzt werden. Aber auch die kreativen Leistungen des beauftragten Entwicklers (zum Beispiel Screendesign, Benutzerführung, Konzeption, Musik, Text, Bild, Video) unterliegen dem Urhebergesetz. Die einmalige Nutzung der dafür bestimmten Multimedia-Anwendung wird durch die Auftragsannahme vom Entwickler erworben. Falls nichts anderes vereinbart ist, muß der Auftraggeber jede weitere, dem Auftrag nicht entsprechende Nutzung jedoch mit dem Multimedia-Entwickler abklären.

Insgesamt kann festgehalten werden, daß die Übernahme dezidierter und klar abgrenzbarer Teilproduktionsschritte wesentlich weniger riskant für die Multimedia-Entwickler ist – vor der Übernahme des Gesamtprojektmanagements könnte eigentlich nur abgeraten werden. Allerdings kann ein Spezialdienstleister sicherlich keine eigene „Marke", und damit einen eigenständigen Marktauftritt, garantieren, wenn er nicht als „Generalunternehmer" auftritt.

Ein weiterer Grund für Preisunterschiede sind auch in dieser Branche unterschiedliche Bekanntheitsgrade und Referenzen der Anbieter selbst. Auch die Multimedia-Branche hat mittlerweile einige Topverdiener, die sich durch Referenzprojekte einen bekannten Namen und damit auch eine höhere Kalkulationsbasis erarbeitet haben.

Neue Formen der Produktionsunterstützung durch Telekooperation

Wie erwähnt handelt es sich bei der Multimedia-Produktion in der Regel um einen hoch kundenindividuellen und verteilten Produktionsprozeß, in dem eine Vielzahl von Subunternehmen oder Freelancern einbezogen wird. Neue Formen der Telekommunikationsunterstützung jenseits von Telefon und Fax bieten hochinteressante

Potentiale zur Prozeßverkürzung, zur Qualitätserhöhung bis hin zum Angebot neuer Dienstleistungen.

Telekooperation soll hier verstanden werden als ein Oberbegriff für Telekommunikationsanwendungen, die die (vorwiegend synchrone, das heißt zeitgleiche) Zusammenarbeit zwischen räumlich getrennten Personen so unterstützen, daß die Situation klassischer Besprechungs- und Arbeitssitzungen nachgebildet wird. Dies geschieht, indem audiovisuelle Kommunikation in den Arbeitsplatzrechner integriert wird, die Blickkontakt und Körpersprache erlaubt. Ergänzt wird dies durch die Unterstützung gemeinsam zu benutzender Arbeitsflächen, die Flipcharts oder Whiteboards ersetzen. Wesentlich ist, daß diese Anwendungen gemeinsame Bearbeitungsrechte, und – was fast noch wichtiger ist – gemeinsames Betrachten ermöglicht (WYSIWIS, What You See Is What I See, beziehungsweise „Joint Viewing"). Der Bezugspunkt des Gespräches ist voll „im Bild" – das Gespräch hierüber kann davon ausgehen, daß das Gegenüber beim Hinweis „hier links oben" auch wirklich das gleiche sieht.

Diese Funktionalität wird ergänzt durch die Möglichkeit, gemeinsam in einer Anwendung zu arbeiten. So kann eine Toolbook-Anwendung, die auf einem lokalen Rechner gestartet wurde, vom Partner am anderen Ende auch betrachtet und bedient werden – Medienbrüche und Zeitverluste reduzieren sich auf Null. Zumeist werden in solchen Arbeitsplätzen (zumeist als „Desktop Conferencing" bezeichnet) auch Dateitransfermöglichkeiten integriert – nichts Neues, aber komfortabel. Diese Systeme jenseits von Telefon und Fax haben zwei wesentliche Vorteile: sie nutzen schwerpunktmäßig ISDN – und damit eine mittlerweile weit verbreitete und bezahlbare Netzinfrastruktur – , und sie sind in den individuellen Arbeitsplatzrechner integrierbar – der PC wird zum Kommunikationsendgerät, zum „Datenauto". Die Zeiten unhandlicher Videokonferenzstudios ist vorbei. Der individuelle Arbeitsplatz kann integraler Bestandteil einer verteilten Projektgruppe werden, ohne daß räumliche oder institutionelle Grenzen überwunden werden müssen.

In einem laufenden Forschungsprojekt werden diese neuen Möglichkeiten speziell in der Multimediabranche praktisch erprobt. Der

praktische Einsatz zeigt, daß diese Telekooperationstechnik eingesetzt wird für

- die Integration von Freelancern und eigenen „Telearbeitern",

- die Zusammenarbeit zwischen den verschiedenen Experten und
spezialisierten Dienstleistern, die in einem Multimedia-Projekt
zusammenwirken: das Produktionsnetzwerk zwischen Entwick-
lerstudio, Videostudio, Audiofachmann, 3D-Designer und Fach-
autor,

- die intensivere Zusammenarbeit mit dem Auftraggeber in allen
Phasen der Produktion,

- das Angebot neuer Servicedienstleistungen (zum Beispiel On-
line-Aktualisierung, individualisierte Schulungs„nachsorge").

Die erzielbaren Vorteile liegen auf der Hand: Projektdurchlaufzei-
ten können verkürzt werden (bis zu 30 Prozent), spezielle Experten
auch für kurzfristige Aufträge einfach eingebunden werden. Tem-
poräre Arbeitsspitzen können besser verteilt werden.

Wird häufiger abgestimmt, weil der Aufwand hierfür geringer ist,
entstehen weniger Fehler – und damit Fehlerbeseitigungsaufwände.
Kunden können intensiver betreut werden – Telekooperation kann
dauerhaft dafür sorgen, den „Fuß in der Tür" zu haben.

Nicht zuletzt können im Verbund, gegenseitige Kenntnis und Vertrauen vorausgesetzt, auch Aufträge angenommen werden, die bisher durch räumliche (Nicht-)Präsenz und knappe Personaldecke
nicht akzeptiert werden konnten. Allein durch die Einsparung von
Geschäftsreisen zum Kunden können Kosten von etwa fünf Prozent
der Gesamtproduktionskosten eingespart werden.

Natürlich hat auch diese neue Technologie noch ihre „Kinderkrank-
heiten". Unzureichnende Übertragungskapazitäten, Standardisie-
rungsmängel, fehlende Sicherheitsstandards stellen noch große Probleme dar. Doch wird Telekooperation gerade in einer Branche mit
digitalisierten Produkten, Projektgeschäft und traditionell verteilten
Strukturen große Effekte auch zum Wohle des Auftraggebers erzielen können.

Welche Kostentreiber hat Multimedia?

Kostentreiber und Preisdifferenzierungsfaktoren von Multimedia-Faktoren sind:

- Art und Umfang der Integration von Einzelmedien, besonders von Audio und Video sowie aufwendiger Animation,

- das Ausmaß, in dem dieses Material des Kunden nachbereitet oder gar neu erstellt werden muß,

- offensichtlich unterschiedliche Methoden, Kapitalkosten in die Verrechnungssätze zu integrieren,

- Umfang und Nutzungskonzept moderner Telekooperationstechniken zur Zusammenarbeit mit Partnerfirmen und dem Auftraggeber selbst.

- Realistische und klar definierte Ziele des Auftraggebers. Unklare oder nicht artikulierte Erwartungshaltungen werden fast zwangsläufig enttäuscht.

- Ein Gesamtmedienkonzept beim Auftraggeber, das unterschiedlichen Medien ihren Raum gibt, Gestaltungsoptionen wahrnimmt, Mut zum Experiment zeigt. Interaktive Medien bieten neue Möglichkeiten der Kundenansprache, der Kunden- oder Mitarbeiterinformation, des Vertriebes. Neue Möglichkeiten bedürfen aber auch angepaßter Bewertungsmaßstäbe und realistischer Preiserwartungen. Zu häufig werden die Kosten von Multimedia-Produktionen eher mit denen von Druckvorlagen verglichen.

- Professionelles Kunden- und Projektmanagement seitens der Multimedia-Entwickler. Damit einher scheint der Trend zur Spezialisierung auf Branchen oder Produkttypen zu gehen. Das Drei-Mann-Unternehmen, das von Lernprogrammen über elektronische Kataloge bis hin zu Point-of-Information-Systemen alles anbietet, scheint der Vergangenheit anzugehören. Gerade in der boomenden Branche „Multimedia" ist zu erwarten, daß hier eine klare Professionalisierung, Spezialisierung und wahrscheinlich auch Konzentration stattfinden wird.

Das isi-Würth-Sicherheits-management via CD-ROM

von Lothar Stockert

Die Adolf Würth GmbH & Co. KG betreut über die eigene Außen-dienstorganisation direkt den Fachhandel und Werkstätten mit Handelsprodukten. Der Slogan : „Würth der Montageprofi" umreißt die Vielfalt der Angebotspalette, die rund 45 000 Artikel umfaßt. Von Befestigungssystemen, über elektrische Verbindungen bis hin zu chemischen Sprühprodukten für unterschiedliche Branchen. Für jede Anwendung bieten wir das optimal geeignete Produkt an. Die Problemstellung unserer Kunden setzen wir konsequent und schnell in eine Lösung um. Hierin liegt unser großer Wettbewerbsvorsprung.

Wir im Hause Adolf Würth GmbH & Co. KG sind in diesem Zusammenhang auf eine leistungsfähige interne und externe Kommunikation angewiesen. Dazu werden zunehmend neue Medien eingesetzt. Welche Medien zum Zuge kommen, hängt sehr stark von der gewünschten Zielgruppe ab. Warum für die Marketingunterstützung unserer Chemieprodukte eine CD-ROM eingesetzt wird, wie die Produktion angegangen und realisiert wurde, das erfahren Sie auf den nachfolgenden Seiten.

Die Überlegung

Das Maß der Aufgabenstellung

Anfang März 1996 wurde bei Würth eine neue Produktreihe umgesetzt: Chemieprodukte mit höchsten Ansprüchen an Qualität und Umweltverträglichkeit. Terminierung und Produktausführung wurden so angelegt, daß in diesem zukunftsträchtigen Marktsegment ein

Wettbewerbsvorteil gewonnen werden konnte. Die Akzeptanz am Markt war groß, doch just in der Einführungsphase wurde klar, daß durch gesetzliche Vorgaben eine Unsicherheit bei Anwendern hervorgerufen und der Boom gebremst werden könnte. Die auf den Kunden zukommenden Aufgaben waren nicht unerheblich:

- Unterweisung der Mitarbeiter im Umgang mit Gefahrstoffen,

- Erstellung einer Betriebsanweisung,

- Führen eines Gefahrstoffverzeichnisses,

- Nachweis über die Durchführung der geforderten Maßnahmen und vieles mehr,

- Vorhalten der Sicherheitsdatenblätter.

Hier genau setzt die schon lange gelebte Philosophie von Würth an: Probleme der Kunden sollen durch Produkte und Serviceleistungen von Würth gelöst werden. Schnelle und einfache Funktion des angedachten Arbeitsinstrumentes war gewünscht, wenn Würth-Produkte eingesetzt werden. Denn alle relevanten Daten und Bezeichnungen sollten durchgängig hinterlegt sein. Will ein Kunde alte Bestände eines Wettbewerbers verwenden, sollte dies dennoch mit dem geplanten Arbeitsinstrument möglich sein.

Der Lösungsansatz

Die Zielgruppe war klar: Kunden der Chemieprodukte, Werkstattleiter und Firmenarbeiter sollten mit einem Computerwerkzeug eine Arbeitserleichterung erhalten. Dieses Werkzeug mußte einfach zu bedienen, anspruchslos in Puncto Hardware-Anforderungen und einfach zu verteilen sein. Der Produktname „isi" (easy = einfach, leicht) sollte Programm sein. Mit der Autorensoftware Toolbook 4.0 wurde die Programmstruktur geschaffen. Toolbook ist bei Würth intern für unterschiedlichste Anwendungen im Gebrauch. Zudem können mit dieser Software sehr gut Datenanwendungen erstellt werden. Daß fast alle Kunden aus der Zielgruppe über PCs mit Windows 3.1 oder Windows 95 verfügen, paßt zur Wahl der Autorensoftware.

Mit den Vorgaben, die Unterweisungen als Videosequenzen zu erstellen, war klar, daß eine Diskette für die Verteilung nicht ausreichen würde. Der Datenträger sollte über den Außendienst der Würth-Gruppe an die Zielgruppe verteilt werden können. Die Produktion einer CD-ROM lag also sehr nahe.

Unsere Auffassung eines Lösungsangebotes an unsere Kunden endet jedoch nicht bei der CD-Produktion. Die funktionelle Handhabbarkeit diese Werkzeuges sollte, neben der Softwaregestaltung, auf einer zweckmäßigen Verpackung basieren. So wurde für die isi-CD ein DIN-A 4-Ordner konzipiert. Plaziert neben anderen wichtigen Arbeitsunterlagen im Kundenbüro ist dieser Ordner stets griffbereit.

Als Grobaufbau wurden folgende Anforderungen festgeschrieben:

* Farbgestaltung, gemäß der Absobon-Produktlinie, in hellen Naturfarben,

* CD-Fach auf der Innenseite des Ordnerdeckels,

* Einleitung mit der Funktionsbeschreibung,

* Rubriken analog des Hauptmenüs der isi-CD-Sicherheitsdatenblätter, Gefahrstoffverzeichnis, Betriebsanweisungen, Abwasseruntersuchungen, Unterweisungen. Hier soll der Kunde Ausdrucke und Berichte für seine Chemieprodukte aufbewahren.

Die Datenübernahme

Würth setzt für die Verwaltung und Bearbeitung der riesigen Datenmengen Softwaretools und Datenbanken ein. Auch die Daten für die Chemieprodukte, mit all ihren Teilinformationen, liegen auf unterschiedlichen Datenbanken. Über Ausgabenmasken werden diese Informationen schließlich zusammengeführt. Für die Ausgabesoftware sind die Sourcecodes allerdings nicht verfügbar.

Für die Produktion von isi bedeutete dies, daß die notwendigen Sicherheitsdatenblätter aus der Datenbank als ASCII Text ausgegeben und in Toolbook integriert werden sollten. Der Knackpunkt dabei war, daß die Texte am PC gut zu betrachten sein sollten und die Ausdrucke für die Unterlagen sauber formatiert sein mußten. Wie erst im Projektverlauf erkennbar wurde, war viel Handarbeit notwendig. Doch am Ende hat sich der Aufwand gelohnt.

Anforderungen an die Kundengeräte

Aufgrund der Beobachtungen bei unseren Kunden haben wir die Mindestanforderungen sehr niedrig angesetzt. Mindestvoraussetzungen sind: ein DOS-PC, vergleichbar einem 486er-Rechner, mit 8 MB RAM, einem CD-Laufwerk, Soundkarte und Lautsprechern. Zur Softwarebedienung ist eine Maus notwendig. Die Festplattengröße sollte so gestaltet sein, daß noch rund 15 MB für Daten frei sind. Das Betriebssystem muß Windows 3.1 oder höher sein. Mit diesen Anforderungen ist garantiert, daß jeder Zielkunde mit isi arbeiten kann.

Terminplanung

Vor Projektstart war klar, daß die Produktionszeit sehr knapp gewählt war. Um die isi-CD in geeigneter Weise am Markt präsentieren zu können, wurde als Erscheinungstermin die „automechanica 1996" in Frankfurt gewählt. Hier sollte ein Beta Release als Messeversion gezeigt werden. Wünsche und Anregungen sollten von den Messebetreuern direkt bei potentiellen Endanwendern erfragt werden.

- Anfang März 1996: erste Überlegungen zum Konzept für eine Softwareproduktion.

- Anfang April 1996: Angebotsphase.

- Mitte April 1996: Konzeption Software/Videos, Begleitmaterial.

- Juni bis August 1996: Produktion Software und Videos, Begleitmaterial.

- Mitte August 1996: Tests.

- Ende August 1996: Präsentation/Abnahme.

- 9.9.1996: Messeversion 1.0 wird mit 500 Stück auf der Messe in Frankfurt angeliefert.

isi-CD Version 1.1:

- ab 15.09.1996: Überarbeitung und Test,

- ab 15.09.1996: Begleit- und Verpackungsmaterial entwickeln,

- ab 01.10.1996: Begleit- und Verpackungsmaterial produzieren,

- ab 16.10.1996: Pressung der CDs,

- 25.10.1996: Verpackung,

- 27.10.1996: Versandbeginn.

Hotline

Sollte der Anwender Fragen oder Probleme mit der Installation haben, so sollte er über eine (kostenlose) Support-Hotline Hilfe bekommen. Die Zeit wurde auf 9 Uhr bis 18 Uhr festgelegt. In dieser Zeit sollen versierte „isi-Fachleute" bereit stehen. Die Telefonnummern sollten im Info-Menü aufgelistet werden.

Kompetenter Partner

Sowohl Know-how als auch die Produktionsvoraussetzungen waren bei Würth vorhanden. Die Produktionszeit fiel jedoch in eine Phase, in der die internen Kapazitäten an andere Projekte gebunden waren.

Auf der Suche nach geeigneten Produktionspartnern haben wir uns für die Satcom Gemini GmbH aus Stuttgart entschieden. Im Auswahlprozeß überzeugte uns das Unternehmen durch Preis, Leistung und Konzept.

Bei dem Konzept wurde die langjährige Erfahrung im Umgang mit interaktiven Medien für Informations- und Anwendungslösungen deutlich. Zudem produzieren Würth und Satcom Gemini seit längerer Zeit gemeinsam das Würth-TV, der firmeninterne Fernsehkanal für die Information der Außendienstorganisation. Die gute Zusammenarbeit werden wir bei weiteren Produktionen fortsetzen.

Das Würth-Info-System

16 Gramm mit allen Informationen

Mit dem richtigen Partner ist Umweltschutz gar nicht so schwer. Genau gesagt 16 Gramm leicht, denn soviel wiegt eine CD. Würth hat alle relevanten Daten gesammelt, eine spezielle Software entwickelt und das Ergebnis ist auf einer CD-ROM anschaulich und einfach für den Anwender nachvollziehbar zusammengefaßt.

Das Ergebnis ist und heißt: isi – Das Würth Info-System. isi ist so aufgebaut, daß die Anwender per Knopfdruck durch alle Themen geleitet werden, Ihre Daten mitaufnehmen können und anschließend genau wissen, was für Sie wissenswert ist. Einfacher und sicherer geht es nicht. Umweltschutz ist ein breites Thema, doch nicht jedes Gebiet betrifft den Anwender. Mit isi kann sich der Anwender sofort über Bereiche informieren, die er beachten muß:

- EG – Sicherheitsdatenblatt,

- Gefahrstoffverzeichnis,

- Betriebsanweisungen,

- Unterweisungen im Umgang mit Gefahrstoffen,

- Produkte für den Arbeitsschutz",

So lautet der Text auf der Begleitinformation zur isi-CD.

Oberflächengestaltung

Software, die mit Toolbook erstellt wurde, hat normalerweise das typische Windows-Erscheinungsbild. Das schreckt nach unseren Beobachtungen die Personen etwas ab, die an PCs weniger geübt sind. Aus diesem Grund wurde etwas mehr Programmieraufwand geleistet, um dem Benutzer über Grafiken und Symbole ein angenehmeres Arbeiten zu ermöglichen. An der Oberfläche wird dem Anwender die Startseite angeboten. Er kann direkt in die obengenannten

Untermenüs verzweigen. In diesen Untermenüs wurde die Gestaltung zwei verschiedenen Formen realisiert:

a) als Karteikarten,

b) als Eingabemasken.

Die Karteikartendarstellung wurde für vorgangsorientierte Untermenüs gewählt. Das Gefahrstoffverzeichnis zum Beispiel ist für die Verwaltung der eingesetzten Produkte notwendig. Hier werden Artikel abgelegt und mit Zusatzangaben wie Menge und Anwendungsort archiviert. Themenreiter bieten einen schnellen Überblick und die einfache und klare Navigation. Such- und Auswahlvorgänge sind über Eingabemasken realisiert. Der Anwender arbeitet mit Texteingaben und kann so über die textorientierte Darstellung zügig arbeiten. Das Erscheinungsbild der isi-Oberfläche sollte sachlich sein. Grundfarben sind Grautöne. Lediglich die Hautmenüseite sollte etwas auffälliger sein und zum Arbeitseinstieg animieren. Ansonsten wurden Farben wichtigen Gefahrenzeichen, der Würth-CI und besonderen Aktionsaufforderungen vorbehalten.

Die Navigation

Tastenfunktionen

Die vom Betriebssystem bekannten Shortcuts bleiben unter der isi-Software weiterhin aktiv. Bekannte Funktionstasten, wie F1, Esc und ähnliche, sind auch in isi entsprechend aktiv – mit F1 wird das Hilfemenü aufgerufen, Esc bricht Suchvorgänge ab und wechselt in die Startseite. Der unsichere Benutzer findet sich so schnell zurecht und kommt aus einer unklaren Situation einfach wieder auf die Einstiegsseite.

Seitenlayout für die Navigation

Der für die Navigation wichtigste Bereich ist die Bildunterkante. Hier sind die Funktionsknöpfe angeordnet. „Hilfe", „Ende", „Info" und „Notruf" werden auf der Startseite angeboten. In den Untermenüs entfallen die beiden letzten Funktionen. Dafür werden „Zurück", „Drucken", „Neu", „Laden" und „Speichern" angeboten. Diese Knöpfe sind mit Klarnamen beschriftet. Der Anwender kann sofort und ohne Mißverständnis auf die Funktion schließen.

Auf der Startseite sind Aerosoldosensymbole dargestellt. Auch sie sind mit Klarnamen beschriftet und repräsentieren die Untermenüs. Die Dosen sind auf der linken Seite angeordnet.

In den Untermenüs sind weitere Aktionsknöpfe angeordnet. Diese sind auf der rechten Seite plaziert, um jede Analogie zu der Untermenüsteuerung zu vermeiden. Zudem werden auf diesen Untermenüseiten auch die Überschriften eingeführt, die im Klartext den jeweiligen Kapitelnamen darstellen. Plaziert sind die Überschriften oben links.

Roll Over Funktionen

Als Kontexthilfe sind für jedes Navigations- und die wichtigsten Funktionelemente mit einer Roll Over-Funktion ausgestattet. Läßt der Anwender den Mauszeiger kurze Zeit auf einem solchen Symbol ruhen, erscheint ein Textfenster, in dem die genaue Funktion im Klartext erläutert wird. Wird die Maus bewegt oder die Funktion ausgelöst, verschwindet das Textfenster.

Feedback auf Aktionen

Der Anwender erhält bei Verzweigungen und Aktionsanforderungen, die er mit der Maus auslöst, ein akustisches „Klick". Gleichzeitig verändert sich das angeklickte Symbol. Bei den Aerosoldosen für die Untermenüs werden die Dosendeckel abgenommen. Bei den Dosen für „Hilfe", „Ende" etc. wird der Sprühkopf „gedrückt". Der Bediener erkennt direkt, daß seine Anforderung angekommen ist und ausgeführt wird. Die notwendigen Ladevorgänge des Programmes werden so geschickt überbrückt. Ein Sprecher ertönt, wenn in ein Untermenü verzweigt wird und nennt den Menüpunkt im Klartext.

Die Funktionsweise

Praktischer Arbeitsablauf

Bevor wir die einzelnen Funktionen vorstellen gehen wir kurz durch einen Arbeitsvorgang, wie er einem Werkstattmeister täglich begegnen kann. Anhand der Beispielsituation wird dargestellt, wie der Anwender mit der isi-CD arbeiten kann.

Der Kunde hat zum ersten Mal ein Servicespray gekauft. Über die Hauptmenüseite geht der Meister in „Sicherheitsdatenblätter". Dort gibt er in der erscheinenden Maske die Artikelnummer ein und geht über „Suche" auf den gewünschten Artikel. Doppelklick – und das Sicherheitsdatenblatt erscheint am Bildschirm. Jetzt können alle wichtigen Informationen abgelesen werden.

Sollte der Kunde diese Informationen schwarz auf weiß benötigen, kann er die Blätter ausdrucken. Über „Menü" geht der Anwender auf „Gefahrstoffverzeichnis" und kann hier seinen Warenkorb zusammenstellen. Diesen Warenkorb muß jeder Werkstattleiter, für das Gewerbeaufsichtsamt einsehbar, führen. „Ansicht" zeigt die bislang benutzten Produkte, Mengen und weitere relevante Daten. „Ändern" ist ein Artikel unter „Ansicht" markiert, kann der Kunde den Eintrag zu diesem Produkt ändern. „Neu": wir wollen unter „Neu" die Service-Spraydose in unserem Warenkorb aufnehmen. Die Frage „Würth-Produkt oder nicht", wird mit „Würth" bestätigt, die Produktnummer eingegeben und mit „sichern" akzeptiert. Zurück zu „ändern", die Menge eingegeben, sichern – und fertig.

Der Kunde hat seine Aerosoldose in seinem Warenkorb aufgenommen. Ein Kontrolleur kann getrost an den PC geführt werden und Einblick in die Liste der im Unternehmen verwendeten Produkte nehmen. Die Suche nach den letzten Bestellungen und Lieferscheinen entfällt. Ach so, eine Betriebsanweisung brauchen wir auch noch. Ist ja per Gesetzestext vorgeschrieben. Über „Menü" und „Betriebsanweisungen". Die Würth-Artikelnummer wird eingeben und über „Suchen" mit Produktbezeichnung angezeigt. Bevor ein Ausdruck erfolgt, können die einzelnen Bereiche der Betriebsanweisungen angezeigt werden. Ist alles nach Wunsch, wird dieses Blatt auf einem Standardvordruck nach TRGS 555 ausgedruckt. Am Arbeitsplatz, an dem das Produkt eingesetzt werden soll, wird die erforderliche Betriebsanweisung aufgehängt. Und mit der aufgedruckten Bezeichnung des gewünschten Arbeitsbereiches ist eine weitere Vorschrift beachtet.

Die Untermenüs

Sicherheitsdatenblatt

Hier werden aufsteigend nach Artikelnummern alle Würth Sicherheitsdatenblätter angezeigt. Durch anklicken der Funktion „Suche" kann im Feld „Artikelnummer", das nun schwarz hinterlegt ist, die gewünschte Artikelnummer eingegeben werden. Durch Bestätigung mit „Enter" erscheint das gesuchte Sicherheitsdatenblatt, das auch schwarz hinterlegt ist. Durch Auswahl der Funktion „Ansicht" kann das Sicherheitsdatenblatt nun direkt angesehen oder durch Auswahl der Funktion „Drucken" ausgedruckt werden. In der Auswahl „Ansicht" gibt es ebenfalls eine Funktion „Suche", mit der man Schlagworte direkt suchen kann. Diese Funktion hat eine Weitersuchfunktion. Mit der Funktion „Menü" kehrt der Anwender zur Hauptseite zurück.

Gefahrstoffverzeichnis

Hier kann ein eigenes Gefahrstoffverzeichnis nach § 16 Abs. 3a Gefahrstoffverordnung erstellt werden.

Erstellen : Funktion „Neu" anklicken. Es erscheint die Abfrage, welchen Datensatz man eingeben möchte.

„Würth-Produkte", es erscheinen alle Würth Sicherheitsdatenblätter aufsteigend nach Artikelnummer. Durch anklicken des leeren Feldes unter der Funktion „Suchen" wird dieses aktiviert und man kann nun die gewünschte Artikelnummer eingeben.

Mit „Enter" bestätigen und das gewünschte Sicherheitsdatenblatt erscheint schwarz hinterlegt. Mit „Sichern" können die relevanten Bestandteile des Sicherheitsdatenblatt nun in das Gefahrstoffverzeichnis übernommen werden. Diesen Vorgang beliebig oft wiederholen, bis das Gefahrstoffverzeichnis vollständig ist.

„Neue Produkte", hier kann man andere Produkte ins Gefahrstoffverzeichnis übernehmen. Durch anklicken der Leerfelder werden diese aktiviert und man kann die notwendigen Angaben aus dem entsprechenden Sicherheitsdatenblatt eingeben.

Die Zuordnung der Gefahrensymbole und der Betriebsanweisung findet man unter Funkton „Hilfe zum Erstellen".

Ändern: Hier können Mengen eingegeben und Sicherheitsdatenblätter gelöscht werden. Durch anklicken der Sichterheitsdatenblätter werden diese im Gefahrstoffverzeichnis schwarz hinterlegt. Nun kann man entweder direkt die durchschnittliche Menge eingeben oder aber den Artikel löschen. Durch anklicken der Funktion „Drucken" kann das Gefahrstoffverzeichnis auch ausgedruckt werden.

Abwasseruntersuchung

In dieser Funktion können die Ergebnisse der Abwasseruntersuchung per Paßwort eingetragen werden. Diese Aufgabe wird durch Würth-Mitarbeiter erledigt.

Betriebsanweisungen

Durch Eingabe der Artikelnummer und Bestätigung mit „Enter", wird jedem Würth-Produkt eine entsprechende Betriebsanweisung vorgeschlagen. Diese kann mit der Funktion „Ansicht" angesehen oder mit der Funktion „Drucken" ausgedruckt werden. Dabei kann der Anwender wählen, ob der Ausdruck in ein Formular gemäß § 20 Gefahrstoffverordnung gedruckt werden soll oder auf neutrales Papier.

Über die Funktion „Selbstdefiniert" können eigene individuelle Betriebsanweisungen erstellt werden. Es erscheint die Abfrage nach Artikelnummer und Produktbezeichnung. Nach Eingabe der individuellen Artikelnummer und anklicken der Funktion „Neu" Eingabefelder aktiviert. Über „Sichern" wird die eigens erstellte Betriebsanweisung gesichert. Bevor ein Ausdruck erfolgt, muß der Arbeitsbereich im automatisch erscheinenden Feld eingegeben werden.

Unterweisungen

Hier sind 6 verschiedene Unterweisungsvideos hinterlegt. Durch anklicken der entsprechenden Unterweisungstitel kann der Anwender das gewünschte Thema auswählen. Mit anklicken der Funktion „Start" erscheint zunächst der Unterweisungsnachweis. Hier müssen alle entsprechenden Angaben eingegeben werden. Nach Eingabe nochmals auf „Start" klicken. Das ausgewählte Unterweisungsvideo läuft nun ab. Der Videofilm kann nicht unterbrochen werden und nach Beendigung muß das Unterweisungsnachweisformular über die Funktion „Drucken" ausgedruckt werden.

Terminplaner

Bei Abwasseruntersuchung und Unterweisung ist ein Terminplaner hinterlegt. Dort kann sich der Benutzer seine geplanten Termine für die Abwasseruntersuchung und Unterweisungen verwalten. Die Funktion kann beim Start aktiviert oder deaktiviert werden.

Info

Unter dieser Rubrik hat Würth noch einige interessante Informationen für die Anwender hinterlegt.

• Einen Produktkatalog für Produkt zur Arbeitssicherheit.

• Ein Video über Würth.

• Ein Faxformular über Ihre Meinung/Anregungen.

• Impressum.

• Eingabemöglichkeit der Außendienstmitarbeiter.

Notruf

Hier ist die Telefonnummer der Landesberatungsstelle für Vergiftungserscheinungen in Berlin hinterlegt. Dort sind alle Würth-Chemieprodukte gemeldet. Sollte ein Unfall mit einem unserer Produkte vorkommen, bekommen Sie dort Auskunft.

Systemhinweis

Die Ihnen vorliegende CD-ROM-Anwendung ist eine Einzelplatzversion und kann daher immer nur von einem einzelnen Benutzer angewendet werden. Für den Einsatz von isi benötigen Sie unbedingt auch nach der Installation die CD. Sie sollten diese daher jederzeit griffbereit und geschützt vor Staub oder anderen schädlichen Umwelteinflüssen aufbewahren. Sie müssen die CD immer vor dem Aufruf des Programms in Ihr Laufwerk eingelegt haben.

Obwohl der Zugriff auf die auf der CD befindlichen Daten sehr schnell erfolgt, müssen einige kleinere Daten auf Ihre Festplatte kopiert werden. Hierzu steht Ihnen die Installationsroutine zur Verfügung. Die komplette Bedienungsanleitung für dieses Programm finden Sie im Menüpunkt „Hilfe" und steht Ihnen nach erfolgter Installation als „Online-Hilfe" jederzeit zur Verfügung.

Feedback und Zukunftsaussichten

Die etablierte Hotline zeigt uns deutlich an, daß die Software stabil läuft. Ein großer Teil der in den Anfragen genannten Fehler konnte auf Handhabungsprobleme zurückgeführt werden – eine Tonwiedergabe ist leider nur dann möglich, wenn die benötigten Lautsprecher auch eingesteckt sind. Eine nicht zu unterschätzende Fehlerquelle ist das Betriebssystem. Die Vielfalt an Treibern und Softwarekonfigurationen führt ab und zu zu Kollisionen. Unter Laborbedingungen können diese Probleme nur annähernd getestet werden. Wir haben jedoch bei der Produktion Mechanismen entwickelt, die uns erlauben, eine maximale Fehlerausschlußquote zu erreichen. Die isi-CD wurde inzwischen über unseren Außendienst an rund 30

Prozent unserer Kunden verteilt. Aufgrund der positiven Resonanz und der offensichtlich guten Akzeptanz als Arbeitsmittel haben wir uns entschlossen, in nächster Zeit eine neue, aktualisierte Version an den Markt zu bringen. Im Ausland werden lokalisierte isi-CDs folgen. Andere Gesetzeslagen, Sprachen und Arbeitsweisen bedeuten für uns aber, daß wir die Anforderungen eingehend prüfen und nur darauf abgestimmte Lösungen anbieten werden. Die Grundstruktur wird dabei sicher erhalten bleiben.

Personalbeschaffung auf CD-ROM

von Thomas Nirmaier und Antonela Opacak

"Die richtigen Leute einzustellen, ist das Beste, was ein Manager tun kann." (Lee Iacocca).

Die optimale Auswahl von Mitarbeitern und insbesondere qualifizierten Führungskräften ist für jedes Unternehmen – gleich welcher Branche – von entscheidender Bedeutung. In einer sich entwickelnden, modernen Dienstleistungsgesellschaft sind qualifizierte und motivierte Mitarbeiter Schlüsselfaktoren für den Unternehmserfolg im Wettbewerb um Qualität, Kosten und Kundenzufriedenheit.

Personelle Fehlentscheidungen sind ein erheblicher Kostenfaktor. Sie bedeuten jedoch nicht nur zusätzliche Ausgaben, sie belasten auch das Betriebsklima über lange Zeiträume und beeinträchtigen die Effizienz und Wirtschaftlichkeit von Teams und Abteilungen.

Unzählige Seminare beschäftigen sich für einen nicht unerheblichen Kostenaufwand mit der Weiterbildung, den Instrumenten und Methoden einer gezielten und ergebnisorientierten Mitarbeiter- und Führungskräfteauswahl.

Im Zuge der Effektivierung und Optimierung von Bildungsbudgets setzen sich multimediale Lernprogramme für personale Schulungen gerade auch im Führungskräftetraining mehr und mehr durch.

Gemeinsam setzten sich Lidl & Schwarz und Satcom Gemini die Aufgabe, den Prozeß der Personalbeschaffung von der Suche neuer Mitarbeiter bis hin zur Einstellungsentscheidung mit den Möglichkeiten und Potentialen computerunterstützter Lernmedien zu behandeln und ein entsprechendes CD-ROM-Schulungs- und Trainingskonzept zu erarbeiten.

Die richtigen Voraussetzungen schaffen

Überlegt wurde ein PC-gestütztes Programm zu entwickeln, das Entscheidungsträger im Personalmanagement dabei unterstützt, die Kriterien sowie die grundlegenden Instrumente und Methoden einer qualifizierten und treffsicheren Einstellungsentscheidung zu erfüllen. Es sollte eine Hilfestellung an die Hand gegeben werden, eventuelle Defizite im Prozeß der Personalsuche, der Personalauswahl und der Einstellungsentscheidung im eigenen Unternehmen zu erkennen und zu korrigieren.

Dem Benutzer sollte die Gelegenheit eröffnet werden, über ein kompaktes, didaktisch strukturiertes Medium rasch Antworten auf wichtige Fragen zu erhalten, die während des Personalauswahlprozesses auftreten können. Unter Zeit- und Kostengesichtspunkten sollte der Anwender darüber hinaus die Möglichkeit erhalten, auf eine langwierige Lektüre von Literatur, aber auch auf Seminarbesuche zum Erwerb von bloßem Grundlagenwissen über das Thema zu verzichten.

Ziel war es ein Informations- und Schulungsprogramm zu erstellen, das folgende Anforderungen erfüllt:

- zeitunabhängiger und ortsunabhängiger Informationsabruf,

- schneller und kostengünstiger Zugriff auf relevante Informationen,

- effiziente Wissensvermittlung durch interaktive, multimediale Informationsaufbereitung.

Ein Instrument also, das bei der täglichen Arbeit am Arbeitsplatz praxisorientiert genutzt werden kann. Dementsprechend sollte sich das Programm ohne weitere Konsultation von Experten selbständig erklären und themenspezifische Kriterien einfach und verständlich vermitteln.

Die Anwender sollten soweit trainiert werden, erlerntes, neues Wissen mit bereits vorhandenem Know-how zu kombinieren und beim Personalentscheidungs-prozeß gezielt anzuwenden.

Die richtige Zielgruppe

Die Zielgruppe zu kennen und einzuschätzen, ist bereits bei der Medienentscheidung wichtig. Spätestens aber bei der Entwicklung des Konzepts muß klar sein, wer mit dem Medium angesprochen werden soll. Es müssen die folgenden wichtigen Fragen im Vorfeld geklärt werden:

- Welches Trägermedium wird bei der Zielgruppe akzeptiert?

- Welches didaktische Konzept muß zugrundegelegt werden?

- Welches Vorwissen kann vorausgesetzt werden?

- Welche „Sprache" wird bei der Zielgruppe gesprochen?

- Welches Design spricht die Zielgruppe an?

Im Falle des Schulungsprogramms „Qualitätssicherung Personalbeschaffung" gingen Lidl & Schwarz und Satcom Gemini von folgender Zielgruppe aus:

Personalleiter, leitende Mitarbeiter und Führungskräfte der Abteilungen Personal, Mitarbeiter, die bei der Personalsuche und -auswahl sowie beim Einstellungsinterview beteiligt sind, aber auch Interessenten, zu deren Aufgaben die Führungskräfteauswahl zählt.

Das Schulungsprogramm war branchenunabhängig zu entwickeln – die Kernanforderungen an eine treffsichere Personalauswahlentscheidung sind grundsätzlich übergreifend identisch.

Es wurde ein Trägermedium gewählt, das hinsichtlich der Zielgruppe allen inhaltlichen und didaktischen Anforderungen gerecht werden kann und gleichzeitig auch bei Nicht-Fachleuten verbreitet und in der Anwendung akzeptiert ist: die CD-ROM.

Da nicht davon ausgegangen werden konnte, daß die Zielgruppe am Arbeitsplatz mit Highend-Computern ausgestattet ist, mußten die Systemvoraussetzungen entsprechend angesetzt werden:

- 486 DX-33 oder besser,

- mindestens 5 MB freier Hauptspeicher,

- 640 X 480 Pixel; 256 Farben,

- 16 MB Arbeitsspeicher,

- QuicktimeTM for Windows, (welches auf der CD mitgeliefert wird),

- 4-fach CD-ROM-Laufwerk,

- Soundblaster kompatible Soundkarte,

- lauffähig auf Microsoft Windows 3.1, Win 95, Win NT.

Da Apple Macintosh-Systeme in Personalabteilungen von Unternehmen nahezu nicht anzutreffen sind, wurde von der Erstellung einer Hybrid CD-ROM abgesehen.

Das Konzept

Das Konzept fordert, daß das Schulungsprogramm alle Themengebiete, die während des Personalbeschaffungsprozesses von Bedeutung sind, behandelt – mit dem Ziel, dem Anwender deutlich zu machen, daß aufgrund der herausragenden Bedeutung des Faktors Mitarbeiterqualität die Abläufe bei der Personalsuche, -auswahl und -einstellungsentscheidung so weit wie möglich strukturiert und systematisiert werden müssen, um die größtmögliche Trefferquote zu erreichen. Dementsprechend umfaßt das Konzept die Sachgebiete Bearbeitung von Bewerbungsunterlagen, die Erstellung eines Anforderungsprofils, die Analyse von Bewerbungsunterlagen, die Gesprächsführung, das Bewerberinterview, Aspekte der Auswahlentscheidung und das rechtliche Umfeld. Zusätzlich beinhaltet das Programm ein Trainingsmodul mit wichtigen Tips und Übungsangeboten.

Alle Inhalte werden stark grafisch orientiert präsentiert. So erhält zum Beispiel jedes der Hauptkapitel eine eigene Farbe, was der Orientierung innerhalb des Programmes zugute kommt. Eine Audiospur, ein erläuternder Moderator, begleitet den Anwender durch das gesamte Programm. Zusätzlich zur Moderation werden die wichtigsten Aussagen als Text und Grafik auf dem Bildschirm dargestellt.

Ebenfalls implementiert ist ein sieben-minütiges Video, das dem Benutzer die wesentlichen Inhalte und die optimale Ablaufgestaltung eines Bewerberinterviews vorführt. Auch hier steht der Moderator helfend zur Seite, erläutert das Geschehen und vermittelt wichtige Anhaltspunkte für den Anwender, was ein gut geführtes Bewerberinterview ausmacht.

Als weiteres „Bonbon" hat der Benutzer die Möglichkeit, sich Formblätter und Checklisten ausdrucken zu lassen. So erfährt er nicht nur, wie er einen bestimmten Vorgang während des Personaleinstellungsprozesses gestaltet, sondern erhält zugleich ein nützliches Werkzeug an die Hand, wie zum Beispiel einen Auswertungsbogen, der bei der Analyse von eingehenden Bewerbungsunterlagen eingesetzt werden kann.

Die Didaktik

Die Didaktik.kann noch so ausgeklügelt sein, sie funktioniert nicht, wenn die Navigation nicht funktioniert. Das „Benutzer-Interface" ist ein Schlüsselelement für den Erfolg jeder CD-ROM, und aus diesem Grund auch sehr schnell die Schwachstelle jeder Anwendung. Auf das Navigationssystem des Programms „Qualitätssicherung Personalbeschaffung" wurde besonderer Wert gelegt.

Das Programm verfügt über eine intuitive Benutzerführung. Sowohl beim Design als auch bei der Plazierung werden absolute Eindeutigkeit und Einfachheit angestrebt. Dem Benutzer stehen in der Navigationsleiste am rechten, unteren Ende des Screens ständig vier Buttons zur Verfügung: „Vorwärts"-Button, „Rückwärts"-Button, „Auswahl"-Button, „Hauptmenü"-Button. Design und Positionierung orientieren sich an den menschlichen Sehgewohnheiten. Die gesamte Navigation befindet sich am unteren Ende des Screens. Erst nachdem sich der Anwender mit dem Inhalt vertraut gemacht hat, soll er dazu ermutigt werden, im Programm fortzufahren. Der „Vorwärts"-Button befindet sich am rechten Ende der Navigationsleiste, da durch unsere gewohnte Leserichtung – von links kommend, nach rechts gehend – „rechts" unbewußt als „Vorwärts"-Richtung deklariert wird.

Die „Hauptmenü"-Seite beinhaltet neben den Buttons, die in die Kapitel verzweigen, auch noch Buttons, die dem Anwender nicht unbedingt ständig präsent sein müssen, wie zum Beispiel der „Ende"-Button, der das Programm beendet oder der „Hilfe"-Button, der den Benutzer zur „Hilfe"-Seite verzweigt, auf der die Funktion der Buttons explizit erklärt wird.

Neben der selbsterklärenden Navigation ist auch ein anwenderfreundlicher, klarer Aufbau der einzelnen Screens unabdingbar. Beim Schulungsprogramm „Qualitätssicherung Personalbeschaffung" wurde darauf geachtet, die inhaltlichen Aussagen auch grafisch umzusetzen und zum Ausdruck zu bringen. „Bilder sagen mehr als tausend Worte". Einfache Schaubilder, Skizzen und Grafiken sind zum Verständnis komplexer Inhalte sehr hilfreich. Um den Anwender zu motivieren, „am Ball" zu bleiben, wurden im Programm eine Vielzahl von Interaktionsmöglichkeiten geschaffen. Der Benutzer wird ständig angeregt, Dinge anzuklicken, zu verschieben, zuzuordnen, auszufüllen. So kann er zum Beispiel anhand seines erlernten Wissens unvollständige Schaubilder vervollständigen. Durch eine automatische Lernkontrolle erhält er im Erfolgsfall ein positives Feedback. Der Einbau von eher spielerischen Elementen in ein Lernprogramm lockert die Arbeitsatmosphäre auf, ohne jedoch die Seriosität in Frage stellen zu dürfen. Dementsprechend wurde im Kapitel „Training", in dem Fragetechniken trainiert werden können, ein kleines Fragespiel eingebaut. Der Benutzer soll mit einem Pool von Fragen, die ihm zur Verfügung gestellt werden, eine berühmte Persönlichkeit erraten.

Die Programmstruktur des Personalbeschaffungsprozesses

Die Programmstruktur entspricht dem Anspruch, alle wesentlichen Bestandteile des Personalbeschaffungsprozesses zu behandeln. Hierzu wurde das Programm modular in zehn Kapitel aufgeteilt, in denen sich der Benutzer interaktiv, also frei bewegen kann: daraus ergibt sich folgendes Struktogramm:

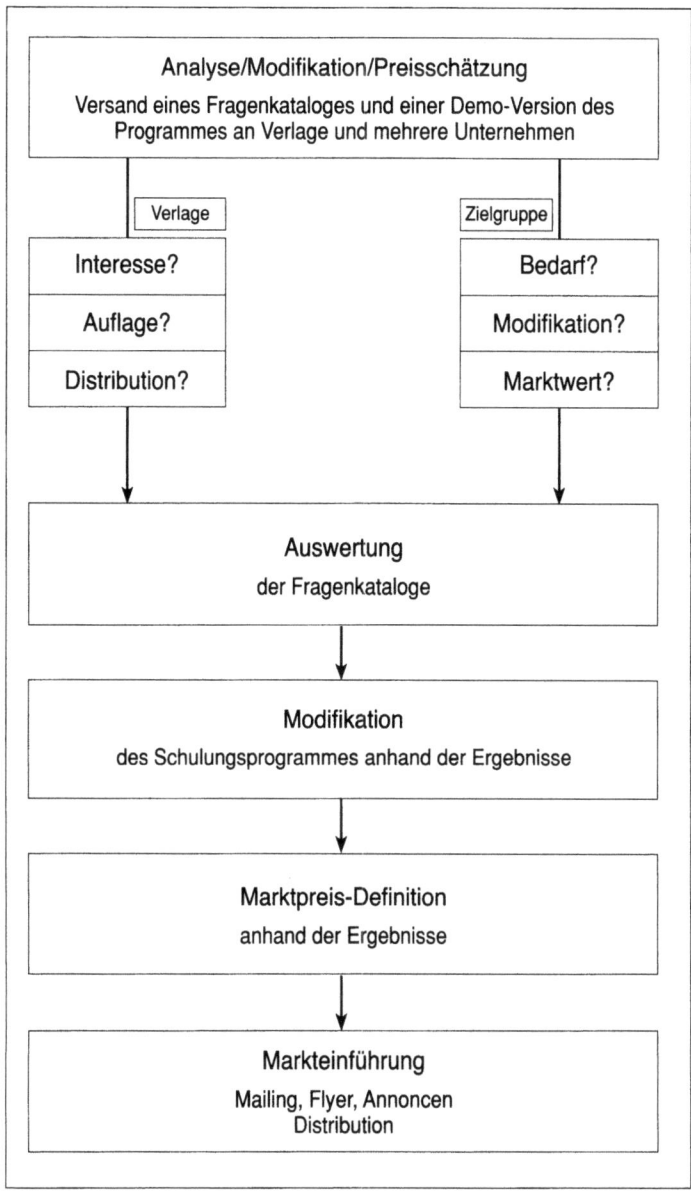

Abbildung 14: Struktogramm des Personalbeschaffungsprozesses

Der Anwender gelangt von jedem Modul aus über sehr kurze Wege in jedes andere Modul. Auch wenn er sich sehr „tief" in einem Modul befindet, gelangt er über den „Auswahl"-Button oder über den „Hauptmenü"-Button per Mausklick wieder auf eine übergeordnete Ebene, von der aus wieder beliebige Wege eingeschlagen werden können.

Kapitel 1: „Einführung"

Dem Anwender wird verdeutlicht, daß personelle Fehlentscheidungen letzlich Fehlinvestitionen für das Unternehmen bedeuten. Zunächst werden die Gründe eruiert, die zu solchen Fehlentscheidungen führen können: unachtsamer Umgang mit dem Inhalt von Bewerberunterlagen, unvorbereitete Bewerbergespräche, spontane Entscheidungen aus dem Bauch heraus. Anschließend kann sich der Anwender mittels einer Berechnungstabelle die Fluktuationskosten für einzelne Stellen in seinem Unternehmen ausrechnen. Zur Orientierung erhält er dafür Beispielzahlen. Die Einführung verdeutlicht mit großer Intensität das Thema Kostenfaktor und Qualität.

Kapitel 2: „Allgemeiner Teil"

Der allgemeine Teil stellt das größte der zehn Kapitel dar. Zunächst wird das Grundraster der Personalentscheidung vorgestellt, das sich in drei Phasen gliedert: Informationsgewinnung, Informationsbewertung und Informationsentscheidung.

Schon im Vorfeld wird dem Benutzer gezeigt, welche zwei Beschaffungswege ihm zur Verfügung stehen: die interne Personalbeschaffung und die externe Personalbeschaffung. Über einfache Roll Down-Tabellen kann er sich über die jeweiligen Vor- und Nachteile informieren. Anschließend hat er die Möglichkeit über ein Zuordnungsspiel zu entscheiden, welche Suchmaßnahmen er für welche Zielgruppen einsetzen würde. Das Programm korrigiert dabei falsche Antworten sofort und bestätigt richtige Antworten mit einem positiven akustischen Feedback.

Einen weiteren großen Bereich des zweiten Kapitels bildet die Vorstellung und Erläuterung der einzelnen Auswahlinstrumente, die eingesetzt werden können. Dazu gehören die Analyse Bewerbungsunterlagen, das telefonische Kurzinterview, Personalfragebögen, Assessment Center und vieles mehr. Dem Anwender werden die jeweiligen Einsatzmöglichkeiten und die Durchführung der Auswahlinstrumente Schritt für Schritt vorgestellt und vermittelt. Um die Entscheidung für oder gegen ein bestimmtes Auswahlinstrument im Einzelfall besser treffen zu können, schließt sich an besonders aufwendige Instrumente, wie zum Beispiel das Assessment Center, eine Pro-Contra-Seite an. Dem Anwender werden Fragen gestellt, die ihn bei seinen Überlegungen unterstützen, ob sich der Einsatz des betreffenden Auswahlinstruments im Einzelfall lohnt oder nicht. Am Ende des Kapitels schließlich wird auf die Probezeit eingegangen.

Es werden Fragen beantwortet, welche Probezeitdauer auch unter rechtlichen Gesichtspunkten angemessen ist – und wie die Probezeit wirklich effektiv für beide Seiten, Arbeitgeber und Arbeitnehmer, genutzt werden kann.

Kapitel 3: „Bearbeitung von Bewerberunterlagen"

Form, Inhalt und Stil des Schriftverkehrs mit Bewerbern, sowie die schnelle und rationelle Bearbeitung von Bewerbungsunterlagen sind eine Visitenkarte für jedes Unternehmen. Der Anwender erhält im Kapitel „Bearbeitung von Bewerberunterlagen" Anregungen und Tips, wie er diese Vorgänge noch professioneller und effektiver durchführen kann. Es wird auf Bearbeitungsstandards hingewiesen, die auch der Rationalisierung von Arbeitsabläufen dienen. Der Anwender erhält zum Beispiel Textbausteine für den Schriftverkehr mit Bewerbern: Einladung zum Gespräch, Absage nach einem Gespräch, Absage vor einem Gespräch, Vertragsangebot, und vieles mehr.

Kapitel 4: „Stellenanforderungsprofil"

Die Stellenanforderungen der jeweiligen Zielposition sind Entscheidungsmaßstab dafür, den bestqualifiziertesten Kandidaten auswählen zu könnnen. Das Programm erklärt die Bedeutung des Stellenanforderungsprofils und erläutert, wie ein solches Profil erstellt wird. Am Ende kann sich der Anwender, anhand vorgefaßter Kriterien, ein eigenes Musterdiagramm erstellen.

Kapitel 5: „Analyse von Bewerberunterlagen"

Thema dieses Kapitels ist es, Bewerberunterlagen informativ und aufschlußreich analysieren zu können und die Erfahrungen aus der Praxis hierüber darzustellen. Dem Anwender wird gezeigt, welche Aussagen die schriftliche Bewerbung liefern kann, aber auch, wo die Grenzen einer Unterlagenanalyse sind. Welche Informationen stecken in einem Bewerbungsschreiben? Wie lese ich einen Lebenslauf? Wie beurteile ich Referenzen, Belobigungen? Nach welchen Kriterien entscheide ich, ob der Bewerber zu einem Gespräch eingeladen wird? Arbeitszeugnisse spielen hier eine entscheidende Rolle. In Zeugnissen wird häufig eine spezielle Sprache benutzt. Diese „Zeugnissprache" sollte jeder beherrschen, der Zeugnisse schreibt, aber natürlich auch der, der sie liest und bewerten soll.

Am Ende der Analyse steht der Auswertungsbogen. Das Schulungsprogramm erklärt den Umgang und Einsatz dieses Bogens. Der Anwender kann sich hier eine standardisierte Vorlage ausdrucken lassen und sie als Auswertungsprotokoll, zur Vorbereitung eines Vorstellungsgespräches oder auch zur Schulung von Mitarbeitern verwenden.

Kapitel 6: „Gesprächsführung"

Über eine gute Strategie und Technik der Gesprächsführung sind die entscheidungsnotwendigen Informationen über Qualifikation und Persönlichkeit des Bewerbers zu gewinnen. Der Einsatz von Frage- und Lenkungstechniken sowie die Grundlagen aktiven Zuhörens sind hierzu die Schlüsselfaktoren. Der Anwender wird zunächst aufgefordert, über sein eigenes Gesprächs- und Zuhörverhalten nachzudenken. Es werden dann verschiedene Frageformen und Fragetechniken ausführlich vorgestellt. Kompakt zusammengefaßt hat der Anwender abschließend die Möglichkeit, sich weitere Tips und Hinweise aus einem virtuellen Notizblock zu verschaffen.

Kapitel 7: „Bewerberinterview"

Als Highlight erwartet den Anwender hier eine sieben-minütige Videosequenz eines beispielhaft verlaufenden Bewerberinterviews.

Ein Moderator kommentiert das Geschehen während des Gesprächs. Es wird vermittelt, welche Ziele das Bewerberinterview verfolgt, und auf welchem Weg diese Ziele bestmöglich erreicht werden können. Dazu gehört beispielsweise die richtige Vorbereitung auf das Gespräch, ein strukturierter Ablauf, der Umgang mit den Fragen des Bewerbers und schließlich die Auswertung und Entscheidungsfindung. Ein umfassender Katalog von Beispielfragen wird ebenfalls angeboten.

Kapitel 8: „Beurteilungsfehler"

Bei jeder Auswahlentscheidung kann es zu Beurteilungsfehlern kommen. Informiert wird zum Beispiel über Fehler bei der Informationsgewinnung aufgrund Zeitdruck, durch Störquellen oder diffuse, unvorbereitete Gesprächsführung, Fehler bei der Informationsverarbeitung aufgrund fehlender Notizen oder zu großer Zeitabstände zwischen Gespräch und Auswertung und nicht zuletzt durch die unvermeidliche Subjektivität des Interviewers selbst, Fehler also aufgrund von „Bauchentscheidungen". Der Anwender wird durch Beispiele für Fehlerquellen sensibilisiert und abschließend durch die Vorstellung verschiedener Verbesserungsmaßnahmen befähigt, eventuelle Defizite auszugleichen.

Kapitel 9: „Rechtliche Aspekte"

Dieses Kapitel ist bewußt knapp gehalten. Gemäß der Zielsetzung des CD-ROM-Konzepts „Qualitätssicherung Personalbeschaffung" sollen nur die Grundzüge rechtlicher Fragen bei der Personalbeschaffung angesprochen werden. So wird beispielsweise auf die Sorgfaltspflicht beim Umgang mit Bewerberunterlagen eingegangen. Ein weiterer Aspekt – was darf während eines Interviews gefragt werden und was nicht. Wo hat der Bewerber eine Offenbarungspflicht, wo kann er ohne rechtliche Konsequenzen auch falsche Angaben machen?

Rechtliche Aspekte können in der Praxis im Einzelfall sehr schnell ins Detail gehen und sehr komplex werden. Daher empfiehlt das Programm, sich im konkreten Fall mit Verbandsjuristen, Fachanwälten oder Spezialisten im eigenen Hause auszutauschen.

Kapitel 10: „Training"

Dieses Kapitel unterstützt den Anwender, seine Fragetechniken zu verbessern, die namentlich im Interview von wesentlicher Bedeutung sind. Er erhält zunächst Tips und Hinweise. So kann er sich zum Beispiel einen Selbsteinschätzungsbogen ausdrucken lassen, der ihm hilft, sein eigenes Zuhör- und Redeverhalten einzuschätzen. Es wird ein persönliches „Trainingsprogramm" vorgeschlagen, und ein ausdruckbarer „Spickzettel" hilft beim Durchhalten dieses Trainings.

Zum Abschluß erwartet den Anwender ein Rätselspiel, bei dem er eine berühmte Persönlichkeit erraten beziehungsweise erfragen muß. Aus einem größeren Fragen-Pool kann er sich diejenigen aussuchen, die er stellen will. Das Programm antwortet immer entweder mit „ja" oder „nein". Nur wenn der Anwender die Fragen geschickt auswählt, hat er am Ende die Informationen, die er braucht, um das Rätsel zu lösen.

Die richtige Distribution

Eine Vermarktung der CD-ROM war von Beginn der Produktion an mit in Betracht gezogen – nicht zuletzt aufgrund der Situation auf dem CD-ROM-Markt. Im Zuge der derzeit noch offenen Diskussion und Entwicklung eines entsprechenden Marketing-Konzeptes kristallieren sich aus heutiger Sicht vier Komponenten heraus, die vor einer erfolgreichen Vermarktung des Produktes analysiert werden müssen:

1. Die Unterscheidung: Das Produkt muß aus dem großen Angebot von CD-ROMs hervorstechen. Mit dem Thema „Qualitätssicherung Personalbeschaffung" erscheint dies relativ problemlos, da es hierzu so gut wie keine vergleichbaren Produkte gibt. Der Markt ist übervoll mit Angeboten für die Bewerberseite. Titel wie „So bewerbe ich mich richtig!" sind jedem bekannt – aber eine CD mit der Aufschrift „So stelle ich die richtigen Leute ein!" ist fast nirgends zu finden.

2. Die Zielgruppe: Weiter ist abzuklären, wo die angestrebten Rezipienten zu finden sind und auf welchem Wege sie sich informieren. Welche Zeitschriften lesen sie? Auf welchen Veranstaltungen sind sie anzutreffen? In welchen Firmen arbeiten sie? Hier kommt die ins Auge gefaßte Zielgruppe wieder zum tragen, die weiter oben bereits erwähnt und beschrieben wurde.

3. Der Preis: Bringt man ein Produkt auf den Markt, so ist die Findung und Festlegung des marktgerechten Preises von ausschlaggebender Bedeutung. Es muß eruiert werden, wieviel die betreffenden Personen für eine Schulungssoftware zum Thema Personalbeschaffung auszugeben bereit sind. Hierzu wird ein Fragebogen entwickelt, der, zusammen mit einer Demoversion des Programmes, an die angestrebten Unternehmen verschickt werden kann. Neben der Abprüfung, wieviel die jeweilige Person für das Produkt bezahlen würde, können durch den unverbindlichen Fragebogen auch Fehler, Verbesserungen und Einsatzmöglichkeiten analysiert werden und das Programm somit noch vor der Markteinführung optimiert werden. Eine allgemeine Marktanalyse geht daneben einher.

4. Der Vertrieb: Zur Organisation des Vertriebes wird daran gedacht, zu recherchieren, welche Verlage Interesse am Produkt haben könnten. Diese Verlage erhalten ebenfalls einen Fragenkatalog zur Preisabschätzung und eine Demoversion zur Ansicht.

Aufgrund der vorangegangenen Überlegungen ergibt sich für das Marketing des CD-ROM-Programmes „Qualitätssicherung Personalbeschaffung" folgende Aktionsstruktur:

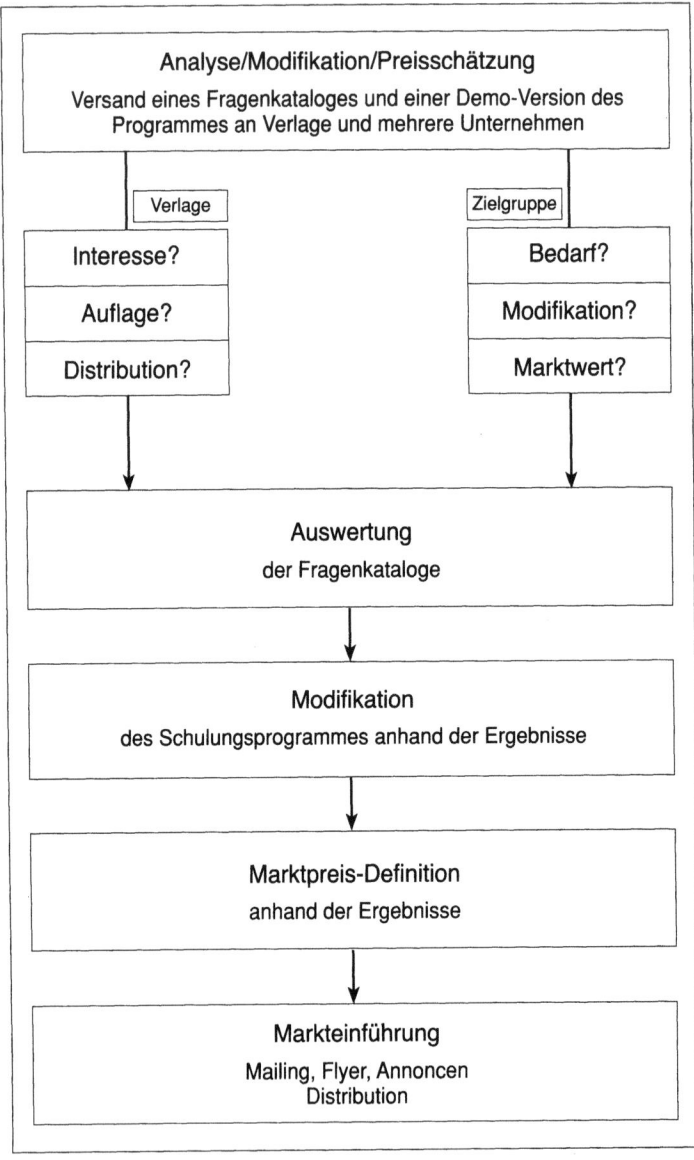

Abbildung 15: Aktionsstruktur für das Marketing des CD-ROM Programms

Interaktives Lernen am Verkaufsstand auf CD-ROM

von Johannes Dürr

Das Projekt

Frischebäcker, die Bäckerei der Kaufland-Bäckereien GmbH & Co. KG ist ein Unternehmen der Lidl & Schwarz Gruppe Neckarsulm. Der Frischebäcker bietet Backwaren in Selbstbedienung, Ofenfrische Produkte, vor Ort gebacken und aromasichernd verpackt, bereits bei Ladenöffnung können die Kunden aus dem kompletten Sortiment auswählen. Ofenfrisch – Echt billig heißt die Devise.

Lernen mit Multimedia im Backshop, ein zukunftsweisender Weg nach vorn, handwerkliches Wissen multimedial weiterzugeben. Dies erkannte auch die Geschäftsführung und Bereichsleitung der Kaufland – Bäckereien GmbH & Co. KG sehr früh und entschloß sich, das Schulungswissen neben dem konventionellen Weg, wie Handbuch und Schulung durch die Shopleitung, mit Bits und Bytes näherzubringen. Denn auch die Ausstattung der Backstube hat sich gewandelt. Maschinen und eine Vielzahl technischer Hilfsmittel wie Gär- und Backautomaten erleichtern dem Frischebäcker viele Produktionsschritte bis zur Warenpräsentation in dafür speziell entwickelten Regalsystemen. Aus diesem Grund, wurde darüber nachgedacht, welche Modelle Multimedia bietet, um Schulung und Berufsalltag im Frischebäckershop zu kombinieren.

Intention war es eine multimediale Komponente zu realisieren, die sowohl die Geschäftsführung, die Bereichs- und Vertriebsleitung als auch den Frischebäcker im Shop nicht nur unterstützen, sondern über alle im Shop vorhandenen Fakten informiert und trainiert, und dies neben dem täglichen Backen im Shop, war Ziel der Produktion. Hierdurch eröffnet sich die Möglichkeit für den Benutzer, sich das notwendige Wissen ohne langwieriges Lesen in Bedienungsanleitungen, Handbüchern und Gesprächen mit der Shopleitung über die Produktionsabläufe, multimedial im Shop zu lernen und das neue Wissen unmittelbar am Arbeitsplatz anzueignen und anzuwenden. Das gesamte Screen-Design und die Bearbeitung der Grafiken wurde so aufbereitet, daß es von allen schnell und verständlich erkannt wird und ausschließlich aus bekannten Elementen und Strukturen besteht. Somit informiert sich der Anwender strukturiert und erhält schnell Anworten auf alle wichtigen Fragen vom Sortiment über Technik, Hygiene und Sicherheit bis hin zur Warenpräsentation.

Visionen beginnen bekanntlich mit Fragen. In diesem Projekt wurde ein zukunftsweisender Trend in Schulungsprogrammen zur beruflichen Qualifizierung zum Einsatz gebracht, der neben den bekannten Elementen, eine notwendige pädagogische Komponente besitzt. Die Struktur des Programms wurde so aufgebaut, daß sich jede Filiale über ein spezielles Paßwort und jeder Benutzer mit Vor- und Nachnamen anmeldet. Die Shopleitung legt zu Beginn ganz individuell das zu erlernende Sortiment, den vorhandenen Gär- und Backautomaten und die dementsprechenden Displays fest. Somit wird es zu einem Instrument, daß nicht nur einmal von vorne nach hinten durchgearbeitet wird, sondern neben der praktischen Arbeit ganz individuell auf tägliche Begebenheiten im Shop reagiert und somit viele Variationsmöglichkeiten bietet.

Dementsprechend erklärt sich das Programm ohne weitere Konsultation von Experten selbständig und erfaßt das erlernte Wissen durch einen Verständnisfragenteil, der jeweils als Einstiegskriterium zum Wechsel in ein neues Kapitel steht. So werden nicht nur backspezifische Kriterien erklärt, erfaßt, abgeprüft und ausgewertet sondern dienen als Basis für den weiteren Verlauf des Programms. Natürlich wird das erlernte Wissen mit bereits bestehenden Know-how kombiniert und später in der Praxis angewendet (Abbildung 16).

Multimediale Erwachsenenbildung

Im Hinblick auf das Benutzerprofil besteht hier die Zielgruppe aus Personen, die sich das Wissen während Ihrer Arbeitszeit aneignen.

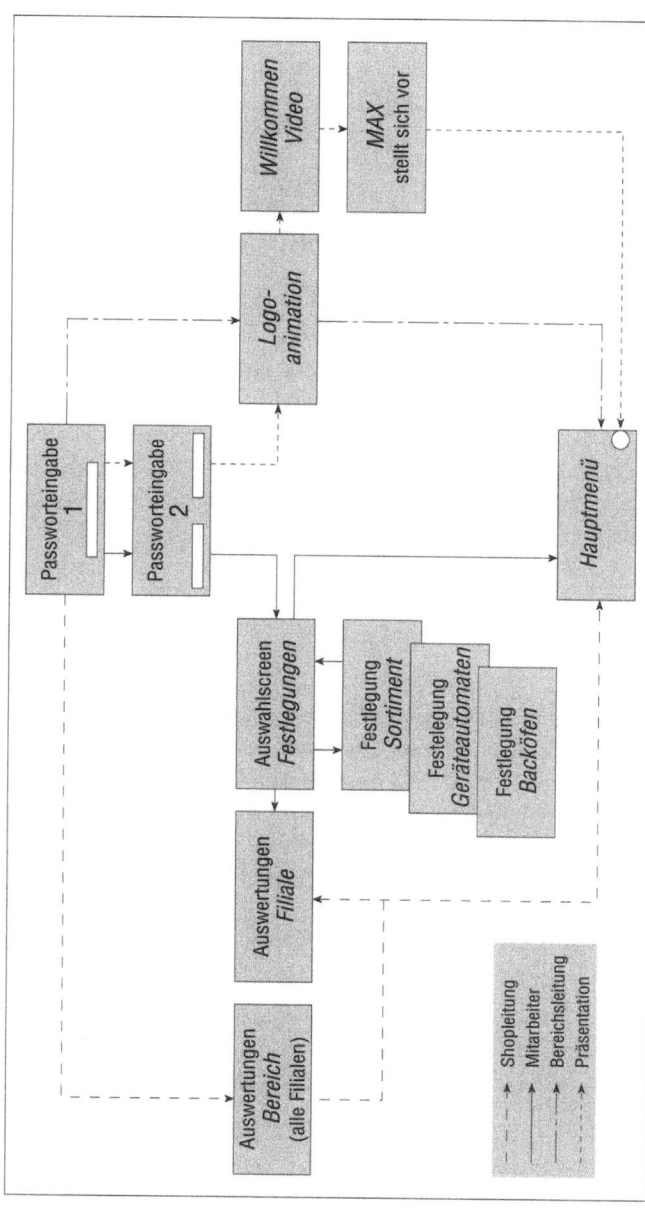

Abbildung 16: Navigation-Benutzergruppen: Frischebäcker CD-ROM Projekt

Dadurch wird zum Beispiel vor allem auch Hausfrauen und Müttern die Möglichkeit geboten, sich auf diese Art und Weise über das Know-how für den Shop zu informieren. Die Grundschulung wird dem elektronischen Trainer überlassen, aber auch die Shopleitung steht weiterhin für Fragen bereit und kann reagieren.

So wurde bereits im Vorfeld der Medienentscheidung, spätestens in der Entwicklung des Exposé für das Programm relevante Kriterien angesetzt.

Wie kann man eine Zielgruppe, die bisher noch keine Erfahrung mit Bits und Bytes und Mäusen hatte, didaktisch erreichen? Mit welchem Design ist die Zielgruppe vertraut, gibt es Strukturen und ähnliche Navigationsinstrumente im täglichen Leben der Frischebäcker? Welche „Sprache" wird im Shop gesprochen? Welche Fragen entstehen immer und immer wieder und können somit vermindert werden ? Welche Fehler und welche Folgen können durch eine multimediale Anwendung gezeigt werden?

Der Einsatz

Da die Unternehmensgruppe nicht nur aus einer Filiale besteht, sondern mehrere Filialen in Deutschland aufweist, stellt sich natürlich die Frage, ob alle Filialen mit einem Highend-Computer ausgestattet werden sollen? Sicherlich nicht, daher wird folgendes Schema angestrebt: zwei bis drei Highend-Computer auf DOS Plattformen werden den Filialen in regelmässigen Abständen durch Vertriebsbeauftragte zur Verfügung gestellt und installiert. Die Mitarbeiter können sich während dieser rund 14tägigen Phase im Selbstunterricht schulen. Alle Inhalte werden stark grafisch orientiert präsentiert. Ein erläuternder animativer Trickfilm-Moderator namens „Max", führt den Anwender durch das komplette Programm. Zusätzlich zur Moderation werden die wichtigsten Aussagen als Text auf dem Bildschirm dargestellt.

Was und von wem das Programm benutzt wurde, sowie welche Kapitel dabei bearbeitet wurden, wird auf der Festplatte gespeichert.

Intention des Einsatzes
von digitalem Video als Kapitel-Opener

In den Briefing-Gesprächen zu diesem Projekt wurde herausgearbeitet, daß der Einsatz von Video-Sequenzen erwünscht ist.

Die Vertreter des Handelsunternehmens waren daran interessiert, das Produkt durch Video-Sequenzen aufzuwerten und die Realität im Shop durch die Videos wiederzuspiegeln.

Letztendlich waren es aber konzeptionelle Überlegungen. So hat man sich darüber geeinigt, beim Start jedes Kapitels zur Einführung in das zu erlernende Thema Video-Sequenzen in Form eines Trailers, als auch bei shopspezifischen Arbeitsabläufen, zu integrieren. Für die Form des digitalen Videos sprach hierbei, das visuell Gesehene sofort im Shop wiederzuerkennen.

Bei der Entwicklung der Konzeption ging man davon aus, daß Video-Sequenzen als Realbild einen hohen Wahrheitsgehalt besitzt. Dennoch sollten Video-Sequenzen im Rahmen dieses Projektes nicht zur reinen Wissensvermittlung CBT (Computer Based Training) eingesetzt werden. Es wurde angestrebt, mit Hilfe von Video-Sequenzen, dem Betrachter, die Fakten kurz darzustellen und mit Hilfe von Interaktivität die primären Grundlagen zu schulen und trainieren.

Auf diese Weise soll das Video helfen, das Interesse aufrechtzuerhalten und gegebenenfalls aufzufrischen und neue Informationen anzuzeigen.

Daher erscheinen Video-Sequenzen bei diesem Projekt in allen Kapiteln: „Das Sortiment", „Vorbereitung zum Backen", „Der Backvorgang", „Ware frisch verpackt", „Warenpräsentation", „Hygiene und Sicherheit", „Service" und bei Kapitel „Warenannahme". Überall dient es dazu, eine Hinführung auf den Inhalt des jeweiligen Kapitels zu geben und die praktische Anwendung durch die Shop-Crew vorzustellen. Hierbei wird sowohl die affektive als auch die kognitive Bewußtseinsebene des Anwenders angesprochen. Edutainment und Infotainment wären hier die richtigen Stichworte.

In den tieferen Verzweigungsebenen des Programms wurden Video-Sequenzen nur noch bei typografisch und grafisch schwer darstellbaren Grundlagen zum Beispiel „Ware frisch verpackt" – Eintüten und Etikettieren verwendet.

Aspekte der Gestaltung

Ausgehend von den bereits erwähnten Aufgabenbereichen und der Zielgruppe wurde auch die Form der Gestaltung der Benutzeroberfläche zielgruppenorientiert realisiert.

So wurden die Video-Clips in den Trailern zentral plaziert. Bei dokumentativen Aspekten sind die Videos jedoch auch vertikal oder horizontal versetzt, um keine Monotonie zu erzeugen. Durch eine gezielte Plazierung der Videobeiträge in einen Rahmen wird die Neugier des Betrachters geweckt. Die verwendeten Video-Sequenzen wurden in einem Frischebäcker Shop abgedreht. Dadurch entsteht bei der Betrachtung durch die Benutzer der Wiedererkennungseffekt mit dem eigenen Shop. Der neugierig machende Charakter dieser Gestaltungsform ist ganz im Sinne der Funktion der Trailer. Hier soll, wie schon erwähnt der Betrachter ja dazu aufgefordert werden, sich mit dem zu erlernenden Thema auseinanderzusetzen.

Die maximale Bildgröße des Videofensters beläuft sich dabei auf 320 x 240 Pixel, was einem Viertel der Gesamtfläche des Monitors entspricht. Hintergrundbilder wurden meistens abgesoftet und treten dadurch noch weiter zurück. Das Hintergrundbild besitzt die Funktion das Auge zwar zu reizen, aber nicht vom wesentlichen abzulenken. In diesem Fall wurde kontinuierlich die Vorderseite eines Backofens als Rahmen bei allen Kapiteln strikt beibehalten. Er bildet den roten Faden.

Im Vergleich zum Hintergrundbild steht das Video, die Produkte, die Informationen und so weiter bewußt mit viel Farbe im Vordergrund. Dadurch wird die geringere Fenstergröße des Videos zur Gesamtfläche des Monitors (800 x 600) nicht als störend empfunden.

Die Kapitel

Kapitel 1: „Das Sortiment"

In diesem Abschnitt lernt der Mitarbeiter alles wichtige über das vorhandene Sortiment sowie den Umgang mit Kunden.

Kapitel 2: „Vorbereitung zum Backen"

In diesem Abschnitt erfährt der Mitarbeiter alle Verfahrensabläufe, die zur Backvorbereitung notwendig sind.

Kapitel 3: „Der Backvorgang"

In diesem Abschnitt lernt der Mitarbeiter die von ihm durchzuführenden Verfahrensabläufe des Backvorgangs.

Kapitel 4: „Ware frisch verpackt"

In diesem Abschnitt lernt der Mitarbeiter die Verfahrensabläufe des Verpackens der frischen Ware

Kapitel 5: „Warenpräsentation"

In diesem Abschnitt erfährt der Mitarbeiter alles wichtige über die Warenpräsentation, das Regalsystem und dessen Reinigung.

Kapitel 6: „Hygiene und Sicherheit"

In diesem Abschnitt lernt der Mitarbeiter etwas über die Hygienevorschriften und Sauberkeit im Shop, sowie den Umgang mit Putzmaterialien und Putzmitteln.

Kapitel 7: „Service"

In diesem Abschnitt lernt der Mitarbeiter Verhaltensweisen im Umgang mit Kunden, Kollegen und Vorgesetzten, sowie über sein Selbstverständnis als Repräsentant seiner Firma.

Kapitel 8: „Warenannahme"

In diesem Abschnitt lernt der Mitarbeiter die Verfahrensabläufe bei der Warenannahme, er wird über die Maßnahmen bei der Warenkontrolle informiert und lernt, die anglieferte Ware sachgerecht zu lagern.

Der Lernprozeß

Die Inhalte wurden didaktisch so aufbereitet, daß auch unterschiedliche Vorkenntnisse berücksichtigt sind. Anwender mit vielen Vorkenntnissen werden nicht gelangweilt, und solche, die noch sehr wenig Erfahrung haben, werden nicht überfordert. Man kann den Lernprozeß an einem Multimedia-PC mit 4 Phasen beschreiben:

- Motivation/Sensibilisierun: Jeder Lernende wird in das zu erlernende Thema eingeführt. Die Dimension und der Nutzen der Information wird im konkreten Fall zusammenhängend dargestellt. Erklärungen und Orientierungshinweise erfolgen akustisch oder über bekannte Elemente.

- Information: Die Vermittlung des zum jeweiligen Thema notwendigen Wissens steht im Vordergrund. Unterschiedliche Komplexitätsebenen werden integriert. Sodaß der Schwierigkeitsgrad variiert. Daher ist auch eine intuitive Benutzerführung sehr wichtig. Eine Inhaltsübersicht ist zu jedem Zeitpunkt von jedem Screen erreichbar. Die Interaktivität wird den Erwartungen des Benutzers angeglichen.

- Übungen/Anwendungen: Das erlernte Wissen kann aktiv angewendet werden, neben einem Verständnis-Fragenteil, wird auch durch unterhaltendes Üben (Memory, Tetris) der Lernerfolg gesteigert. Die Verwertung der Ergebnisse aus dem Verständnis-Fragenteil wird als Voraussetzung für den weiteren nonlinearen Verlauf verwendet.

- Wiederholung/Lernkontrolle: Alle gewonnenen Erkenntnisse können noch einmal in Erinnerung gerufen werden. Alltägliche praktische Beispiele helfen das Gelernte zu kontrollieren. Zwei Verhaltensweisen aus der Psychologie bestimmen solche Lernprozeße, zum einen das kognitive Verhalten und das affektive Verhalten.

- Die Technik: Das Projekt „Kaufland Bäckereien – Interaktives Lernen am Verkaufsstand" wurde für PCs produziert. Die Gestaltung und die gesamte Produktion wurde auf Apple Macintosh PCs realisiert.

An Programmen kamen dabei hauptsächlich Macromedia Director 5.0.1 als Autorensystem und Adobe Photoshop 4.0 für die Bildbearbeitung und Erzeugung von Grafiken zur Anwendung. Für die Tonbearbeitung wurden Macromedias Sound-Edit Pro und Adobe Premiere 4.0 verwendet.

Das fertige Programm läuft als selbständige Runtime-Version. Dies bedeutet, daß das „Mutterprogramm" Macromedia Director nicht auf den Computer, der als Abspielplattform dient, vorhanden sein muß.

Die Farbtiefe wurde wegen der Realbilder der Frischebäcker-Produkte, Displays und so weiter auf 16 Bit, also 32 786 Farben festgelegt.

Als Systemvoraussetzungen sind:

- 486 DX-33 oder besser,

- mindestens 5 MB freier Hauptspeicher,

- 640 x 480 Pixel; 256 Farben,

- 16 MB Arbeitsspeicher,

- Quicktime™ for Windows (welches auf der CD mitgeliefert wird),

- vier-fach CD-ROM-Laufwerk,

- Soundblaster kompatible Soundkarte,

- lauffähig auf Microsoft Windows 3.1, Win 95, Win NT

anzusehen.

Selbstverständlich kann der Rechner auch für den Einbau in einen Terminal mit Touch-Screen Monitor vorgesehen werden.

Die Bedienung würde hierbei über die Berührung des Monitors erfolgen, hierfür müßte aber ein vollkommen neues Navigationskonzept entwickelt werden, da die Buttons aufgrund der Berührung (Touch) durch die Finger eine viel größere Oberfläche aufweisen müßten.

Der Trend

Die Produktion von Lernsoftware entwickelt sich in Richtung Modulbauweise. Diese gestattet nicht nur leichtere Aktualisierung der Inhalte (Updates), sondern unterstützt mit kürzeren Download-Zeiten von Kleinst-Modulen auch invesierte Verwendbarkeit im Intranet oder Internet. Hier könnte die CD-ROM als Maske dienen, um Technikern oder Vertriebsbeauftragten konkrete Probleme bildhaft zu übermitteln um dadurch eventuell die Anfahrtszeit zum Shop zu ersparen. Das Frischebäcker CD-ROM Projekt zeigt eindrucksvoll, wie der Trend der Zeit erkannt wurde, denn „Lernen am Computer ist individuelles Lernen".

3. Kapitel

Business Television

Das Medium Fernsehen steht heute jedem Unternehmen zur Verfügung. Ob Tele-Information als Instrument der betrieblichen Kommunikation oder Tele-Teaching als optimales Medium für die Aus-, Fort- und Weiterbildung – Business Television ist das Medium der Zukunft. Die Faszination des Fernsehens, die Interaktivität und Effizienz im didaktischen Lehreinsatz sind unbestritten. Die Flexibilität und Schnelligkeit des Mediums macht es zum idealen Kommunikationsinstrument größerer Unternehmen. Ziel der Beiträge ist es, konkrete Projekte von Unternehmen verschiedener Branchen vorzustellen. Die Pioniere Deutschlands im Bereich Firmen-TV berichten über ihre Erfahrungen und ziehen schon die ersten Schlüsse aus dem Einsatz dieses revolutionären Mediums.

Weiterbildung auf neuen Wegen

von Joachim Brettschneider

In einer modernen Informationsgesellschaft beruht der Wohlstand nicht mehr auf den klassischen Industrien. An deren Stelle treten zunehmend Hochtechnologiebereiche mit Dienstleistungen und neuen Produktionsprozessen, die komplexe Anforderungen an die Erwerbstätigen stellen. Technischer Fortschritt hat viele Berufe grundlegend verändert oder gar überflüssig gemacht.

Die Menge des zu vermittelnden Wissens nimmt in allen Bereichen stetig zu. Des weiteren ist ein schneller Verfall des einmal erlernten Wissens zu beobachten, dies trifft insbesonders auf berufliches und technologieorientiertes Fachwissen zu. Schätzungen gehen davon aus, daß das heutige Wissen in Hochtechnologiebereichen innerhalb von drei bis fünf Jahren veraltet. Techniker und Ingenieure werden theroretisches und berufliches Grundlagenwissen während ihrer Lebensarbeitszeit vier- bis fünfmal erneuern müssen.

Es wird erwartet, daß dreiviertel der heutigen Berufe innerhalb der nächsten zehn Jahre reengineered werden. Lebenslanges Lernen wird für alle notwendig. Ein nicht lernfähiges Unternehmen wird zwangsläufig untergehen.

Die Informations- und Kommunikations-(IuK-)Technologie mit ihren sich schnell ändernden Produkt-Technologien und Innovationen bestimmt mittlerweile die Änderungsgeschwindigkeit aller anderen Sektoren.

Aber IuK-Technologien können schließlich auch helfen, das lernende Unternehmen ein Stück weit zu realisieren, um die notwendigen gewaltigen Bildungsanstrengungen zu bewältigen. Computer Based Training und Telelearning sind Beispiele, wie IuK-Technologien eingesetzt werden, um effektivere Formen der betrieblichen Weiterbildung zu ermöglichen und neue Bildungsangebote zu schaffen.

Neue Technologien für wachsende Forderungen

Um den wachsenden Weiterbildungsanforderungen seitens der Unternehmen und auch der Arbeitnehmer gerecht werden zu können sowie aus ökonomischen Gründen, beispielsweise zur Reduzierung von Weiterbildungsnebenkosten für Reisen und Arbeitsausfall, empfehlen sich neue Lernformen wie computerunterstütztes Lernen und Fernlernen. Diese Lernformen helfen, räumliche und zeitliche Beschränkungen des einzelnen zu überwinden und erleichtern damit die betriebliche Weiterbildung.

Fernunterricht und Fernstudium zählen mittlerweile zu den traditionellen Bildungsmethoden mit bedeutendem Anteil vor allem in der privat initiierten beruflichen Weiterbildung. Kennzeichen des Fernunterrichts sind individuelles Lernen anhand detailliert ausgearbeiteter, selbstinstruierender Lehrmaterialien, zielorientierter Erwerb gesicherter und bewährter Qualifikationen sowie die Verteilung des Lehrmaterials und der Kommunikation per Brief oder mit anderen Kommunikationsmitteln.

Charakteristisch für den Fernunterricht ist dabei die Zwei-Wege-Kommunikation: vom Anbieter werden Lehrmaterialien wie Lehrbriefe, Ton- und Videokassetten, CBT oder auch Rundfunk- und TV-Programme an die Teilnehmer eines Fernlehrgangs verteilt. Die Rückmeldung der Kursteilnehmer erfolgt dann über die Einsendung von Aufgaben und durch Kommunikation per Brief, Telefon und mittlerweile auch elektronischer Post.

Fernlehrgänge oder Fernstudium beinhalten geschlossene Kurse. Diese Kurse sind wieder in kleinere, einzeln zu bearbeitende Unterrichtseinheiten gegliedert. Die Lernziele und -inhalte eines solchen Kurses und der Kurseinheiten sind vom Anbieter vorgegeben. Ziel eines Fernkurses ist die Vermittlung bestimmter überprüfbarer Qualifikationen. Aufgaben und Lernkontrollen prüfen das Verständnis des Lerners. Voraussetzung für die Durchführung eines Fernlehrgangs ist auf Anbieterseite die Gestaltung von selbstinstruierendem Lehrmaterial, das fachliche Ziele und Inhalte mit geeigneten Lehrmethoden abdeckt. Das Lehrmaterial muß didaktisch so aufbereitet werden, daß es vom Lerner selbständig zu bearbeiten und nachvollziehbar ist. Beim Anbieter von Fernlernen muß daher genügend pädagogische Erfahrung vorhanden sein, um Lernprozesse und mögliche Lernschwierigkeiten vorherzusehen.

Fernlernen eröffnet eine Reihe von Freiheitsgraden, mit denen der Lerner umzugehen in der Lage sein sollte, um die Vorteile des Fernlernens nicht in Nachteile umzukehren. Der Lerner ist beim Fernlernen räumlich und zeitlich ungebunden und bestimmt sein Lerntempo sowie die Stoffmenge selbst. Auch können gewohnte Lerntechniken beibehalten werden, da der Umgang mit dem Lehrmaterial dem Lerner selbst überlassen bleibt. Um in einem Fernlehrgang oder -studium erfolgreich zu sein, müssen auf Seite des Lerners daher eine Reihe von Eigenschaften als Voraussetzung gegeben sein oder innerhalb des Fernstudiums gefördert werden: dazu gehören Selbstdisziplin und Selbstverantwortung, die Fähigkeit zum selbständigen Lernen und die Beherrschung verschiedener Lerntechniken.

Ein weiteres Charakteristikum des Fernlernens ist die räumliche Trennung von Lehrer und Lernendem. Die Vermittlung des Lehrstoffs erfolgt nicht direkt, die räumliche Distanz zwischen Lehrer und Lernendem wird durch den Einsatz von Post und Telekommunikation überbrückt. Häufig kommt eine zeitliche Entkopplung des Lernvorgangs von der Erstellung beziehungsweise Präsentation des Lernstoffes hinzu. Der Lernende wählt den Lernstoff selbst aus und bearbeitet diesen wann er möchte und möglichst auch wo er möchte. Die Schaffung möglichst vieler Freiheitsgrade bezüglich der Auswahl des Lernstoffes, des Lernzeitpunkts und des Lernortes wird auch als offenes Lernen bezeichnet.

Auch beim Fernlernen herrscht traditionell das humanistische Bildungsideal mit dem Lehrer als Träger und Vermittler des akkumulierten gesellschaftlichen Wissens vor. Die (Weiter-)bildung des Individuums erfolgt durch Wissensvermittlung durch den Lehrer. Die Veränderung der Lernprozesse gemäß den konstruktivistischen Bildungsansätzen hin zu mehr Offenheit, Eigeninitiative und Selbstbestimmung bedingt einen Paradigmenwechsel in der Rolle des Lehrers und im Verhältnis zwischen Lehrer und Schüler. Der Lerner

gestaltet seine Bildung in zunehmendem Maße frei. Das multimediale Bildungsmaterial ist zunehmend frei verfügbar. Die Rolle des
Lehrers verlagert sich vom Informationslieferanten, dem Vermittler
von Wissen, zum Mentor oder Berater des Lerners, der Lernleistun-
gen und Prozesse bewertet und neue Lernpfade stimuliert.

Mit dem Einsatz neuer Telematikwerkzeuge in der Lernumgebung
läßt sich dieser Paradigmenwechsel nachhaltig unterstützten. In der
privaten und beruflichen Weiterbildung muß der Klassenzimmer-
basierte Lernansatz durch flexiblere (Fern-)Lernangebote ergänzt
werden. Informations- und Kommunikationstechnik sollten genutzt
werden, um flexibles Fernlernen zu realisieren. Dabei lassen sich
verschiedene Szenarien unterscheiden, in denen telematikunter-
stütztes offenes Lernen und Fernlernen stattfindet. Diese Szenarien
differieren zum einen im Grad der Interaktion und zum andern in der
zeitlichen Verschiebung der Kommunikation zwischen Dozent oder
Tutor und Lerner.

Die drei Formen des Telelearning

Technikunterstütztes Fernlernen oder Telelearning wird in den unterschiedlichsten Ausprägungsformen durchgeführt. Grundsätzlich
kann zwischen Teleteaching, Teletutoring und offenem Fernlernen
unterschieden werden. Beim interaktiven Teleteaching versammeln
sich Lehrer und Schüler zur selben Zeit im sogenannten virtuellen
Klassenzimmer. Mit Teletutoring bezeichnet man die Form der Wissensvermittlung, in der ein Lerner den Lernstoff für sich allein bearbeitet und bei Problemen oder Verständnisfragen von einem Tutor unterstützt wird. Offenes Fernlernen grenzt sich davon durch die
zusätzliche Selbstbestimmung des Lernenden in der Wahl der Lerninhalte ab.

Was zeichnet Teleteaching aus?

Für das Teleteaching ist kennzeichnend, daß eine Lehrveranstaltung
mit mehreren Beteiligten stattfindet, die sich an unterschiedlichen

Orten aufhalten. Als bereits praktizierte Beispiele seien die Übertragung von Vorlesungen zwischen Hochschulen oder die Live-Übertragungen aus Labors und Operationssälen genannt.

Kennzeichnend für Teleteaching ist, daß in erster Linie eine Wissensvermittlung stattfindet, die den herkömmlichen Unterricht in Klassenzimmer und Hörsaal nachbildet und an entfernte Standorte überträgt. Der Lerner hat die Rolle eines Rezipienten des dargebotenen Lernstoffs inne. Die Präsentation und Aufbereitung eines Lernstoffs erfolgt innerhalb einer zentralen Lehrveranstaltung durch den Lehrenden.

Durch den Einsatz von Telekommunikationstechnik wird die Möglichkeit zur Aussendung der Lehrveranstaltung an eine Vielzahl von Standorten geschaffen. Mit der Einrichtung eines Rückkanals zum Lehrer und einer Vernetzung der Lernenden an unterschiedlichen Orten entsteht ein virtuelles Klassenzimmer, in dem jeder Teilnehmer die Reaktionen der übrigen Teilnehmer auditiv oder audiovisuell empfangen kann. Das Modell ist dahingehend erweiterbar, daß – ähnlich einer Livereportage im Fernsehen – von unterschiedlichen Standorten aus berichtet werden kann.

Für die Aussendung von Telelearning-Veranstaltungen in guter Bild- und Tonqualität müssen ausreichend breitbandige Übertragungswege genutzt werden. Neben den von verschiedenen Anbietern bereitgestellten Satellitennetzen für Business-TV kommen hierfür das vermittelnde Breitbandnetz der Telekom (VBN), Breitband-ISDN (B-ISDN) sowie neuerdings auch ATM-Datennetze in Frage. Das VBN gestattet beispielsweise die Übertragung von Audio und Video in TV-Qualität über einen bundesweiten Selbstwähldienst. Zur Datenübertragung stehen zusätzlich ein 2-Mbit/s- und zwei 64-kbit/s-Kanäle zur Verfügung. Neben diesen breitbandigen Netzen kann bei kleinen Teilnehmerzahlen auch eine Übertragung von Teleteaching-Programmen über einzelne ISDN-Leitungen als kostengünstige Lösung in Betracht kommen.

Im zentralen Hörsaal oder Sendestudio werden neben dem Dozenten ein Kameramann, sowie eine Regie oder Sendeleitung benötigt. Die Regie übernimmt die Steuerung mehrerer Kameras und gegebenenfalls die Umschaltung zwischen mehreren Sendeorten. Außerdem müssen eingehende Rückmeldungen und Zwischenfragen in die laufende Schulungsveranstaltung eingebracht werden.

Auf Seiten der Telelerner muß eine Empfangseinheit sowie ein Monitor oder Großbildschirm installiert werden. Der Rückkanal zur Telelearningzentrale wird unterschiedlich realisiert, abhängig von Kostenüberlegungen und von den technischen Gegebenheiten vor Ort. Grundsätzlich ist zwischen synchroner und asynchroner Anbindung eines entfernten Standorts an die Zentrale zu unterscheiden. Bei Standorten mit mehreren Teilnehmern werden im allgemeinen ebenfalls breitbandige Netze zur synchronen Übermittlung von Kamera- und Mikrofonsignalen an das zentrale Sendestudio genutzt. Aber auch die synchrone Einbindung einzelner Remote-Lerner, audivisuell über Videokonferenzsysteme oder rein auditiv über Telefon ist möglich. Von der Regie im Sendestudio können diese Rückmeldungen synchron in das laufende Programm eingeblendet und so an alle Teilnehmer der Veranstaltung verteilt werden. Eine Möglichkeit zur asynchronen Anbindung entfernter Teilnehmer an die Zentrale besteht in der Einrichtung einer Mailbox, in der per Datenfernübertragung Nachrichten, Fragen oder Anregungen für den Dozenten hinterlegt werden können, oder auch in der Nutzung des Fax. Die Beantwortung erfolgt dann entweder online noch während der Vorlesung oder offline ebenfalls per Fax, oder elektronischer Post.

Den Experten im Rücken: Teletutoring

Beim Teletutoring erarbeitet der Lerner unter der Anleitung eines Tutors ein bestimmtes Thema oder Wissensgebiet. Dabei stehen die unterschiedlichsten Medien wie schriftliches Lehrmaterial, elektronische Dokumente, multimediale Lernprogramme, Video oder Audiomaterial zur Verfügung. Wichtig ist, daß der Lernende jederzeit bei Verständnisproblemen mit Rückfragen zum Lehrstoff oder zur weiteren Kursplanung Kontakt mit dem Tutor aufnehmen kann. Ein Tutor betreut aus der Ferne mehrere Lerner. Durch die Kommunikationstechnik können Lernenden auch untereinander Kontakt aufnehmen und Probleme oder Fragen zum Lehrstoff diskutieren oder gemeinsam in Projektgruppen Aufgaben lösen. Gerade diese Möglichkeit der Lernergruppenbildung macht die Lernform Teletutoring für Lernende sehr attraktiv. Um zu motivieren und eine Verbindung von Fachwissen mit methodischer und sozialer Kompetenz zu erzielen, muß der Einsatz von Lerntechnologie durch einen angemessenen sozialen Rahmen zum Austausch mit anderen Lernern begleitet werden. Nicht die Technologie, sondern zwischenmenschliche Beziehungen sind das verbindende Element eines Lernenden mit einer Lerngruppe und mit dem Trainer. Die Aufgabe von Trainern in ihrer Rolle als Lernbegleiter wird es sein, diesen Rahmen zu schaffen, um den Lerner in eine Lerngruppe zu integrieren und diese auf ihrem Lernweg zu begleiten.

Asynchrones Teletutoring

Beim asynchronen Teletutoring erfolgt die kommunikative Anbindung der Lerner an den Tutor über ein asynchrones Medium wie elektronische Post. Die asynchrone Kommunikation gestattet den Austausch von Aufgaben und Lernkontrollen zwischen Tutor und Lernenden sowie von Fragen und Antworten zum Lehrstoff. Eine weitere Möglichkeit zur Schaffung eines Erfahrungsaustauschs speziell auch zwischen gleichgesinnten Lernern ist die Einrichtung von Projektgruppen und Diskussionsforen. Technisch realisiert wird dies durch die Einrichtung von Bulletin Boards, News-Groups und E-Mail-Verteiler für bestimmte Sach- und Lernthemen. Bulletin Boards und News-Groups funktionieren wie ein schwarzes Brett, an das Lernende elektronisch Nachrichten oder Fragen „anheften". Reaktionen von Tutoren oder Co-Lernern auf die jeweiligen Beiträge werden wiederum an diese angeheftet, so daß eine baumartige hierarchische Struktur entsteht, über die auf den gesamten Bestand an Nachrichten, Problemerörterungen, Fragen und Antworten zugegriffen werden kann.

Synchrones Teletutoring

Das synchrone Teletutoring bezieht Telekooperationstechniken wie Videokonferenz und Application Sharing in die Kommunikation

zwischen Tutor und Lerner beziehungsweise zwischen Lerner und
Co-Lerner ein. Application Sharing ermöglicht Lerner und Tutor die
gemeinsame Bearbeitung eines Lernprogramms. Bei Problemen
kann der Tutor die Kontrolle über die Lernerstation übernehmen, um
im Dialog mit dem Lerner Lösungswege aufzuzeigen oder vertie-
fendes Lehrmaterial bereitzustellen. Videokonferenzen werden häufig zur Vertiefung betrieblicher Weiterbildungsmaßnahmen eingesetzt, um den Transfer des angeeigneten Wissens in die berufliche
Praxis zu begleiten und sicherzustellen. So könnte ein Tutor per Videokonferenz in die Lösung eines praktischen Problems einbezogen
werden, das sich allein mit theoretischem Lehrgangswissen nicht be-
friedigend lösen läßt.

Die Emanzipation des „Schülers": Offenes Fernlernen

Teletutoring ermöglicht selbstbestimmtes Lernen bezüglich des
Lernortes und des Zeitpunkts des Lernens. Der Lernpfad wird je-
doch größtenteils vom Anbieter eines Fernlehrgangs vorgegeben.
Die Forderung konstruktivistischer Bildungsansätze nach Wissens-
erwerb in authentischen Situationen durch aktive und explorative
Wissenskonstruktion führt hin zu offenen Lernformen, in denen der
Lerner frei und selbständig Lernziele, Inhalte und Lernstrategien
auswählt. Mit offenem Lernen wird ein vom Lerner selbstbestimm-
ter Vorgang bezeichnet, der frei von Restriktionen ist und auf dem
Prinzip der kooperativen Selbstbildung basiert. Statt eines geleiteten
Unterrichts findet ein vom Lernenden organisierter Lernprozeß statt,
der stark autodidaktisch ausgerichtet ist. Dabei erfolgt die Auswahl
der Lernziele und Inhalte selbständig durch den Lerner im Kontext
der beruflichen oder der Lebenssituation. Lehrende nehmen innerhalb des Lernprozesses eine unterstützende und beratende Rolle ein.
Sie helfen den Lernenden bei der Auswahl von Lernmaterial und geeigneten Medien und leisten Unterstützung bei der Festsetzung von
Lernzielen, bei der Auswahl von Kursen und Lernprogrammen und
bei der Bewertung der Lernfortschritte.

Durch den Einsatz von Informationstechnik, Telekommunikation
und Telekooperation lassen sich die für offenes Fernlernen notwen-

digen Funktionen erbringen. Informationen und Lerninhalte lassen sich multimedial und damit lerneradäquat aufbereiten und können als Hypertext, Sprache, Grafik, Bild, Animation oder Film präsentiert werden. Die Interaktivität von Computer Based Training fördert die aktive Auseinandersetzung des Lernenden mit dem Lehrstoff und kann sofortiges Feedback bereitstellen. Simulationen und Planspiele fördern das explorative Lernen.

Über Telekommunikation und Computernetzwerke hat der Lerner Zugriff auf eine große Menge an Informations- und Lernmaterial. Das heißt, die Auswahl im Bildungsangebot ist größer, der Lerner ist flexibler in der Auswahl von Medien und Methoden für den Wissenserwerb. Außerdem ist eine bessere Integration und Kombination verschiedener Wissensgebiete und Ausbildungsdisziplinen möglich. Bildungseinrichtungen können durch die Präsenz in diesen Netzen dem Interessenten einen einfachen und offenen Zugang bieten. Offenes Fernlernen ermöglicht das Lernen am Arbeitsort. Dadurch, daß das Lernen durch den Arbeitskontext motiviert ist, wird die Verknüpfung des Gelernten mit der beruflichen Praxis entscheidend gefördert. Im Gegensatz zu traditionellen Bildungsmethoden orientiert sich offenes Lernen nicht an einem fachspezifisch ausgerichteten Curriculum, sondern an der Arbeitspraxis, die die Bestandteile der Handlungskompetenz – Fachwissen, Methodenwissen und soziale Kompetenz – erfordert. Im arbeitsaufgabenorientierten Lernprozeß wählt der Lernende deshalb die Teile eines fachlichen Curriculums aus, die im augenblicklichen Arbeitskontext benötigt werden. Konkret heißt das: ein Lernender sucht sich jene Informationen oder bearbeitet jene Teile eines Lernprogramms, die ihn bei der Lösung eines konkreten Problems aus der eigenen beruflichen Tätigkeit weiterbringen.

Wie bereits im Abschnitt Teletutoring beschrieben, erhält der Lernende mittels synchroner und asynchroner Telekommunikationstechniken Beratung und Betreuung durch einen Experten und kann sich mit anderen Mitgliedern einer Lerngruppe austauschen. Die Betreuung durch einen Experten ist wichtig, um den Gefahren des offenen Lernens zu begegnen. Der Lerner wäre ohne Anleitung eines Experten auf sich allein gestellt bei der Identifikation und Verfol-

gung seiner Lernziele. Die Auswahl von Inhalten und Lernpfaden
bleibt ohne Beratung durch den Experten allein dem Lerner überlassen, der mit der Auswahl des Lernmaterials und dessen Bewertung in manchen Situationen überfordert sein kann. Schließlich ergibt sich für den Lerner ein Problem in der Bewertung der beruflichen Relevanz des Gelernten. Die Qualifikation wird privatisiert
und verliert damit ihre Vergleichbarkeit und Bewertbarkeit.

Schaffung einer breitere Anwendung des Fernlernens

Im Gegensatz zu Computer Based Training sind Teleteaching, Teletutoring und offenes Fernlernen in der betrieblichen Weiterbildung noch im Versuchsstadium und eher noch Gegenstand von Pi-
lotprojekten als betrieblicher Alltag. Für eine breitere Anwendung
dieser Techniken sind eine Reihe von Voraussetzungen vonnöten:

- Didaktisch angemessene, multimediale Lernsoftware muß zu
  annehmbaren Preisen verfügbar sein. Hierzu sind Autorenumge-
  bungen zu entwickeln, die eine effektive, einfache und kostengünstige Entwicklung und Verbreitung didaktisch anspruchsvol-
  ler Lernsoftware ermöglichen.

- Dozenten und Ausbilder müssen sich selbst für die Benutzung der
  neuen technischen Möglichkeiten qualifizieren und neue Lehr-
  und Lernkonzepte annehmen (Train-the-Trainer).

- Die technischen Voraussetzungen für Multimedia und Telekommunikation müssen in den Betrieben geschaffen werden, wenn
  computer- und telekommunikationsunterstütztes, arbeitsplatznahes Lernen ermöglicht werden soll.

- Hard- und Softwarestandards für multimediales CBT sind zu ver-
  einheitlichen, um einen einfachen Austausch zu fördern und die
  Verwendbarkeit von Lernmodulen auf unterschiedlichen Plattformen sicherzustellen.

- Weiterbildungsanbieter sollten Bibliotheken und Datenbanken
  mit multimedialer Lernsoftware bereitstellen, zu denen ein kostengünstiger Online-Zugang besteht.

Ungezählte Möglichkeiten im WWW

Erste Ansätze und Angebote für offenes Fernlernen finden sich im Internet. Die über das Internet angebotenen Dienste ermöglichen selbstorganisiertes und individuelles Lernen durch Lern- und Informationsangebote, die in unterschiedlicher Weise genutzt werden können.

Der mittlerweile wohl bekannteste Internet-Dienst mit den höchsten Wachstumsraten (was die Nutzerzahlen anbelangt), ist das World Wide Web, ein über Hypertextdokumente vernetzter Informationsraum. Universitäten und private Bildungsanbieter stellen im WWW sowohl Informationen über das Bildungsangebot in Form von Kurskatalogen als auch Lernprogramme selbst für den Online-Zugriff bereit. Vor allem in den USA bieten Colleges und Universitäten Kurse, Lernmaterialien und Kurskataloge über das World Wide Web an. Als erste deutsche Hochschule hat beispielsweise die Universität Würzburg das komplette Vorlesungsverzeichnis im Internet veröffentlicht. Dies ist ein erster Schritt zur Entlastung der Beratungs- und Betreuungseinrichtungen der Universität und zu einem verbesserten Serviceangebot gegenüber den Studenten. Als nächster Schritt wird ein Online-Einschreibungsverfahren realisiert, das das Schriftliche ablösen soll.

Die Programmiersprache JAVA ermöglicht die Erstellung effektiver, plattformunabhängiger Software, die online über das WWW abgerufen und ausgeführt werden kann. Multimediale Lernprogramme, die in JAVA implementiert wurden, können damit auf einfache Art und Weise einer großen Zahl von Menschen zugänglich gemacht werden. Die JAVA-Technologie könnte dem Web dazu verhelfen, in der Zukunft das bevorzugte Online-Lernmedium zu werden.

Mit FTP steht im Internet ein weiterer Dienst zur Verfügung, der das gleichnamige File Transfer Protocoll zur Übertragung von Dateien zwischen einzelnen Rechnern nutzt. Per FTP kann ein Lerner beliebige Dokumente vom File-Server eines Bildungsanbieters herunterladen beziehungsweise dort ablegen. Genutzt wird diese Möglichkeit im Rahmen von Fernlehrgängen zur Übertragung von Aufgaben und Lösungen, Lerntexten und Lernprogrammen zwischen Bildungsinstitut und Kursteilnehmern.

Die Internet-Dienste E-Mail, News und Talk ermöglichen die Kommunikation zwischen Bildungsanbieter, externen Beratern oder Tutoren und Lernenden. E-Mail bietet die Möglichkeit der asynchronen Kommunikation zwischen Tutoren und Lernenden oder zwischen den Mitgliedern einer Lerngruppe. Durch Einschreibung in einen E-Mail-Verteiler kann der Lernende regelmäßig Informationen wie neue Bildungsangebote oder Nachrichten zu bestimmten Fachthemen beziehen. E-Mail-Verteiler werden im allgemeinen zu Spezialthemen gebildet, die nur für eine relativ kleine Internetgemeinde von Interesse sind.

Zu Sachthemen, die auf breiteres Interesse stoßen, werden News-Groups eingerichtet, die von jedem Internet-Nutzer abonniert werden können, vorausgesetzt, der Internet-Provider stellt diese am Einwählknoten zur Verfügung. Der Wert von News-Groups für das Lernen am Arbeitsplatz liegt im Bezug aktueller Informationen und in der Möglichkeit zur Diskussion von Problemstellungen und Problemlösungen mit einem großen Reservoir von Experten. Als Beispiel kann die Softwareerstellung genannt werden: im Internet existiert eine Fülle von News-Groups, die sich mit der Programmierung auf verschiedenen Plattformen und Betriebssystemen und in verschiedenen Programmiersprachen befassen.

Der Internetdienst Talk stellt eine Online-Verbindung zwischen zwei Rechnern über das Internet her. Die an einem Rechner eingegebenen Zeichen werden auf dem Bildschirm des Gegenüber direkt ausgegeben. Im Bereich der Weiterbildung kann dieser Dienst für die synchrone Kommunikation zwischen Tutor und Lerner oder zwischen Lerner und Co-Lerner genutzt werden.

Das Internet als weltumspannendes Computer- und Datennetz mit seinen komplexen Strukturen und den enormen, darin verborgenen Informationsmengen, stellt hohe Anforderungen an den Lernenden hinsichtlich der Strategien für selbstorganisiertes Lernen sowie die Fähigkeiten zur Orientierung im globalen Datenraum und zur Evaluation der Qualität der angebotenen Informationen. Deshalb bereiten viele Bildungsanbieter komplette Lehrgänge oder Seminare für das Internet auf und bieten diese zum Teil auch inklusive tutorieller

Unterstützung an. Die Palette reicht dabei von der einfachen Simulation bis hin zum kompletten Fernstudium, das über das Internet abgewickelt wird. Als Beispiel für ein vollständig über Internet abgewickeltes Fernstudium sei der Studiengang „Informations- und Kommunikationssysteme" an der Universität Chemnitz genannt. Dabei handelt es sich um einen Aufbaustudiengang, der für Mitarbeiter kleinerer und mittlerer Unternehmen gedacht ist, die sich parallel zum Beruf weiterbilden möchten.

Ein Fernstudium nutzt die Möglichkeiten des Internets zur Vermittlung von Studieninhalten. Voraussetzung beim Studierenden sind ein PC mit Modem für den analogen Telefonanschluß oder ISDN sowie der Internet-Zugang über einen Service-Provider. Manche Universitäten treten dabei selbst als Internet-Service-Provider auf und stellen den Studierenden einen vollwertigen Internetanschluß zur Einwahl über Modem bereit. Die Lerninhalte werden in Form von multimedialen Hypertextdokumenten über WWW angeboten. Dabei können auch Verweise auf weitere Quellen außerhalb der Universität integriert sein. Aufgabenpakete beinhalten Fragen zum Lernstoff sowie Anregungen für weitere Aktivitäten. Die Fragen zum Lernstoff können online beantwortet oder per E-Mail eingesandt werden. Großen Wert sollte ein Online-Student auf die Unterstützung durch einen Tutor legen. Der Tutor sollte dabei zumindest (asynchron) per E-Mail erreichbar sein. In den meisten Fällen scheidet die synchrone Kommunikation per Videokonferenz oder Ferngespräch schon aus Kostengründen aus.

Agieren, nicht nur rezipieren

Immer kürzere Innovationszyklen machen ständige Weiterqualifizierung notwendig. Betriebliche Weiterbildung muß schneller, effektiver und kostengünstiger als bisher erfolgen. Einen Beitrag dazu können neue Medien, insbesondere der Einsatz computergestützter Bildungstechnologien leisten. Im lernenden Unternehmen müssen Lernbereitschaft und Lernfähigkeit in allen Unternehmensbereichen gefördert werden. Im Konzept der betrieblichen Bildungsarbeit im lernenden Unternehmen gewinnen daher konstruktivistische Lernansätze und selbstgesteuerte Lernformen immer mehr an Bedeutung. Multimediale Lernumgebungen unterstützen das selbstbestimmte Lernen sowie den Transfer von Informationen und Erfahrungen in die betriebliche Praxis. Telekommunikation und Telekooperation sind Teil dieser Lernumgebungen und ermöglichen arbeitsplatznahes computerunterstütztes Lernen unter Vermeidung der Nachteile isolierter Lernstationen. Im virtuellen Lernzentrum tauschen die Lerner über elektronische Kommunikation mit anderen Lernern und Tutoren Erfahrungen aus, beschaffen sich online Informationen und bilden gemeinsame Arbeitsgruppen unter Zuhilfenahme von Groupware, Application Sharing und Videoconferencing. Der Einsatz von IuK-Technologien gibt damit dem Lernprozeß einen sozialen Rahmen und ermöglicht neben der Vermittlung von Fach- und Grundlagenwissen auch die Vermittlung von Methodenwissen und sozialer Kompetenz.

Transferorientiertes Lernen fordert die aktive Initiative des Lernenden bei der eigenständigen Wissenskonstruktion und dem Erwerb von Fertigkeiten. Der Lehrende fördert und unterstützt den Lernprozeß, steuert und kontrolliert ihn aber nicht mehr. Lehrer, Dozenten und Trainer müssen neue Aufgaben und Rollen übernehmen, die über ihr traditionelles Rollenverständnis als Vermittler von Fachwissen hinausgehen. Zu einer wesentlichen Aufgabe von Trainern wird in Zukunft die Unterstützung von Lernenden bei der Entwicklung ihres persönlichen Potentials für autonomes Lernen gehören.

Voraussetzung hierfür ist die Entwicklung von Fähigkeiten zur Selbstreflexion, zum bewußten Hinterfragen der eigenen Lernmuster und Lernstrategien und zum kritischen Umgang mit Information. Mittlerweile hat sich Computer Based Training zu einem akzeptierten und verbreiteten Medium für die betriebliche Weiterbildung entwickelt. Die Erweiterung des isolierten computerunterstützten Lernens zu Teletutoring und offenem Fernlernen befindet sich dagegen noch im Entwicklungsstadium. Erste Ansätze zu Telelernen werden über Internet und andere Online-Dienste angeboten. Vor allem Universitäten und Fernlehrinstitute erproben derzeit die neuen Möglichkeiten, die Teleteaching und Teletutoring bieten, und schaffen damit neue Angebote, die in die betriebliche Weiterbildung integriert werden sollten.

Interaktives Business Television realisieren

von Michael Broßmann

Information und Kommunikation: Die Herausforderung der Zukunft

Die derzeitige Lage der europäischen Wirtschaft ist geprägt von enormen Herausforderungen. Dies zeigt sich unter anderem darin, daß die industriellen Produkte immer kurzlebiger werden. Ganzheitliches Prozeßdenken der Leistungserstellung rückt ins Zentrum der Unternehmensplanung. Begleitet wird dieser Prozeß davon, daß die Märkte näher zusammenrücken und die internationalen Zugänge offener werden. In vielen Branchen ist das internationale Geschäft inzwischen zur Selbstverständlichkeit geworden.

Die Bewältigung dieser Herausforderungen verlangt eine gezielte Koordination von Aktivitäten, die Parallelisierung von Maßnahmen sowie eine zeitnahe Erfassung von Ereignissen. Die Anpassung an zukünftige Wettbewerbsbedingungen auf nationalen und internationalen Märkten wird erst durch die Nutzung neuer Informationsverbindungen und Kommunikationswege ermöglicht. Koordinationskosten für Anbahnung, Vereinbarung, Abwicklung, Kontrolle und Anpassung der arbeitsteiligen Unternehmensprozesse lassen sich senken, sofern standortübergreifende Vernetzungen der Unternehmen geschaffen werden. Alle diese Prozesse lassen erkennen, daß Information und Kommunikation zur Schlüsselgröße des unternehmerischen Erfolgs werden. Dies erfordert ein strategisches Handeln im Bereich des Informationsmanagements durch integrative Gestaltung von Informations- und Kommunikationssystemen auf der Basis kompatibler Informationsinfrastrukturen. Eine zentrale Frage ist demnach, wie das Problem einer ausreichenden informellen Versorgung aller Aufgabenträger unterschiedlichster Organisationsebenen gelöst werden kann. Wie gelangen die richtigen Informationen zur richtigen Zeit in der richtigen Form an den richtigen Ort? Und wie ist dazu Informationsbedarf und -beschaffung zu koordinieren? Welches methodisch/technische Instrumen-tarium eignet sich und wie muß die Kommunikation zwischen den Beteiligten in der Vertriebskette beschaffen sein?

Damit ist der Bedarf zur Realisierung von Informationssystemen einer neuen Generation mit den technischen Voraussetzungen für Multimedia-Anwendungen und den Nutzungsmöglichkeiten von geeigneten Übertragungsverfahren für audiovisuelle Kommunikation vorgezeichnet. So scheint es lohnenswert zu prüfen, inwiefern telekooperative Verfahren, die im Zusammenhang mit Business-Television-Applikationen stehen, zur Behebung der Defizite beitragen können und Unternehmen eine neuartige Kommunikationsplattform bieten. Vor der Klärung der damit verbundenen Fragen nach der technischen Konzeption und den erforderlichen organisatorischen Maßnahmen, bedarf es zunächst einer näheren Abgrenzung des Begriffs Business-Television und der Konkretisierung von Anwendungsschwerpunkten.

Interaktives Business Television – Eine Begriffsbestimmung

Verfolgt man den Ursprung von „Business-Television", dann wurde der Begriff Mitte der 80er Jahre geprägt, um sich von den bis dahin allgemeinen Bezeichnungen wie „Teleconferencing" und „Videoconferencing" abzuheben. Auf den ersten Blick geht es darum, die Produktion und Verteilung von Fernsehprogrammen für geschlossene Nutzergruppen zu erreichen. Dabei kann das über ein Netzwerk zu übertragende Spektrum neben Video- und Audiosignalen auch Daten umfassen. Auch die Informationsdarstellung ist von erheblicher Bedeutung. So steht der Begriff Multimedia als Oberbegriff für die Kombination einer Vielzahl von neuartigen Produkten und Diensten aus dem Computer-, Telekommunikations- und Mediensektor in enger Beziehung zu Business-Television.

Neben der Informationsverteilung und -darstellung sind gleichsam
die Interaktionsmöglichkeiten im Zusammenhang mit Business-
Television relevant. Um eine Unterscheidung gegenüber dem gegenwärtig praktizierten Business-Television vorzunehmen, bei
dem allein eine Broadcast-, das heißt die Verteilfunktion von
„Fernsehinhalten" gegeben ist und ein Rückkanal vom Anwender
nicht beziehungsweise nur sehr eingeschränkt existiert, soll hier
dann von interaktivem Business-Television gesprochen werden,
wenn dialogorientierte Anwendungserfordernisse gegeben sind,
die einen Rückkanal mit ausreichenden Audio- und Bildkommu-
nikationseigenschaften erforderlich machen. Demnach lassen sich
telekooperative Systeme, die interaktive Business-Televisions-
Anwendungen ermöglichen, folgendermaßen charakterisieren und
zusammenfassen:

• Zeitgleicher und wechselseitiger Austausch in Form audiovisueller Kommunikation durch die gleichzeitige Benutzung der Kommunikationskanäle Sprache und Bewegtbild von weitgehend
  analogen unstrukturierten komplexen Informationen zwischen
  räumlich voneinander getrennten Teilnehmern, verbunden mit
  den Möglichkeiten einer interaktiven Mediennutzung. Das bedeutet, der Nutzer ist nicht nur ausschließlich Empfänger,
  sondern kann selbst durch die Verwendung entsprechender Rückkanäle Inhalte verändern beziehungsweise Aktionen auslösen
  und audiovisuell kommunizieren.

• Integrative Verwendung verschiedener Medientypen, das heißt,
  dynamische Video- und Audiosequenzen werden mit statischen
  Daten und Medien kombiniert.

• Technikgestützte und professionelle Aufbereitung, Verteilung
  und Verarbeitung der Informationen, basierend auf terrestrischen
  und/oder satellitengestützten breitbandigen Übertragungsverfahren und digitaler Technik. Damit muß sichergestellt sein, daß zumindest der Empfänger Bild und Ton in der üblichen TV-Qualität
  erhält; ein Kriterium, das beispielsweise Videoconferencing nicht
  zu leisten vermag. Der Einsatz von Kompressionsverfahren vereinfacht beziehungsweise ermöglicht erst die Übertragung.

Mit dieser Beschreibung ist zunächst der hier angesprochene Systembegriff näher eingegrenzt. Zur Verdeutlichung müssen natürlich konkrete Anwendungen für interaktives Business-Television betrachtet werden. Obgleich die Unternehmen je nach Geschäftstätigkeit, Internationalität und Wettbewerbsstruktur unterschiedlich ausgerichtet sein können, läßt sich eine Reihe von telekooperativer Anwendungsbausteine ausmachen, die in ihrer Gesamtheit den Schwerpunkt von Business-Television im betrieblichen Umfeld verkörpern und die vertrieblichen Aktivitäten von Unternehmen unterstützen. Zu diesen Business-Television-Applikationen im engeren Sinn zählen insbesondere:

- Tele-Training; zum Beispiel das Training von neuen beziehungsweise aktualisierten Produkten und Diensten in Form einer Multi-Point-Realtime Communication als Ergänzung oder Substitution zum klassischen face-to-face Training.

- Tele-Communication; zum Beispiel weltweite Führungskräftekonferenzen zur Beschleunigung von Abstimmungsprozessen, aber auch die Klärung aktueller produkttechnischer Fragen via Bildschirmdialog.

- Tele-Information; zum Beispiel die Aussendung von Informationen durch ein unternehmenseigenes Fernsehprogramm als „One-Way-Information" weitgehend ohne Interaktion mit den Teilnehmern der Außenorganisation.

- Tele-Events; zum Beispiel den telekooperativen Support zur Durchführung von speziellen Unternehmensereignissen wie Pressevorstellungen neuer Produkte mit Expertenstatements live vom produzierenden Standort.

- Tele-Data-Services; zum Beispiel das Update von Verkaufs- und Servicedokumenten, die in digital gespeicherter Form in der Außenorganisation vorliegen, aber auch die Unterstützung von Online Diagnoseprozessen an komplexen technischen Produkten.

Damit können Unternehmen über ein breitgefächertes Anwendungsspektrum verfügen, das den Vertriebsprozess in vielfältiger Weise unterstützt und zur Wertschöpfung beitragen kann. Auf ihm fußt auch

das auf den folgenden Seiten zu entwickelnde technische und organisatorische Rahmenkonzept für interaktives Business-Television.

Die technischen Anforderungen

Betrachtet man die geforderten Anwendungen und berücksichtigt
die mehrstufige Vertriebskette, dann zeigt sich, daß für den über-
wiegenden Teil der Applikationen unterschiedliche Schwerpunkte
im Informations- und Kommunikationsprozeß gegeben sind. Insofern soll im folgenden, auf der Basis der begrifflichen Abgrenzun-
gen und den vertriebsbezogenen Eigenschaften, die speziellen
Anforderungen, die dem Konzept für telekooperative Systeme bei
produzierenden Unternehmen und Dienstleistungsanbietern zugrunde liegen, zusammengefaßt und ergänzt werden.

Ein vordefinierter Teilnehmerkreis

Hintergrund der hier zu entwickelnden Business-Television-Syste-
me ist es, den Vertriebsbereich von Produzenten in den verschie-
denartigen Hilfs- und Dienstleistungsfunktionen der Absatzmittler
zu unterstützen, auf die Kosten steuernd und kontrollierend einzu-
wirken sowie insgesamt zu den Marketingzielen und -strategien der
Hauptleistung beizutragen und somit die Oberziele der Unternehmung zu realisieren, die in der wünschenswerten einheitlichen Ausrichtung aller vertriebspolitischen Aktivitäten bestehen.

Damit geht vom Produzenten eine Vielzahl von Informationen hinsichtlich Leistungsvollzug, Marktbezogenheit sowie Verhaltensbeeinflussung und -steuerung aus. So unterstellt die technische
Konzeption, daß der Teilnehmerkreis am Business-Television vor-
definiert ist, das heißt, daß er vom Sender kontrolliert werden muß.
Ebenso wird ausgeschlossen, daß offene Teilnehmer (zum Beispiel
Kunden, Endverbraucher und so weiter) angesprochen werden.
Zwangsläufig kommt damit dem Produzenten eine Vorreiterrolle
und eine Systemführerschaft in Art und Umfang der telekooperativen Systeme zu.

Wechselseitiger Austausch von Informationen

Für die von Business-Television-Anwendungen benötigte Interaktivität gilt das Prinzip der geschlossenen Kommunikation. Während bei Simplexverbindungen die Kommunikation lediglich in eine Richtung stattfindet, unterstellt das Rahmenkonzept eine Duplexverbindung mit wechselseitigem Austausch von Informationen. Dabei ist es durchaus möglich, daß technische Erfordernisse den Einsatz unterschiedlicher Übertragungsverfahren zur Erfüllung des logischen Konzepts bedingen (zum Beispiel Hin- und Rückkanal über physisch unterschiedliche Transportwege).

Business Television versus Videoconferencing

Obgleich in einigen Business-Television-Systemteilen technische Einheiten und Übertragungsverfahren des Videoconferencings Eingang finden, soll in dem hier zu entwickelnden Rahmenkonzept das klassische Videoconferencing mit den damit verbundenen typischen Anwendungen und speziellen Techniken unberücksichtigt bleiben.

Baukastenprinzip und modulare Systemarchitektur

Die für interaktive Business-Television geforderte Modulkonzeption fußt auf dem Grundgedanken des aus der Automatisierungstechnik bekannten Baukastenprinzips, das heißt, technische Systeme aus einer möglichst kleinen Zahl standardisierter sowie ökonomischer, selbstständiger und unabhängiger Grundelemente durch Zusammenschaltung aufzubauen.

Überträgt man diese Idee auf Telekooperationssysteme, dann setzen sich Module aus technischen Komponenten und Software zusammen, mit denen anwendungsorientierte Funktionsumfänge für Business-Television realisiert werden können. Dieses Grundprinzip verdeutlicht, daß Telekooperationssysteme mit unterschiedlichem Anspruchsniveau aufgebaut werden können. Es gibt zugleich einen Anhaltspunkt für den stufenweisen Ausbau zu umfassenderen Systemen.

Was braucht der Produzent und Sender?

Herzstück eines interaktiven Business-Television ist ein Studio in der Vertriebszentrale, von dem aus alle Informations- und Kommunikationsprozesse ausgehen und zusammenlaufen. Zwei Hauptfunktionen umfaßt das Studio im Unternehmen: die Aufbereitung und Aufnahme der Informationsinhalte und deren Übermittlung mit Hilfe geeigneter Übertragungsverfahren. Daraus leiten sich auch die wesentlichen beim Hersteller beziehungsweise der Vertriebszentrale benötigten Module ab: ein Audio-Video-Modul sowie ein geeignetes Informationstransportmodul. Bevor auf diese Module und die zugehörigen Komponenten eingegangen wird, bleibt noch auf einige organisatorische Aspekte für Business-Television im Unternehmen hinzuweisen. Dies betrifft insbesondere den arbeitsteiligen Ablaufprozeß im Studio, für den im Unternehmen bisher keine personellen Kapazitäten und kein fachliches Know-how gegeben ist.

Für die Durchführung von interaktivem Business-Television stehen unabhängig von der praktizierten Anwendung zwei Funktionen mit den jeweiligen Akteuren im Vordergrund. Dies betrifft zum einen den oder die Moderatoren beziehungsweise Trainer als Vertreter ihres betrieblichen Fachbereichs. Sie übernehmen auch die inhaltliche Präsentation und die Verantwortung für das jeweilige Thema. Zum anderen werden der oder die für die Sendung zuständigen Bild-, Ton- und Übertragungsingenieure benötigt. Hier wird die Auffassung vertreten, im Gegensatz zum Vorgehen beim Videoconferencing, wo diese Funktionen vom Moderator beziehungsweise Kommunikator mit übernommen werden, diese von den Aufgaben, wie sie Regie-, Tonsteuerung und Übertragungsregelung erfordern, zu entlasten. Dies rührt auch aus dem Anspruch, daß die Teilnehmer am Business-Television möglichst Professionalität in der Präsentation von Themen erleben und wenig Unterschiede gegenüber dem kommerziellen Fernsehen erfahren sollen.

Die Notwendigkeit zur Entkoppelung dieser Funktionen wird bereits dann sichtbar, wenn man sich mit der Studioausstattung näher auseinandersetzt. Natürlich existiert eine große Bandbreite zwischen den Möglichkeiten eines professionellen Film- und Fernseh-

studios und den Gegebenheiten von einfachen Foto- beziehungsweise Videoaufnahmestudios, die in Unternehmen heute teilweise
schon existieren. Die Realisierung der Aufnahmetechnik von audiovisuellen Inhalten im Rahmen von Business-Television erfolgt über
ein *Audio-Video-Modul*: für die Gestaltung des benötigten Studio-
equipments orientieren sich dabei die technischen Komponenten
nicht an den Anforderungen und dem Bedarf professioneller kommerzieller Fernsehstudios, sondern an den abgegrenzten Anwendungen beziehungsweise an den Anforderungen von Wirtschaftsunternehmen, deren Hauptaufgabe nicht in der Vermarktung von
Information besteht, sondern die Business-Television betreiben
wollen, um die Kommunikationsbeziehungen im Unternehmen zu
stärken. An dieser Zielsetzung ausgerichtet, verfügt das Audio-
Video-Modul über folgende studiotechnische Basiskomponenten:

- Kamera; grundsätzlich läßt sich bei den angebotenen Kameras
  zwischen analogen Camcordern für den Heimbereich, Industrie-
  kameras, professionellen tragbaren Kameras für Reportagen,
  Studiokameras für Fernsehproduktionen, 35 mm-Kameras für
  Kinoproduktionen und digitalen Kameras unterscheiden. Eine
  Studiokamera besteht in aller Regel aus Kamerablock, Objektiv,
  Bildsucher, Kameraadapter sowie einer Camera-Controll-Unit.
  Eine Auswahl des Kameratyps für Business-Television muß
  letztlich von dem jeweiligen Unternehmen unter Kosten-/Nut-
  zengesichtspunkten getroffen werden. Dies gilt auch für die An-
  zahl der einzusetzenden Kameras.

- Bildmischer; mit dem Bildmischer werden die verschiedenen ankommenden und abgehenden Videosignale gelenkt. Die Videosignale können miteinander oder mit anderen Signalen, (zum Beispiel Kameras, Effektgeräte, Schriftgeneratoren etc.) gemischt
  werden und sind so in einem Videoausgangssignal darstellbar.
  Darüber hinaus können beispielsweise Standbilder produziert
  und um 180 Grad gedreht werden, um nur einige Effekte zu beschreiben.

- Magnetaufzeichnungs-/-wiedergabegeräte; dienen dazu, produzierte Videosequenzen zur Protokollierung aufzunehmen und

vorher aufgezeichnete Beiträge, (zum Beispiel Außenaufnahmen, Prüfstandsimulationen etc.) mit einem zweiten Gerät in laufende Sendungen einzublenden. Üblicherweise werden dazu analoge professionelle Aufzeichnungsgeräte mit dem Standard Betacam SP verwendet. Zukünftig besteht die Möglichkeit, die Signale auch digital mit dem Standard Digital Betacam oder DVC (Digital Video Compressed) aufzuzeichnen.

* Visualizer; sind vergleichbar mit einem Overheadprojektor und helfen, Inhalte auf Vorlagen im Rahmen von Sendungen zu präsentieren. Dabei werden jedoch die aufgelegten Folien nicht an der rückwärtigen Wand dargestellt, sondern durch eine interne Kamera aufgenommen und durch Wandler in ein entsprechendes Videosignal überführt.

* Mikrofon; ist notwendig, um die verbalen Ausführungen des Moderators aufzunehmen. Bei der hier praktizierten Aufnahmetechnik sind in erster Linie drahtlose Mikrofone erforderlich. Anzahl und Auswahl der Mikrofone hängt ebenfalls von den individuellen Gegebenheiten im Studio ab.

* Tonmischer; mit dem Tonmischer werden die ankommenden Tonsignale von den Studiomikrofonen und den Außenstellen gemischt, verstärkt und angepaßt um anschließend über die Tonausgänge des Mischers den Teilnehmern via angeschlossener Übertragungskanäle ausgegeben zu werden.

* Kontrollmonitor; diverse Kontrollmonitore in der Regie haben die Aufgabe, die verschiedenen Bildquellen, (zum Beispiel Kamera, Magnetaufzeichnungsgerät, Visualizer etc.) anzuzeigen, damit die Regie entscheiden kann, welches Bild an die Außenstellen gegeben werden soll. Daneben gibt es Kontrollmonitore im Studio, die den Moderator bei der aktiven Kommunikation mit den Business-Television-Teilnehmern unterstützen.

Neben den Basiskomponenten, die das Audio-Video-Modul ausmachen, bieten sich weitere optionale Komponenten an, die den Studioaufnahmeprozeß im fortgeschrittenen Stadium noch verbessern können:

- Effektgerät: das Effektgerät unterstützt das Zusammenspiel zweier Signale und ist als Ergänzung des Bildmischers anzusehen.

- Schriftgenerator: mit dem Schriftgenerator können die verschiedenen Quellen als Information für den Zuschauer graphisch benannt werden.

- Teleprompter: durch die Eingabe eines Textes in den PC des Teleprompters kann der Text an einem speziellen Schirm vor dem Kameraobjektiv abgelesen werden und erleichtert so die Moderation.

Ein mit den aufgeführten Audio- und Videokomponenten ausgerüstetes Unternehmensstudio dürfte auch langfristig alle Anforderungen abdecken.

Bei der Auswahl zur Beschaffung der Studioeinrichtungen muß natürlich immer das Kosten-/Nutzenverhältnis berücksichtigt werden. Im Vordergrund steht dabei die Frage, ob die jeweilige technische Einheit auch für andere multimediale betriebliche Anwendungen genutzt werden kann oder ob die Nutzungshäufigkeit so gering sein wird, daß eine (unter Umständen vorübergehende) Miete einem Kauf vorzuziehen ist. Dies hat zusätzlich den Vorteil, daß man Erfahrungen im Umgang mit den Komponenten gewinnen kann und dadurch der Gefahr vorzeitiger Investitionen vorbeugt. Eng verbunden mit der notwendigen Leistungsfähigkeit der Komponenten des Audio-Video-Moduls ist die Frage nach der Größe, die ein Studio für Business-Television haben muß.

Primär hängt dies von den Präsentationsanforderungen ab. Mit Sicherheit wird ein Studio bei einer Dienstleistungsbranche (Banken, Versicherungen, Bausparkassen) weniger Platz benötigen, als dies beispielsweise bei einem produzierenden Unternehmen (Automobilindustrie) von komplexen Produkten der Fall sein wird. Ebenso entscheidend ist es, inwiefern das Studio zur

- Erstellung von CBT-Inhalten, beziehungsweise zur Aufnahme von Fotos, Videolehrfilmen/oder -clips genutzt werden kann.

- Durchführung spezieller Unternehmensereignisse, beispielsweise Pressevorstellungen oder sonstige Veranstaltungen, die einen größeren Bedarf an Visualisierungseinrichtungen bedürfen, herangezogen werden soll.

- Vermarktung gegenüber anderen Unternehmen, die Business-Television durchführen wollen, die aber die daraus resultierenden Investitionen scheuen, angeboten wird. Mit der Bereitstellung entsprechender Studioleistungen können Kosten teilweise kompensiert werden und eine Nebenleistung des Unternehmens entstehen.

Von der erwarteten Auslastung des Studios wird in jedem Fall die Größe und Ausstattung abhängen. Die Abgrenzung des Audio-Video-Moduls hat aber auch gezeigt, daß durch die Zusammenwirkung der Komponenten eine selbständig organisierbare Unternehmenseinheit entsteht, die unabhängig von der eigentlichen Durchführung von Business-Television weitere multimediale Informationserstellungs- und Verarbeitungsprozesse im Unternehmen unterstützen kann. Eine weitere zentrale Frage bei der Realisierung jedweder Telekooperationsvorhaben ist die Auswahl und der Einsatz von geeigneten öffentlichen oder privaten Infobahnen zur Überwindung der räumlichen Distanzen aus dem zur Verfügung stehenden Transportplattformangebot. Mit anderen Worten: welche Funktion und Beschaffenheit müssen mögliche Informationstransport- und Übertragungsmodule für Business-Television aufweisen?

Betrachtet man heute realisierte Business-Television Applikationen in den USA oder Europa, dann werden die Informationen oftmals in Analog- oder Digitaltechnik unter Einschaltung von Providern über Satellit ausgestrahlt. Mit diesen Lösungen sind jedoch zwei entscheidende Nachteile verbunden. Zum einen muß die Strecke zwischen dem Unternehmen und dem ausgewählten Transportplattformanbieter überwunden werden, was sich insbesondere bei der permanenten Durchführung von Live-Sendungen als sehr kostenintensiv darstellt, und zum anderen fehlt bei einer Satellitenverteilung ein geeigneter Rückkanal, um audiovisuelle Kommunikation zu betreiben. Die Leistungen, die das VSAT-Netz dazu anbietet, sind gegenwärtig für Multimedia-Anwendungen nicht ausreichend.

Insofern kann festgehalten werden, daß für Industrieunternehmen aus der zur Verfügung stehenden Multimedia-Transportplattform sich nicht ohne weiteres eine Infobahn aufdrängt. Das ist in erster Linie darin begründet, daß das breitbandige terrestrische Netzangebot, wie angeführt, gegenwärtig in aller Regel aus Kostengesichtspunkten und mangelnder Flächendeckung ausscheidet und die schmalbandigen Netze qualitativen Anforderungen für multimediale Geschäftsprozesse nicht genügen.

Voraussichtlich werden mit der Aufhebung des Fernmeldemonopols Ende 1998 einige zusätzliche Netzdienstleister (Deutsche Bahn, RWE etc.), die zur Zeit schon über große Strecken Glasfaserkabel verfügen, in den Markt einsteigen und terrestrische breitbandige Netzdienste anbieten. Auch wenn sich dieses Angebot zunächst auf „closed user groups" konzentriert, ist davon auszugehen, daß sich auch relativ schnell Business-Television-Applikationen über terrestrische Kanäle verwirklichen lassen. Ungeachtet dieser Problematik sollen für das hier konzeptionierte interaktive Business-Television zwei wesentliche Informationsübertragungsmodule charakterisiert werden.

Den gegenwärtig vielversprechendsten Ansatz zur Überbrückung räumlicher Distanzen und damit zur Durchführung von interaktiven Business-Television bietet die Kombination eines digitalen satellitengestützten Übertragungsmoduls und eines terrestrischen Moduls. Gemäß den Modularitätseigenschaften, die dann gegeben sind, wenn eine funktionale Eigenständigkeit erreicht ist, kann ein alleiniges unidirektionales Audio- und Video-Übertragungsverfahren folgendermaßen abgegrenzt werden: *Digitales satellitengestütztes Modul*; die Aufgabe besteht darin, die vom Audio-Video-Modul generierten Informationen über geeignete Satellitenwege an die Absatzmittler zu transportieren. Öffentliche und private Transportplattformanbieter stellen hierzu Satelliten-Transponderkapazität zur Verfügung. Während dies gegenwärtig insbesondere bei kommerziellen Fernsehanstalten in einer analogen Übertragungsform erfolgt, wird sich zukünftig die digitale Übertragungstechnik durchsetzen. Erst diese Form ermöglicht relativ preiswerte Übertragungsverfahren. Ohne hier detailliert auf die verschiedenen Einheiten einzugehen, sollen zwei Hauptkomponenten hervorgehoben werden:

- MPEG-2 Komponenten; MPEG als übergeordnete Normenfamilie zur Aufzeichnung und Überragung digitaler audiovisueller Informationen enthält als Untermenge MPEG-2, als Audio- und Videokompressionsnorm, das auf Fernsehen in Studioqualität und mehrfache Tonkanäle in CD-Qualität mit vier bis sechs Mbit/s abzielt. Das Equipment der digitalen komprimierten Aufbereitung für den DVB-Standard (Digital Video Broadcasting) nach dem MPEG-2-Verfahren besteht aus Komponenten wie Videoadapter, Videoencoder, Audioencoder, Multiplexer und Modulator.

- Satellitensendeeinheit; hierzu gehören als wesentliche Komponenten entsprechende Verstärker, ein Upconverter sowie eine Satellitenantenne mit vorgeschaltetem LNA (Low Noise Amplifier). Die von der MPEG-Technik ankommenden Signale werden in dem Verstärker auf die benötigte Sendeleistung verstärkt. Anschließend muß das Signal für die Uplinkfrequenz umgesetzt werden. Dies erfolgt im Upconverter. Nach der Umsetzung gelangt das Signal meist über Hohlleiter zu einer Satellitenantenne. Der LNA in der Antenne (Brennpunkt) verstärkt das Signal nochmals und reduziert die Verluste des vorgeschalteten Hohlleiters. Mit Hilfe der Antenne wird das Signal schließlich zum Satelliten übertragen.

Die Verbindung des digitalen satellitengestützten Moduls mit dem Audio-Video-Modul erlaubt bereits die erwähnte Tele-Information Applikation, das heißt, die breitgestreute Verteilung von Audio- und Videoinformationen als „unternehmensinternes Fernsehen". In diesem Zusammenhang bleibt noch auf die hier für Business-Television-Anwendungen notwendige unidirektionale Verteilungstechnik an ausgewählte Teilnehmer einzugehen. Danach ist für Television-Anwendungen relevant, daß sie in der Verteiltechnik bestimmte Bedingungen erfüllen. So läßt sich im unidirektionalen Verteildienst zwischen dem Broadcast-Modus, bei dem alle potentiellen Empfänger die Information von der Quelle, das heißt dem Unternehmen erhalten, während im Multicast-Modus sie nur an eine Untermenge, einer Gruppe potentieller Empfänger, verteilt werden. Beide unidirektionale Verteilfunktionen sind für Business-Television-Applikationen wichtig. Insbesondere das Multicasting an geschlossene

Gruppen verhilft Unternehmen innerhalb der Absatzkette zielgrup-
penspezifisch bei der Informationsverteilung zu differenzieren. Sowohl Broadcasting als auch Multicasting des satellitengestützten
Moduls erlauben noch keinen bidirektionalen Informationsaustausch mit den dezentralen Standorten.

Zur Realisierung einer Multisite-Kommunikation, und damit Business-Television erst in den Zustand eines interaktiven Instruments zu
versetzen, wird deshalb die zusätzliche Realisierung des folgenden
Elements vorgeschlagen: *schmalbandiges terrestrisches Modul*; hat
die Aufgabe, die Kommunikation zwischen Moderator und damit
Audio-Video-Modul und den dezentralen Teilnehmern herzustellen
und zu steuern. Die Überbrückung der verschiedenen Standorte erfolgt über leitungsvermittelnde Netze, im allgemeinen ISDN mit va-
riablen und wahlweisen Geschwindigkeiten zwischen 128 kbit/s und
768 kbit/s. Die Funktionsweise dieses Moduls wird durch die verschiedenen Komponenten näher erklärt:

- ISDN-Steuereinheit; hierbei handelt es sich um einen PC, der mit
  Hilfe der entsprechenden Software und ISDN-Karte die Steuerung
  der angeschlossenen Komponenten durchführt. Dies betrifft den
  inversen Multiplexer, die Audio-Video-Kreuzschiene und als Besonderheit einen speziellen Umschalter (Koppeleinheit), der bei
  den Absatzmittlern gegeben ist und dort bedarfsweise und wech-
  selseitig zwischen satellitengestütztem und terrestrischem Empfang schaltet. Über den PC-Monitor erkennt die Regie zusätzlich
  den Verbindungsstatus. Für die Interaktivitätssteuerung wird die
  Forderung erhoben, in einer automatischen Aufnahme ankommen-
  de Fragewünsche zu identifizieren und zu registrieren, in eine War-
  teschlange zu stellen sowie die optische Anzeige des Videobilds
  auf den Kontrollmonitoren zur Steuerung der Kommunikation anzuzeigen. Damit obliegt die Kommunikationssteuerung und -kon-
  trolle ausschließlich der vom Unternehmen eingesetzten Regie.
  Dies soll dazu beitragen, bei der Vielzahl angeschlossener Teilnehmer einen ordnungsgemäßen Kommunikationsablauf zu gewährleisten. Weiterhin ist gleichzeitig sichergestellt, daß nur im
  Fall von Kommunikationsbedarf die entsprechenden Leitungen geschaltet werden, so daß Übertragungsgebühren minimiert werden.

- H.320-Codec-System; notwendigerweise ist bei der digitalen Videoverarbeitung ein Codec erforderlich, der die komplette Umwandlung eines analogen in ein digitales Signal, einschließlich Vorfiltern, Abtasten und Interpolationsfilterung übernimmt. Der Systembegriff schließt zusätzlich die Kompression und Dekompression ein. Dabei basieren die hier zugrundeliegenden Verfahren auf der H.320 Normenfamilie, die primär für den Betrieb in leitungsvermittelten Diensten im Bereich von 56 bis 1920 kbit/s für audiovisuelle Kommunikation entwickelt wurde, aber auch die Unterstützung von Grafiken und Standbildern abdeckt.

- Audio-Video-Kreuzschiene; übernimmt in einer Art Mittlerrolle die Annahme und Übertragung örtlicher audiovisueller Signale an das satellitengestützte Modul und an das H.320-Codec-System. Daneben wird der Aufbau und die Darstellung audiovisueller Verbindungen gemäß der H.320-Normenfamilie mit AIM-Bündelung von jeweils bis zu 16 ISDN-Kanälen realisiert. Desweiteren wird hierüber der Aufbau und die Übertragung der ankommenden audiovisuellen Verbindungen mit AIM-Bündelung von jeweils bis zu 16 ISDN-Kanälen zu maximal einem Mbit/s an das satellitengestützte Modul beziehungsweise gemeinsam mit einem örtlichen audiovisuellen Signal an einen der H.320-Codecs geregelt.

- Inverser Multiplexer; sorgt in Verbindung mit entsprechenden Primärmultiplexanschlüssen für die Bündelung und Harmonisierung der ein beziehungsweise ausgehenden Signale.

- Kontrollmonitore; mit diesen Monitoren soll der für die Kommunikation zuständigen Regie Gelegenheit gegeben werden, die Bilder aus den Außenstellen unmittelbar nach dem Verbindungsaufbau anzuzeigen und bedarfsweise die Ergebnisse einer Kamerafeinjustierung, die von der Steuereinheit in den Außenstellen in Bezug auf Schwenken, Neigen und Zoomen initiiert werden können, zu verfolgen.

Mit dem schmalbandigen terrestrischen Modul ergeben sich in Verbindung mit dem Audio-Video-Modul des Studios und dem digitalen satellitengestützten Übertragungsmodul die besten Voraussetzungen, interaktives Business-Television von Unternehmen wirtschaftlich vertretbar zu betreiben und aufgrund der Modularität in die übrigen Multimedia-Anforderungen des Unternehmens zu integrieren.

Was brauchen die Empfänger?

Nachdem die Voraussetzungen für produzierende Unternehmen zur Realisierung von Business-Television vorgestellt wurden, sollen nunmehr die Systemvoraussetzungen für die Teilnehmer in den nachgelagerten Absatzstufen untersucht werden. Die Besonderheit dieser Betriebe verlangt auch hier allgemeine Rahmenbedingungen und grundsätzliche Anforderungen, um die Realisierung von Business-Television voranzustellen:

• Integrative Verwendung von Audio, Video und Daten; das Konzept für die dezentralen Standorte der Vertriebsorganisationsmitglieder soll wiederum das gesamte multimediale Einsatzspektrum, das heißt die integrative Verwendung von Audio, Video und bedarfsweise Daten umfassen. Dabei steht auch hier eine von den funktionalen Anforderungen der Hauptanwendungen geprägte Modularität im Vordergrund.

• Einfaches Handling; das mit der Nutzung von interaktiven Business-Television verbundene Handling muß einfach sein. Das heißt, um eine Wirtschaftlichkeit zu erreichen, darf auch eine komplexe multimediale Lösung kein spezielles Bedien- und Betreuungspersonal erfordern.

• Niedrige Investitions- und Betriebskosten; die Investitions- und Betriebskosten müssen in einem extrem niedrigen Rahmen bleiben. Da Business-Television-Komponenten nicht zum „consumer market" zählen, müssen Unternehmen in ihrer Systemführereigenschaft mit Dienste- und Komponentenanbietern möglichst Abschlüsse über größere Stückzahlen tätigen. Da in vielen Vertriebs- und Servicemärkten die Absatzmittler über den Einsatz von Informations- und Kommunikationsinstrumenten vollkommen eigenständig entscheiden, sind niedrige Investitionen und

Betriebskosten unabdingbare Voraussetzungen für den Einstieg von Absatzmittlern in Business-Television.

- Kombinationslösung; es bleibt darauf hinzuweisen, daß als Übertragungsweg die satellitenorientierte Lösung in Verbindung mit den schmalbandigen terrestrischen Verfahren unterstellt wird. Damit bleiben alle Maßnahmen und Komponenten, die Absatzmittler bei den übrigen (breitbandigen) Kommunikationsverfahren realisieren müßten, außer Betracht.

Vor diesem Hintergrund soll nun das modulare Konzept von Business-Television für die Bedürfnisse der Absatzmittler entwickelt werden. Ähnlich wie in der Vertriebszentrale ist in der Außenorganisation zur Umsetzung des abgegrenzten Anwendungsszenariums die Einrichtung eines Studios erforderlich. Die Bereitstellung geeigneter Räumlichkeiten setzt aber erheblich weniger Anforderungen voraus als dies in der Vertriebszentrale notwendig ist.

Allein die Ausmaße des Studios können schon wesentlich geringer sein und sollten sich an den Notwendigkeiten für Tele-Training orientieren. Das bedeutet, die Einrichtung eines Raumes mit Sitzmöglichkeit für rund 15 bis 20 Personen, und akustische sowie ergonomischen Anforderungen wie sie bei herkömmlichen Ausbildungsräumen gefordert sind. Dabei empfiehlt sich keine „sterile Studioatmosphäre" entstehen zu lassen, sondern normale „Aufenthaltsatmosphäre", um bei den Anwendern nicht a priori Hemmungen und Scheu zu erzeugen.

Von der Ausgestaltung des Anwendungsspektrums hängt natürlich auch die Konzeption für die Konfiguration von Business-Television beim Absatzmittler entscheidend ab.

Weitgehend unabhängig ist davon – da dies einen wesentlichen Bestandteil der Grundfunktionalität ausmacht – folgende Systemeinheit: *Basis-Modul*; mit diesem Systemteil wird sichergestellt, daß die vom Unternehmen gesendeten Informationen zunächst empfangen (Downlink-Funktion) und angezeigt (Visualisierungs-Funktion) werden können. Im einzelnen sind damit folgende Komponenten verbunden:

- Parabolantenne; ist verantwortlich für den Empfang der gesendeten Signale. Abhängig von der Sendestärke, dem ausgewählten
Satellit und dem geographischen Standort, können diese Anten-
nen einen Durchmesser zwischen 0,8 bis 1,8 Meter haben.

- MPEG-2-Decoder; wird als das Systemteil (Hard- und Software)
bezeichnet, das als Voraussetzung für die Wiedergabe digitaler
und verschlüsselt ausgestrahlter Audio- und Videoinformationen
sowie Daten fungiert. Primär umfaßt diese Komponente demnach
die Überprüfung der Autorisierung der Station, die Dekompression der gesendeten Inhalte (MPEG-2 Verfahren) sowie die Umwandlung digitaler Audio- und Video-Signale in analoge Signale.

- Visualisierungseinrichtungen; übernehmen die Anzeige der emp-
fangenen Audio- und Videosignale. Bei diesen Videomonitoren
kann es sich um handelsübliche Fernsehgeräte, Großbildprojek-
toren oder Multimedia PCs handeln.

Mit dem Basis-Modul ist bereits „unternehmensinternes Fernsehen"
unter Einbeziehung der vielfältigen dezentralen absatz- und service-
orientierten Standorte zu empfangen. Aufgrund der fehlenden Interaktivität ist hier jedoch allein ein passiver Konsum von Inhalten der
Unternehmenszentrale möglich. Was fehlt, ist die Möglichkeit, daß
die Standorte auch interaktiv Verbindung aufnehmen und kommunizieren können. Insofern entsteht die Notwendigkeit für ein *Kommunikations-Modul*; es dient dazu, die audiovisuelle Kommunikation zwischen den Vertriebspartnern und der Zentrale zu realisieren.
Zur Ausübung dieser Funktion sind folgende Komponenten erforderlich:

- Kommunikationssteuereinheit; besteht aus einem Eingabegerät
und dem Steuerrechner. Im einzelnen sind Einstellungen zum
Wahlvorgang zur unterschiedlichen Kamerasteuerung und zu
Lautstärkeeinstellungen möglich. Ebenso gehört dazu die Steuerung der „Frage"- und „Stornierungsfunktion" – eine besonders
wichtige Funktion, da so der Regie in der Vertriebszentrale ein
Kommunikationsbedarf signalisiert werden kann – sowie die Ruf-
annahme und Anzeige der Bestätigung des Verbindungswun-
sches bei Anrufen der Steuereinheit aus der Zentrale. Desweite-

ren muß die Möglichkeit bestehen, neue Software-Releasestände für den Steuerrechner im Remote-Betrieb von einer externen Servicestelle via ISDN-Verbindung einzuspielen.

- Inverser-Multiplexer; beinhaltet als Hauptfunktion die Bündelung mehrerer Leitungen. Mit Hilfe des inversen Multiplexers sollten nur durch die Anwahl einer ISDN-Rufnummer die restlichen, vorher gespeicherten Rufnummern ebenfalls angewählt werden.

- H.320-Codec-System; wie bereits im Zusammenhang mit dem schmalbandigen terrestrischen Modul ausgeführt, werden die Audio- und Videosignale vorgeschalteter Komponenten, zum Beispiel Mikrofonen, Kameras, Videorecorder digitalisiert und anschließend komprimiert.

- Koppeleinheit; eine spezielle Komponente, die als Bindeglied zwischen Basis-Modul und Kommunikations-Modul wirkt. Es schaltet die ankommenden decodierten und dekomprimierten Signale von dem Satelliten oder der terrestrischen Verbindung auf den Monitor beziehungsweise die Lautsprecher. Dieser Umschalteprozeß kann vor Ort, aber in aller Regel über die ISDN-Steuereinheit in der Zentrale, aktiviert werden. Die Umschaltemöglichkeit besteht darin, daß nach einer Kommunikation zwischen Moderator und Außenstelle – die auf terrestrischem Weg stattfindet – nahtlos und automatisch auf Satellitenempfang umgeschaltet werden kann. Damit ist sichergestellt, daß dem Teilnehmer via Satellit immer Bilder in TV-Qualität aus dem Studio übermittelt werden und die schmalbandigen terrestrischen Verbindungen mit der eingeschränkten Bildqualität nur während der Kommunikation geschaltet sind.

- Kamera; mit einer auf dem Monitor angebrachten Kamera wird beabsichtigt, den gesamten Raum aufzunehmen. Die Kamera befindet sich auf einem drehbaren Stellmotor, deren Einstellung von der Außenorganisation gesteuert werden kann. Vorteilhaft ist, die technischen Voraussetzungen dahingehend vorzusehen, daß wahlweise eine Steuerung dieser Kamera aus der Regie der Vertriebszentrale erfolgen kann.

• Mikrofon; die Audioaufnahme kann über unterschiedliche Mikrofonarten erfolgen. Während Raum- oder Oberflächenmikrofone an zentraler Stelle im Raum aufgestellt werden, können Handmikrofone entweder mit direkter Verbindung zum Codec („Drahtmikrofon") oder als drahtloses Mikrofon („Funkmikrofon") realisiert werden.

Zusätzliche Nutzungsmöglichkeiten

Bei dem vorgestellten technischen Konzept für interaktives Business-Television blieb bisher weitgehend unberücksichtigt, welche weiteren Chancen sich bieten, um die Distributionsstufen in den Informations- und Kommunikationsprozessen zu unterstützen. Eng damit ist auch die wirtschaftliche Frage verbunden, welcher Zusatznutzen entsteht und für welche zukünftigen weiteren Multimedia Services die Business-Television-Transportplattform die Grundlage bildet. Aus der Sicht eines selbständig wirtschaftenden Absatzmittlers in der Distributionskette bedeutet dies, daß er herausfinden muß, wo unterhalb der beschriebenen „Standardlösung" eine mögliche „Einstiegs"- beziehungsweise „Minimallösung" liegt und welche Chancen und Grenzen über dem Standard in einer „High-Tech-" beziehungsweise „Maximallösung" gegeben sind. Obgleich die bisher genannten Anwendungen zum Multimediamix zählen, soll hier das Leistungsspektrum durch ein logisches Modul erweitert und szenarisch zusammengefaßt werden: *Multimedia-Services-Modul*; dient einerseits dazu, die Abstimmungs- und Koordinationsfunktionen zu unterstützen, andererseits aber auch, um operative Arbeitsprozesse durch die integrative Verwendung des gesamten multimedialen Spektrums (Audio, Video, Daten) zu entlasten. Ohne hier detailliert auf die dazu notwendigen technischen Komponenten einzugehen, sollen stellvertretend vier Applikationsrichtungen skizziert werden, die für Business-Television-Anwendungen im weiteren Sinne charakteristisch sind:

• Data distribution process; der bereits mehrfach angedeutete hohe Bedarf an Datenaustausch innerhalb der Vertriebskette verlangt einen geeigneten Datenver-teildienst. Insbesondere bei komplexen technischen Produkten, die umfangreiches Dokumentationsmaterial (Reparatur-, Wartungs- und Diagnosedokumente) erforderlich machen, das oftmals in CD-ROM-Form den Absatzmittlern geliefert wird, besteht eine permanente Notwendigkeit für ein up-date. Von daher ist es naheliegend, die existierenden Komponenten für diesen Datentransferprozeß verfügbar zu machen.

• Video On Demand; über eine spezielle Funktion ist es den Mitarbeitern der Außenorganisation möglich, auf eine Multimedia-Datenbank der Vertriebszen-trale zuzugreifen und daten-, audio- und videounterstützte Informationen für Verkauf, Marketing und Service abzurufen.

• Collaborative working process; mit dieser Anwendung soll es möglich sein, eine verteilte Produktion und kooperative Aufbereitung sowie Bearbeitung von multimedialem Informationsmaterial zu erreichen.

• Technical diagnostic support; eine Verbesserung des technischen Diagnoseprozesses bei komplexen Gütern (Elektrik, Elektronik und Mechanik) wird durch die Kommunikation zwischen Produkt, Mensch und Informationssystem erreicht. Damit ist das gesamte Feld der Telediagnose angesprochen.

Für diese zusätzlichen Multimedia-Anwendungen stellt sich natürlich die Frage nach der dazu nötigen technischen Konzeption. Im einzelnen muß das jeweilige Unternehmen entscheiden, über welche Funktionalitäten beziehungsweise technischen Voraussetzungen ein Business-Television „Einstiegssystem" verfügen muß beziehungsweise welche Komponenten zusätzlich für eine über den Standard hinausreichende Lösung erforderlich sind.

Die personellen und organisatorischen Anforderungen

Neben der Konzeption und Realisierung der technischen Voraussetzungen für Business-Television müssen organisatorische und personalbezogene Entwicklungen und Maßnahmen zur Verwirklichung von Business-Television berücksichtigt werden. Insofern soll im folgenden ein organisatorisches Rahmenkonzept vorgestellt werden, in das wichtige „Organisations"- und „Human Engineering-Prozesse" einbezogen werden. Dabei reicht dieser Entwicklungsprozeß von der ersten Auseinandersetzung mit Business-Television in Unternehmen bis hin zu einer möglichen dauerhaften Integration in den Betriebsablauf. Dieses pragmatisch und projektorientierte Vorgehen umfaßt folgende Migrationsstufen.

Best-Practice-Researchphase; jedes erfolgreich wirtschaftende Unternehmen hat die Zielsetzung, die eingesetzten Informations- und Kommunikationssysteme auf den neuesten Entwicklungsstand zu bringen und dort zu halten. Insofern wird vielfach ein dauerhafter Benchmarkprozeß eingerichtet, um Vergleiche innerhalb und außerhalb der Branche durchzuführen.

Im einzelnen sind in dieser Best-Practice Researchphase folgende Ergebnisse sicherzustellen: Aufnahme von Business-Television in die Unternehmenszielsetzung als potentielles Instrument, die internen Informations- und Kommunikationsprozesse und -strukturen zu verbessern, verbunden mit dem konkreten Auftrag, die Benchmark-Ergebnisse zu eigenen Positionierung zu verwenden und eine Entscheidungsempfehlung zur weiteren Vorgehensweise zu erarbeiten.

Analyse- und Konzeptphase; Ziel ist es, in dieser Phase eine nähere Untersuchung geeigneter Anwendungsfelder für Business-Television durchzuführen und eine erste Bewertung dieser Konzepte und ihrer Risiken und Chancen.

Als Ergebnis steht im Vordergrund: Realisierung eines evolutionären Rahmenkonzeptes für ausgewählte Anwendungen einschließlich der Beschreibung der Informations- und Kommunikationsprozesse des Arbeitsablaufs sowie Entwicklung eines Technikkonzepts für die erforderlichen Hauptkomponenten unter Einbindung in das Corporate Network. Ebenso sind Chancen und Risiken über entsprechende Wirtschaftlichkeitsbetrachtungen zu ermitteln und die Entscheidung zur Durchführung von Testanwendungen vorzubereiten.

Test- und Pilotphase; Ziel muß es sein, relativ früh Erkenntnisse zu gewinnen, ob das konzeptionierte Anwendungsspektrum mit den definierten Voraussetzungen zutrifft und eine Akzeptanz bei Nutzern und Anwendern voraussichtlich gegeben sein wird. Demnach müssen folgende Ergebnisse erzielt werden: Realisierung einer Mindestanzahl von Business-Television-Anwendungen auf der Grundlage eines verläßlichen Anwendungskonzepts und in einem abgegrenzten Zeitrahmen. Ermittlung gesicherter Akzeptanzergebnisse von allen Beteiligten und verläßliche Erkenntnisse über die voraussichtlich entstehenden Kosten sowie den zu erwartenden Nutzen. Erarbeitung einer Entscheidungsvorlage für das Management zur Einführung von Business-Television als dauerhaftes Informations- und Kommunikationsinstrumentarium.

Realisationsphase; Ziel dieser Phase ist die Einführung von Business-Television im Unternehmen über die Schaffung der personellen, organisatorischen und technischen Voraussetzungen. Im einzelnen erfordert dies folgende Ergebnisse: Realisierung einer multimedialen Infrastruktur zur permanenten Durchführung von Business-Television. Festgelegte Organisationsprozesse und Klarheiten über die Aufteilung bestehender Arbeitsprozesse. Regelungen über die Transformation zukünftiger Arbeitsprozesse und Verantwortlichkeiten.

Expansionsphase; In dieser Phase ist die Festigung existierender Business-Television-Anwendungen zu erreichen sowie der Ausbau in Richtung weiterer Multimediadienste und der technischen Infrastruktur vorzusehen. Als Ergebnis könnte hier folgender Weg bestritten werden: innerbetriebliches Business-Television-Dienstleistungscenter mit klar strukturiertem Leistungsangebot unter Mitwirkung sachkompetenter externer Diensteanbieter. Kooperation und/oder Angebot der Leistungen auch an außerhalb des Unternehmens existierende Marktteilnehmern.

Die wirkungsvolle Implementation telekooperativer Anwendungen in Form von Business-Television kann mittelfristig die aktuellen Rationalisierungsbestrebungen von Unternehmen unterstützen. Sie bieten darüber hinaus aber auch die Chance, Informationen als strategische Waffe bei der Umsetzung der Unternehmensziele einzusetzen.

V!A – Die multimediale Vereinsbank

von Andreas Schauer

Information Highway, Multimedia, Video On Demand und Electronic Commerce – das sind nur wenige Schlagworte unseres zunehmend technisch geprägten Zeitalters. Auch und gerade die Banken sehen sich diesen Phänomen gegenübergestellt und sehen sich veranlaßt, ihre Produkte und deren Absatzwege diesbezüglich zu überdenken beziehungsweise neue Produkte, Dienstleistungen und Absatzwege anzubieten.

Dies alles bedingt auch eine neue Art von Kommunikation, sowie neue Kommunikationswege. Aber nicht nur die Ansprache der Kunden, sondern auch die der eigenen Mitarbeitern wird immer wichtiger. Als eine der Maßnahmen um diesen Anforderungen gerecht zu werden, hat die Bayerische Vereinsbank (BV) als erste deutsche Bank ab April 1997 ein sogenanntes „Corporate TV" im Einsatz. In täglichen Sendungen werden die Mitarbeiterinnen und Mitarbeiter über neue Produkte, Neuigkeiten von den Börsen und aktuelle wirtschaftspolitische Vorgänge informiert. Erste Erfahrungen haben gezeigt, daß dieser neue Kommunikationskanal auf hohe Akzeptanz stößt. Ein weiterer Ausbau ist deshalb fest eingeplant!

Die Marktsituation

Die Bankenlandschaft in Deutschland ist weltweit im Umbruch. Die Hintergründe für diese Tatsache ist in der technischen Entwicklung zu suchen. Während es bis vor wenigen Jahren noch unumgänglich war, seine Bankgeschäfte vor Ort in den Filialen zu erledigen, existieren mittlerweile eine ganze Reihe von Kommunikationsmöglichkeiten mit der Bank.

Neben dem klassischen Aufsuchen der Filiale in deren Öffnungszeiten ist es möglich, Standardvorgänge wie Überweisungen etc. mit der Bank rund um die Uhr am Telefon zu erledigen („Telefonbanking"). Über Dienste wie T-Online oder American Online (AOL) und entsprechenden Programmen wie Intuit's Quicken kann ferner bequem von zu Hause aus mit der Bank in Verbindung getreten werden.

Diese neuen Wege haben zur Folge, daß die klassische Bankfiliale zunehmend unter Druck gerät. Durch den wachsenden Einsatz von Technik und der beginnenden Substituierung des Menschen durch dieselbe, ist es auch banknahen und sogar bankfremden Firmen (sogenannte „Non- und Near-Banks") möglich, Bankdienstleistungen anzubieten ohne riesige Investitionen in viele hundert Filialen und Tausende von Mitarbeitern. So gibt es mittlerweile in Amerika die erste Bank, die ganz ohne Filialen auskommt.

Während also die Konkurrenz wächst, und somit der Umsatz und die Deckungsbeiträge in Gefahr geraten, wird gleichzeitig die Transparenz im Markt größer. Dies nutzt vor allem die für Banken attraktivste Kundengruppe, die Besserverdienenden. Diesen mit den modernen Techniken vertrauten Kunden wird über Mittel wie dem Internet die Möglichkeit geboten, sich weltweit Informationen über die lukrativsten Anlageformen zu verschaffen und in Kürze auch Bankgeschäfte aller Art zu tätigen. Da hierdurch auch die Kundenbindung zur „Hausbank" abnimmt, und viele Kunden dazu übergehen, sich aus den unterschiedlichen Angeboten die jeweiligen Rosinen zu picken, schrumpfen die Umsätze weiter.

Diese veränderte Situation stellt für jede Bank eine in diesem Umfang bisher noch nicht dagewesene Herausforderung dar, die neben Risiken aber auch viele neue Chancen bietet. Als Reaktion der Banken auf obige Situation werden daher neue Produkte generiert, neue Vertriebswege geschaffen und mehr Technik eingesetzt. Eine wesentliche Rolle spielt dabei die Kommunikationstechnik. Diese hat sich mittlerweile zu einem entscheidenden Wettbewerbsfaktor entwickelt.

Durch diese Umwälzungen in den Kundenbeziehungen kommt es auch für die Mitarbeiterinnen und Mitarbeiter im Vertrieb zu einem gestiegenen Informations- und Schulungsbedarf. Es ist daher essentiell wichtig, nicht nur an die Kommunikation mit den Kunden, sondern auch an die mit den eigenen Beschäftigten zu denken. Um hier schnelle Reaktionszeiten zu erreichen, ist man speziell in den USA dazu übergegangen, Betriebsfernsehen einzusetzen. Mit diesem Medien können Informationen aktuell, schnell und ohne Hierarchiebarrieren an die Frau beziehungsweise an den Mann gebracht werden.

Durch die seit kurzem zur Verfügung stehende Technik ist es auch in Europa möglich, auf dieses Medium zu setzen. So hat sich auch die Bayerische Vereinsbank entschieden in Form eines Piloten diese neuartige Form der Kommunikation zu testen. Sie ist damit die erste Bank in Deutschland, die diesen Weg eingeschlagen hat. Folgerichtig heißt das Betriebsfernsehen auch V!A (lateinisch „der Weg"). Die andere Lesart ist „Vereinsbank Interaktiv Audiovisuell", um anzudeuten, daß interaktiv und unter Verwendung von Bild und Ton, eben multimedial, gearbeitet werden kann.

Die Entscheidung

Die Gründe für die Entscheidung für die Einführung eines Betriebsfernsehens waren vielschichtig. Zum einen ist aus der Kommunikationstheorie bekannt, daß der Informationsverlust pro Hierarchiestufe in den Unternehmen bis zu 25 Prozent beträgt. Das heißt die Information kommt in den Filialen gefiltert, verfälscht und oft auch zu spät an. Deshalb ist es wichtig einen schnellen und vor allem direkten Kanal zu haben, mit dem die Mitarbeiterinnen und Mitarbeiter direkt und zeitnah informiert werden können. Als Medium hierfür ist das Fernsehen aufgrund seiner Eigenschaften natürlich hervorragend geeignet.

Ein weiterer Vorteil des Fernsehens kann ebenfalls genutzt werden. Mit dessen Reichweite können alle Filialen in Deutschland abgedeckt werden. Dieses Medium rechnet sich daher um so mehr, je mehr Standorte involviert sind. Zum anderen versprach man sich von diesem neuen Kommunikationskanal eine Verbesserung der Verkaufskultur. Die Mitarbeiterinnen und Mitarbeiter werden direkt angesprochen, sind dadurch mehr motiviert und identifizieren sich dadurch besser mit den von Ihnen verkauften Produkten beziehungsweise mit der Bank selber.

Um die Kolleginnen und Kollegen vor Ort in einem größtmöglichen Maß an dem Medium partizipieren zu lassen, waren von Anfang an Live-Talkrunden mit eingeplant, in denen relevante Themen in einem größeren Kreis diskutiert werden sollten.

Während die oben angesprochenen Punkte hauptsächlich qualitativer Art sind und somit schwer meßbar, versprach man sich als wichtigsten qualitativen Vorteil eine Einsparung bei den Schulungskosten, wenn man einen Teil der Schulungen in Zukunft über das neue Medium abwickelt.

Die Projektphasen

Die Entscheidung durch den Gesamtvorstand hier einen Piloten aufzusetzen, fiel im November 1996. Vorausgegangen waren Vorarbeiten in 1996, die dazu dienten, eine technische Lösung zu erarbeiten, sowie einen Partner für die Produktion der Beiträge zu finden. Schließlich entschied man sich für die Bavaria Film Interactive, eine Abteilung der Bavaria Film GmbH in Geiselgasteig bei München. Neben der räumlichen Nähe, die für eine tägliche Sendeproduktion von essentieller Bedeutung war, stand vor allem die Expertise der Bavaria bei der Filmproduktion im Vordergrund.

Unmittelbar nach dem Vorstandsentschluß nahm somit ein aus Mitarbeitern der Bayerischen Vereinsbank, der BV-Info GmbH (der Tochter der BV, die für die Erbringung aller EDV-Dienstleistungen im Konzern verantwortlich ist) und der Bavaria Film Interactive die Arbeit am Piloten auf.

In den nun folgenden vier Monaten erfolgte die komplette Umsetzung des Vorhaben, sodaß wie geplant am 7. April die erste Sendung über die Bildschirme flimmern konnte. Apropos „flimmern": um die Akzeptanz bei den Rezipienten durch qualitativ schlechtes Bildmaterial nicht zu gefährden, war der Anspruch an das Niveau der Sendungen von Anfang an angelehnt an die Fernsehprogramme zu Hause. Als Pilotfilialen wurden 27 Filialen der Bayerischen Vereinsbank und der Vereins- und Westbank ausgewählt, die sich räumlich über ganz Deutschland (von Hamburg bis Garmisch) verteilten. Auch bei der Standortgröße wurde ganz bewußt variiert, um so sicherzustellen, daß die unterschiedlichsten Anforderungen berücksichtigt wurden.

Das Sendekonzept

Seit dem Start am 7. April erfolgen tägliche Sendungen von rund 12 bis 15 Minuten Länge. Das Sendekonzept, das durch das Projektteam entwickelt wurde orientierte sich an den oben erwähnten Zielen. Es gibt drei Programmblöcke:

• Prime Time

• Mitreden

• Learning Network

Prime Time

Prime Time ist das tägliche Morgenmagazin der Vereinsbank und wird um acht Uhr live gesendet. Es besteht aus Blöcken zu Themen wie neuen Produkten, Börsennews, Kurzinfos, Verhaltenstips etc.

Im Gegensatz zum herkömmlichen Fernsehen beziehungsweise zu Lösungen bei anderen Unternehmen ist es allerdings nicht weiter schlimm, wenn man die Livesendung verpaßt hat, da jede Sendung gespeichert wird und so jederzeit zur Verfügung steht und angesehen werden kann.

Mitreden

Am späteren Nachmittag finden zu gegebenen Anlässen Livediskussionen mit den Betroffenen statt. Als Beispiele für mögliche Themen seien hier genannt „Verlängerung der Öffnungszeiten", „Neue

Filialstruktur" etc. Dabei wird die Livediskussionsrunde in alle Filialen übertragen, die sich an dieser Diskussion per geschalteter Telefonleitungen beteiligen können und so Antworten auf ihre Fragen
erhalten.

Learning Network

Der dritte große Block besteht aus den Schulungen, die vor Ort aufgerufen werden können. Dieser Block wurde in der ersten Phase allerdings noch ausgeklammert und erst später in einem separaten Projekt realisiert.

Organisation des Sendebetriebs

Da es von Anfang an nicht Ziel der Vereinsbank war einen eigenen
Sender aufzubauen, wurde der größte Teil der Aufgaben nach außen
vergeben. So stehen vier Personen der internen Redaktion der Vereinsbank 35 Externe für Redaktion und Produktion zur Seite. Der
Aufwand seitens der Vereinsbank wird auf diese Weise minimiert.

Die technische Lösung

Nachdem sich im Verlauf der Vorüberlegungen die Anforderungen
hin zu mehrmals wöchentlichen beziehungsweise täglichen Sendungen entwickelten, war klar, daß nicht wie ursprünglich ange-
dacht ein Versenden von CDs in Frage kommt, sondern ein anderes
Medium Verwendung finden muß. Da die Information zum aller-
größten Teil nur in eine Richtung fließt (nämlich von einem zentralen Standpunkt zu allen Filialen) und bei erfolgreichem Piloten auch
ein Einsatz in der Fläche denkbar erschien, bot sich als technische
Plattform die Satellitenübertragung an.

Nachdem aber sehr bald im Projektverlauf klar wurde, daß unsere
Ansprüche bezüglich der Technik über ein herkömmliches analoges
„Fernsehen" per Satellit hinausgingen, mußte auch hier eine völlig
neue Lösung gefunden werden. Als hauptsächlicher Nachteil des

analogen Fernsehens wurde angesehen, daß der Zuschauer zur Zeit
der Sendung anwesend sein muß. Diese Einschränkung sollte aufgehoben werden. Die Lösung bestand in der Verwendung von digitaler Übertragungstechnik. Zwar werden die Beiträge um acht Uhr
live gesendet und können somit auch live auf dem Fernseher oder
dem PC-Monitor angesehen werden. Allerdings werden die Sendungen auch im MPEG-Format versandt und auf dem PC gespeichert. Von dort können sie dann jederzeit mit Hilfe eines Menüs ausgewählt werden. Wobei die Auswahl sich auf ganze Sendungen,
aber auch auf einzelne Unterbeiträge innerhalb einer Sendung beziehen können.

Aus Kapazitätsgründen bleiben die Sendungen nur vier Wochen gespeichert, bevor die älteste Sendung gelöscht wird. Um die Auswahl
einer Sendung zu erleichtern, gibt es eine alphabetisches Inhaltsverzeichnis aller Sendungen inclusive aller Unterbeiträgen. Eine kom-
fortablere Suchmaschine ist in Planung. Während des Abspielens
einer Sendung kann diese angehalten werden („Pause"), beendet
werden („Stop"), sowie von neuem begonnen werden („Start").
Selbstverständlich kann eine Videokopie von jeder Sendung bezogen werden. Unser Betriebsfernsehen weist also sowohl Eigenschaften von Datenanwendungen, als auch solche des Fernsehens
auf. Mit den oben beschriebenen Features dürfte diese Applikation
einzigartig in Deutschland, ja vielleicht sogar in Europa sein. Sie
beantwortet auch die vielgestellte Frage: „Wird sich der PC in Richtung Fernsehen entwickeln oder bekommt der Fernseher Eigenschaften des PCs?" Die Antwort der Bayerischen Vereinsbank lautet: „Beides wächst zusammen ohne daß der Benutzer dies merkt".
Neben der Verteilung der Sendungen via Satellit existiert zusätzlich
noch eine schnelle Glasfaserverbindung zwischen dem virtuellen
Studio der Bavaria und einem eigens eingerichtetem Studio bei der
Vereinsbank.

Auf diese Weise ist ein schnelle Abnahme der Sendungen beziehungsweise eine Modifikation derselben möglich. Auch hier teilen
sich Vereinsbankmitarbeiter und Bavariamitarbeiter die Arbeit. Seitens der Vereinsbank betreuen drei Mitarbeiter die Technik, während

die Bavaria als Generalunternehmer für Software, Entwicklung der Technik und Besetzung der Hotline verantwortlich zeichnet.

Feedback und Review

Da die oben beschriebenen Konzepte und Verfahren in erster Linie durch das Projektteam entwickelt wurden, erschien es allen Beteiligten zwingend notwendig, diese Konzepte und Verfahren durch die direkt Betroffenen reviewen zu lassen.

Als Folge davon wurden Reviewrunden ins Leben gerufen, die laufend ihre Anforderungen in die tägliche Sendeproduktion einfließen lassen. Desweiteren wurden mehrere Fragebögen entwickelt, mit denen die Akzeptanz des neuen Mediums, die Nutzungsgewohnheiten, sowie die Wünsche der Filialen abgefragt wurden.

Ermutigende Ergebnisse

Die Auswertungen des sechsstufigen Feedbackkonzeptes mittels elektronischen Fragebögen, Telefonumfragen, Reviewrunden bezüglich Programminhalten und Rezeptionsgewohnheiten brachten sehr ermutigende Ergebnisse:

- 85 Prozent der Geräte werden täglich (auf freiwilliger Basis) eingeschaltet.

- 77 Prozent der Befragten halten V!A für eine sehr gute Unterstützung des Tagesgeschäftes.

- Ein Drittel der Befragten nutzt ausschließlich die Abrufmöglichkeit per PC um V!A zu sehen.

Der weitere Verlauf

Der positive Verlauf des Piloten führte dazu, daß schon Mitte Juni (also nach zwei Monaten Pilotbetrieb) im Gesamtvorstand beschlossen wurde, den Piloten für beendet zu erklären und so schnell wie möglich in den Regelbetrieb in allen 700 Filialen in Deutschland überzugehen. Hierzu wurde unmittelbar danach die Arbeit aufgenommen, um das ehrgeizige Ziel zu erreichen, Ende April 1998 alle 700 Standorte mit V!A versorgt zu haben.

Das Projekt „Learning Network"

Parallel dazu wurde im Mai 1997 ein weiteres Pilotprojekt gestartet, mit dem Ziel die dritte Säule des Betriebsfernsehen, nämlich dem interaktiven Lernen am PC, gerecht zu werden.

Dieses „Learning Network" genannte Projekt setzt von der Hardwareausstattung auf dem bestehenden V!A-Equippment auf und erweitert es um Videokonferenz und Rückkanäle. Herzstück des Projektes ist das interaktive Lernen am PC mittels CBTs (Computer Based Training, früher CUL, Computerunterstütztes Lernen). Hier finden sich CBTs zu den Themen Verkaufen, Projektmanagement, EDV etc. Da sich in der Vergangenheit gezeigt hat, daß das Lernen am PC noch nicht überall akzeptiert wird, ist in diesem Projekt versucht worden, eine multimediale Erlebniswelt zu schaffen. So gibt es neben dem Trainingsangebot eine Online-Bücherei, verkaufsunterstützende Maßnahmen für den Vertrieb und Fachforen, in denen die Mitarbeiterinnen und Mitarbeiter ihre Fragen mit Experten diskutieren können wie in den Chat-Foren des Internets auch. Ferner wird niemand bei der Durcharbeitung der CBTs alleine gelassen. Über die Möglichkeit einer Videokonferenz können Experten für die jeweiligen Themenbereiche gebucht und befragt werden. Somit wird eine maximale Effizienz der CBTs sichergestellt. Alle Bestandteile des Learning Networks sind selbstverständlich multimedial aufgemacht und fügen sich vom Design her nahtlos in die mittlerweile vertraute V!A-Oberfläche ein.

Auch hier herrscht die schon von V!A vertraute Arbeitsteilung zwischen intern und extern. Neben der Bavaria hat sich die Vereinsbank der Hilfe der Firma M.I.T GmbH aus Friedrichsdorf bei Frankfurt versichern können, die für die gesamte Softwareentwicklung des Multimedialernzentrums verantwortlich zeichnet.

Das Zielszenario

Bei der flächendeckenden Installation des Betriebsfernsehens bis Ende April 1998 handelt es sich um eine Stand-alone-Lösung. Dies bedeutet, daß die V!A-PCs nicht mit den Lokalen Netzen (LAN) vor Ort vernetzt sind. Hintergrund ist zum einen, daß im Rahmen des Projektes „Windows NT" die LANs in den Filialen erst flächendeckend verfügbar sein werden. Zum anderen zählt für die flächendeckende Verfügbarkeit Schnelligkeit vor Schönheit. Schon jetzt ist allerdings absehbar, daß bei flächendeckender Verfügbarkeit von Lokalen Netzen ein Einbezug des Betriebsfernsehens erfolgen wird. Letztendlich wird es möglich sein, auf jedem PC innerhalb eines Standortes V!A von einem zentralen Server vor Ort abzurufen. Der Rückkanal läuft momentan noch über ISDN, sollte aber im Zuge des Ausbaus des Corporate Networks (CN) sinnvollerweise in dieses integriert werden. Bestellungen von CBTs, Rückmeldungen der Geräte, Buchungen von Trainern etc. können dann über dieses Intranet laufen (Abbildung 17).

Doch damit nicht genug. Auch über Kunden-TV wird bei der Vereinsbank nachgedacht. Am sogenannten „Point-of-Sale" könnten dann speziell für den Kunden gefertigte Sendungen ablaufen. Der Einsatz des Betriebsfernsehens braucht allerdings nicht auf die Filiale beschränkt bleiben. So ist ein Einsatz dieses Mediums bei speziellen Firmenkunden, aber auch zu Hause technisch machbar. In Fällen, in denen die Anbringung einer Satellitenschüssel Schwierigkeiten bereitet, wird bereits an einer Version über Breitbandkabel gearbeitet. Die ersten Ansätze sind sehr vielversprechend.

Mit dem Betriebsfernsehen V!A hat die Vereinsbank als erste Bank in Deutschland einen neuen Weg beschritten um mit ihren Mitarbeiterinnen und Mitarbeiter zu kommunizieren. Erste Ergebnisse waren so ermutigend, daß beschlossen worden ist, diesen Kommunikationskanal flächendeckend einzusetzen und in der Folge davon sogar noch zu erweitern. Dieses Medium stellt aus Sicht der Vereinsbank somit ein gutes Hilfsmittel dar, die interne und externe Kommunikation zu verbessern, entscheidend zu einer neuen Verkaufskultur beizutragen und somit bei der Umgestaltung der Filialsysteme mitzuhelfen.

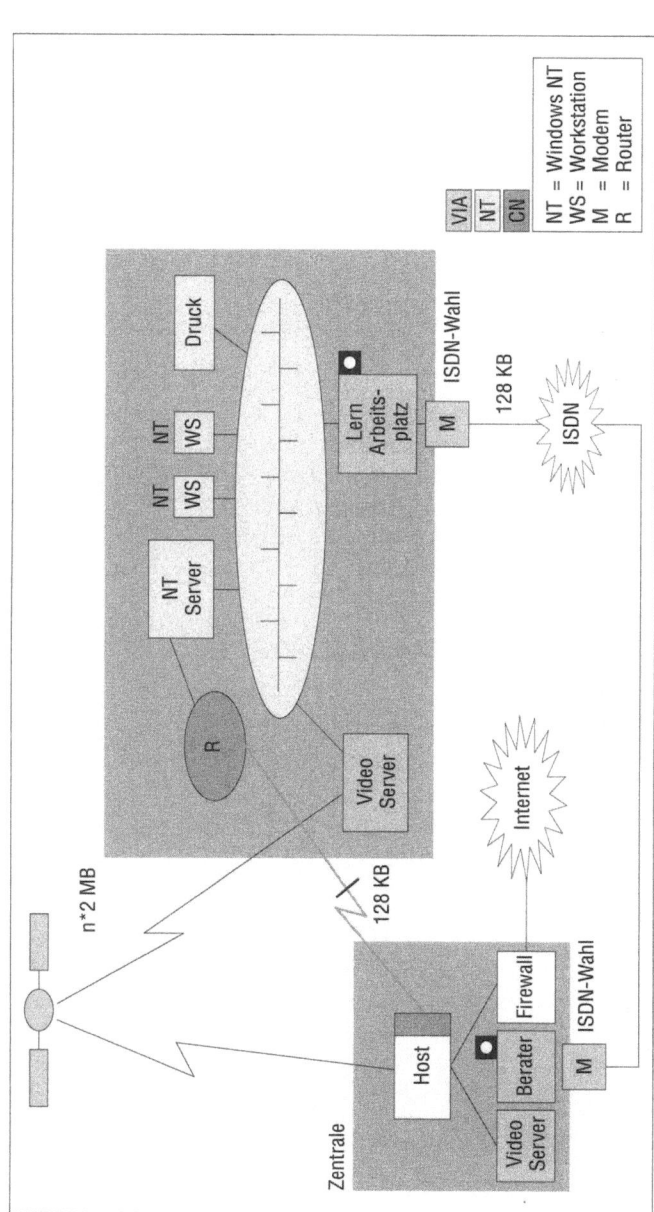

Abbildung 17: Mögliches Zielszenario V!A

Deutsche Bank TV – Weiterbildung via Satellit

von Frank Happel

Eine Großbank geht auf Sendung

Der Rahmen wurde der Dimension des Geschehens eigentlich nicht gerecht.Unspektakulär und ruhig begann am 6. Mai 1997, pünktlich auf die Sekunde, morgens um 7 Uhr 30 der Sendebetrieb. Kanal 2 von Deutsche Bank TV war on Air.

Die Pilotphase des europaweit größten Business TV-Projektes hatte begonnen. Mit werktäglich elfeinhalb Stunden Programm, setzen die Macher des Teams der Deutschen Bank und des Providers Satcom Gemini, von ihrem Sendestandort Frankfurt, neue Maßstäbe in Sachen firmeninternes Fernsehen. Das Projekt widmet sich ausschließlich dem Kerngeschäft der Deutschen Bank, dem Unternehmensbereich Privat- und Geschäftskunden (UB P). Das Programmkonzept unterwirft sich streng der Headline: Telecoaching, Aus- und Weiterbildung, Vertriebsunterstützung via TV.

Während in den Vorstandsetagen anderer Finanzdienstleister noch diskutiert und geprüft wird, hat die Deutsche Bank Business TV als ideales, künftiges Kommunikationsmedium erkannt und zum Einsatz gebracht. Wie kam es dazu? Natürlich ist auch die Deutsche Bank als Europas Großbank Nummer eins ständigem Wettbewerbsdruck ausgesetzt. Die verstärkt weitergehende Globalisierung der Märkte, vor allem der Finanzmärkte, sowie immer kürzer werdende Innovationszyklen, erfordern zwingend den zunehmenden Einsatz multimedialer Kommunikationstechniken. Hier wird Business TV eine immer bedeutendere Rolle übernehmen. Gründe hierfür sind unter anderem, daß das Medium Fernsehen eine sehr große Akzeptanz genießt, sowie die unterschiedlichsten Möglichkeiten der Interaktion offenhält.

Grundsätzlich für die positive Entscheidung Business TV einzu-
führen waren für die Deutsche Bank in Voranalysen erkennbare Pa-
rameter, wie:

- verbesserte Unternehmenskommunikation,

- aktuelle direkte Informationsvermittlung,

- effektive, wirtschaftliche Aus- und Weiterbildung,

- effiziente Vertriebsunterstützung,

- Kosten- und Zeitersparnis.

Derlei Zielvorgaben stellen allerhöchste Anforderungen bezüglich
der qualitativen Einordnung in ein zu konzipierendes Programm, beziehungsweise der einzelnen Sendeformate. Der Erfolg von Business TV hängt ganz entscheidend von der professionellen Umsetzung der Inhalte, ins Medium Fernsehen, ab. Business TV stellt an
die Produzenten allerhöchste Anforderungen. Die Deutsche Bank
brauchte also einen Provider zum Partner, der möglichst umfangreiche Qualifikationen, im noch jungen Bereich Business TV, vorwei-
sen konnte.

Das bundesweit erfahrenste Unternehmen, die Satcom Gemini
GmbH, wurde im April 1996 kontaktiert und erstellte daraufhin ein
umfangreiches Konzept, individuell auf die Vorgaben der Deutschen Bank bezogen. Es wurde den Beteiligten sehr schnell klar, daß
eine erfolgreiche Umsetzung, vor allem die Themen Aus- und Weiterbildung, sowie Vertriebsunterstützung als Programmschwer-
punkte beinhalten muß.

Nachdem im November 1996 einige Testsendungen produziert waren, wurde die Satcom Gemini GmbH als Provider beauftragt, eine
dreimonatige Pilotphase vorzubereiten und durchzuführen.

Der Provider

Der Business TV Markt ist in Bewegung und kommt auch immer
schneller in Schwung. Dementsprechend vergrößert sich auch die

Zahl von Unternehmen, welche die Entwicklung, Einführung und den Betrieb von Unternehmensfernsehkanälen anbieten. Die Entscheidung der Deutschen Bank, mit dem Multimedia-Anbieter Satcom Gemini als Provider zusammenzuarbeiten, kommt nicht von ungefähr. Bereits seit 1989 betreut Satcom Gemini die Abteilung Akubis der Mercedes-Benz AG im Full Service. Bis dato ist Akubis (Automobil Kundenorientiertes Broadcast Informations System) das Vorzeigeprojekt aller, die sich auf dem Business TV Markt tummeln. Satcom Gemini verteht sich als Spezialist auf dem Gebiet branchenübergreifende Business TV-Konzepte zu entwickeln, zu installieren und durchzuführen.

Paradebeispiele dazu sind natürlich die ganz und gar unterschiedlichen Projekte Akubis und Deutsche Bank Telecoaching. Die Tatsache einem Autoproduzenten, genauso wie dem Finanzdienstleister, optimale Business TV-Konzepte zu schneidern und erfolgreich zu realisieren, zeigt die Stärke von Satcom Gemini. Das in Stuttgart und jetzt auch in Frankfurt am Main ansässige Unternehmen arbeitet zielgruppenorientiert, enspricht kundenspezifischen Kommunikationswünschen, perfektioniert mit seinem hochprofessionellen Team auch mediendidaktische Anforderungen. Ein weiteres Erfolgskriterium ist sicher auch die strikte Einhaltung der Unternehmensphilosophie: „Alles aus einer Hand". Das heißt, daß grundsätzlich nur mit festangestellten Mitarbeitern gearbeitet und geplant wird. Erworbenes Know-how bleibt im Hause.

Ein detailliertes, im Unternehmen implantiertes Qualitätsmanagement-System, daß für alle Satcom Gemini-Mitarbeiter als Maßstab gilt, garantiert die Produktion rationeller und hochwertiger Multimedia- und TV-Produkte. Externe und interne Evaluierungen sowie aktuelle wissenschaftliche Forschung begleiten von jeher die Projekte bei Satcom Gemini und fließen in die tägliche Arbeit ein.

Technische Merkmale

Von den Eingangs beschriebenen Parametern der Deutschen Bank, gelten vor allem die Vorgaben:

- effektive wirtschaftliche Weiterbildung,

- effiziente Vertriebsunterstützung,

- Kosten- und Zeitersparnis

als Leitlinien für das Projekt Deutsche Bank/Satcom Gemini. Ausschließlich dem Unternehmensbereich Privat- und Geschäftskunden (UB P) angegliedert, ergab sich aus der naturgemäß dezentralen Organisation dieses Bereiches (1500 Filialen in Deutschland), daß als eine neue multimediale Kommunikationsebene, Business TV erprobt werden sollte. Die Planer gehen von der Überzeugung aus, daß Business TV die ideale Plattform ist, um dem Bedürfnis nach schnellerer Informationsverbreitung und Informationsdurchdringung gerecht zu werden. Der zeitgleiche, flächendeckende Informationstransfer via Business TV in die Filialen, ist mit Einführung digitaler Satellitentechniken möglich geworden. Zur technischen Umsetzung des Projektes Telecoaching im UB P der Deutschen Bank, findet die „klassische" Unterteilung in Produktionstechnik und Sende- und Empfangstechnik statt.

Die Produktionstechnik

Unabhängig vom eigentlichen Sendeformat, findet die Produktion der Sendungen teils im Studio, teils an beliebigen Drehorten mittels mobiler Kamerateams statt. Zur Realisierung der jeweiligen Studioproduktionen stellt Satcom Gemini der Deutschen Bank in Frankfurt zwei Sendestudios exklusiv zur Verfügung. Die Studios sind von der Ausstattung auf höchstem TV-Standart und auch für Live-Sendungen geeignet. Die Bühne und Dekoration ist nach CI-Standards der Deutschen Bank designt. Die Studios befinden sich seit Sendestart im Vollbetrieb und werden von Satcom Gemini Produktionspersonal betreut. Für diverse Außendrehs stellt Satcom Gemini ständig zwei komplett ausgestattete Elektronische Berichtserstattungs-Teams bereit. Eine professionelle Disposition organisiert die Produktionsabläufe. Die gesamte Sendeabwicklung, organisatorisch wie technisch liegt gleichfalls in der Verantwortung von Satcom Gemini.

Sende- und Empfangstechnik

Die Verbreitung des Sendesignals via Satellitentechnik liegt in den Händen des Satcom Gemini-Partners Deutsche Telekom. Von Frankfurt aus durchläuft das TV-Signal die drei Stationen: Uplink, Satellit und Downlink.

Uplink: Über eine Glasfaser-Standleitung gelangt das Sendesignal von Frankfurt nach Usingen im Taunus. Dort steht die Sendeanlage der Telekom, die sogenannte Uplink-Station. Von hier wird nun das digitale Fernsehsignal in Richtung des Satelliten ausgesendet. In unserem Fall zum Telekom Satelliten Eutelsat.

Satellit: Über die dem Satelliten eigene Transpondertechnik wird das Signal aufgenommen und abgestrahlt. Der sogenannte Footprint, die Ausleuchtungszone oder die Verbreitungsfläche, ist vom jeweiligen Satelliten abhängig. Eutelsat deckt ganz Deutschland, sowie weite Teile Europas ab. Dementsprechend groß wäre auch die eventuelle Empfangsmöglichkeit für das Telecoaching-Programm der Deutschen Bank. Wesentlich ist, daß das Projekt auf digitaler Sendetechnik basiert. Im Gegensatz zu analogem Sendebetrieb benötigt digitales Senden weit geringere Transponderfläche und ist dadurch wesentlich kostengünstiger.

Downlink: Die Empfangsstation in den Filialen, der Downlink, besteht aus einer handelsüblichen Satellitenschüssel, einem Decoder und einem Fernsehgerät. Der Decoder fungiert anstelle des haushaltsüblichen Receivers. Er ist notwendig, da das TV-Signal verschlüsselt gesendet wird und nur von den adressierten Empfängern in den Filialen empfangen werden kann. Der Decoder entschlüsselt (decodiert) das Signal.

Die Interaktion

Eine wichtige Frage bei der Implementierung und Definition der technischen Plattform war es, welche Form der Interaktion notwendig und möglich ist. Die verschiedensten Arten der Rückkanaltechniken, von TED-Abfragen bis hin zur Videokonferenztechnik kann

man inzwischen anwenden. Klar ist, daß Business TV seine größte
Wirkung durch Interaktion erhält. Die schon erwähnte, starke De-
zentralisierung des UB P ließ schnell erkennen, daß eine möglichst
optimierte Telefon/Fax-Rückkanaltechnik am sinnvollsten ist.
Somit war die Entscheidung, ein technisch hochwertiges Call-
in-Center zu installieren naheliegend. Während bestimmter auf
Interaktivität ausgelegter Live-Sendungen, können mit diesem Call-
in-Center eine große Zahl von Anrufen und Fax-Eingängen angenommen und für die Sendung aufbereitet werden. Der Moderator im
Studio erhält über einen Monitor ständig Informationen von draußen
und kann über entsprechende Technik und Tastaturen mit den
Zuschauern live kommunizieren.

Das Business TV-Netz der deutschen Bank ist beliebig erweiterbar
bezüglich. Rückkanaltechnik sowie auch weiterer zusätzlicher multimedialer Anwendungen.

Das Telecoaching-Programm

Das Telecoaching-Programm soll zwei grundsätzlich verschiedene
Aufgaben erfüllen, denen in erster Linie durch zwei Hauptformate
Rechnung getragen wird. Zum einen wurde ein tägliches Magazin
realisiert, das die Mitarbeiter über aktuelle Themen des UB P informiert. Dieses Magazin trägt den Namen „Journal P". Zum anderen
werden Lern-Module eingesetzt, welche die Aus- und Weiterbildung der Mitarbeiter unterstützen. Diese Sendungen vermitteln Wissen zu unterschiedlichen Themengebieten und verbleiben über einen
längeren Zeitraum im Programm. Diese Lern-Module tragen den Titel „Tele Learning".

Das „Journal P" dient als Kommunikationsinstrument für die Mitarbeiter, um täglich aktuelle Informationen zu transportieren. Es werden
aktuelle Themen behandelt, die den UB P betreffen. Aus der In-
formationsflut, die bislang über verschiedene Kommunikationswege
an die Mitarbeiter herangetragen wurden, werden die wichtigsten ausgewählt und in gebündelter Form vermittelt. Ziel ist es, daß alle Mitarbeiter das „Journal P" täglich sehen und so über alle wichtigen

Themen des UB P informiert sind. Das zehnminütige Magazin wird täglich produziert und bietet so die Möglichkeit kurzfristig und auf schnellstem Wege Informationen an die Filialen weiterzugeben. Themenbereiche die für das „Journal P" in Frage kommen, sind unter anderem:

- neue DB-Produkte,

- Anlageempfehlungen,

- Börsenkurse,

- Neueröffnungen, Marktentwicklungen in der Bankenlandschaft,

- wichtige Termine,

- Interviews mit Spezialisten zu Fachthemen.

Das „Journal P" ist aus zwei unterschiedlichen, abgegrenzten Blöcken aufgebaut. Im „Telegramm-Teil", werden innerhalb von rund drei Minuten Kurzinformationen zu verschiedenen Themenbereichen gegeben. Im „Magazin-Teil" von rund sieben Minuten, wird ein ausgewähltes Thema ausführlicher dargestellt. Die Meldungen im „Telegramm-Teil" werden vom Moderator präsentiert. Zusätzlich werden die Informationen visuell unterstützt. Dies geschieht vor allem mittels Grafiken und Animationen über Blue-Screen-Technik.

Um die Informationen im „Magazin-Teil" anschaulich und interessant darzustellen, werden unterschiedliche Präsentationsarten genutzt:

- Information durch den Moderator,

- Experte im Studio vermittelt ergänzend zum Moderator Hintergrundwissen,

- Moderation/Interviews außerhalb des Studios „vor Ort",

- Einblendung vorproduzierter Grafiken und Animationen,

- Zuspielbeiträge mit einer Länge von zwei bis drei Minuten.

In den „Tele-Learning"-Sendungen steht die Vermittlung von Fachwissen im Vordergrund. Die rund 15-minütigen Lernmodule schu-

len zu verschiedenen Themengebieten, sind pro Modul jedoch mo-
nothematisch strukturiert. Zu großen, komplexen Themen wie zum
Beispiel Euro, oder Vorsorge- und Finanzplanung werden mehrere
in sich abgeschlossene Module produziert.

Die einzelnen Sendungen sind vorproduziert und werden vom Band
eingespielt. Damit sind jederzeit Wiederholungen möglich und auch
die Reihenfolge bleibt variabel. Wie auch beim „Journal P" werden
auch innerhalb der „Tele-Learning"-Module unterschiedliche Prä-
sentationsformen zum Einsatz gebracht:

- Information durch den Moderator,

- Gesprächsrunden – auch mit mehreren Teilnehmern – im Studio,

- Fachreferenten im Studio oder vor Ort,

- Inszenierungen – zum Beispiel von Kundengesprächen,

- Grafiken/Animationen,

- Umfragen mit Straßenpassanten, Mitarbeitern in den Filialen
  oder Seminarteilnehmern,

- Einspielbeiträge,

- wechselnde Studiokulissen,

- Rückprojektionswand.

Ergänzend zu den beiden Hauptformaten „Journal P" und „Tele-
Learning" wurden weitere Formate wie zum Beispiel „Tele-Information" oder „Tele-Learning Management" entwickelt. Eine immer
wichtigere Rolle spielt inzwischen die Sendung „Hotline".

Während der 20-minütigen Live-Sendung haben die Zuschauer direkt die Gelegenheit mit dem Moderator und anwesenden Experten
im Studio zu kommunizieren. Mit Hilfe des Call-in-Centers können
die telefonischen Fragen der Mitarbeiter aus den Filialen ins Studio
geschaltet und sofort beantwortet werden. Die Themen der „Hotline" sind entweder aktuell, oder stehen in Bezug zu einer vorangegangenen „Tele-Learning"-Sendung.

Programmschema und Struktur

Aus den beschriebenen Sendeformaten und entsprechenden Verbindungselementen, wurde ein für den Zuschauer erkennbares, übersichtliches Programmschema entwickelt. In Form einer Wochenübersicht erhalten die ans Netz angeschlossenen Filialen eine detailierte Programmvorschau. Im Zeitraum von werktäglich 7 Uhr 30 bis 19 Uhr, haben die einzelnen Formate ihre festen Sendeplätze. Diese genaue Programmvorschau ermöglicht es den Deutsche Bank-Mitarbeitern ihr individuelles Lernprogramm im Wochenrhythmus vorzubereiten und ins Tagesgeschäft einzuplanen.

Die Vertrautheit mit dem Medium Fernsehen kann bei den Deutsche Bank-Mitarbeitern vorausgesetzt werden. Damit sind die Zuschauer auch an die im Fernsehprogramm vorhandenen Strukturelemente gewöhnt, die das Programm gliedern.

Um eine gewohnte Umgebung zu schaffen und auf bekannten Strukturen aufzubauen, verarbeitet das Telecoaching Programm eine Reihe von Gestaltungselementen, die auch beim „normalen" Fernsehen Alltag sind.

Folgende Elemente werden laufend eingesetzt um das Programm zu formatieren:

- Senderkennung – in Form eines Logos, links oben, quasi immer im Bild (UB P).

- Animierte, standardisierte Pausen/Trennergrafiken mit Musik unterlegt und Schrifthinweisen auf Folgesendungen.

- Trailer – jedes Sendeformat hat eigene Anfangs- und Schlußtrailer. Diese Trailer sind mit hohem technischen Aufwand produziert.

- Sendestart- und Sendeschlußgrafiken, animiert mit Musik unterlegt.

All diese das Senderumfeld markierenden Elemente haben in Grundzügen ein einheitliches, also wiederkehrendes Design. Dieses durchgängige Prinzip hilft, ein Sender-CI zu schaffen.

Innerhalb der Sendungen gibt es ebenfalls in Grundzügen standardisierte Jingels zum Trennen von Themenblöcken, sowie auf das Format abgestimmte einheitliche Inserts für Namen und Titulierungen.

Da die Themen und Inhalte eines Finanzdienstleisters wie der Deutschen Bank, größtenteils abstrakter Natur sind, werden innerhalb der Sendungen viele grafische Bildlösungen zur Veranschaulichung benötigt. Auch hier erreicht man bei Telecoaching durch wiederkehrende Hintergründe für Diagramme und Texte, eine gewisse Einheitlichkeit zu schaffen. Es wird dadurch grundsätzlich erreicht, dem Sender insgesamt, sowie den einzelnen Formaten im Speziellen, ein „Gesicht" zu verleihen. Die Mitarbeiter sollen sich an das Sendedesign gewöhnen, da man zu Recht davon ausgeht, daß eine gewohnte Umgebung die Aufnahme von Inhalten erleichtert.

So wichtig es auch ist, daß ein Programmschema eine einfach nachzuvollziehende Struktur aufweist, so darf diese Statik eine gewisse Flexibilität nicht verhindern. Die Tatsache, daß die Sendeabwicklung nicht, wie Anfangs geplant, außer Haus stattfindet, sondern von Satcom Gemini ebenfalls direkt organisiert wird, ist diesbezüglich äußerst hilfreich. Das enorme und stetig wachsende Programmvolumen, sowie der Anspruch an möglichst hohe Aktualität, bedeutet häufig schnelles Reagieren auf Gegebenheiten, mit der Konsequenz, direkt ins Programmgeschehen einzugreifen.

Telecoaching – Ein Projekt im Prozeß

Das Ziel des Telecoaching-Projektes liegt in der Vermittlung von Informationen, mit denen sich die Deutsche Bank beschäftigt und die Veränderungen für das Bankgeschehen mit sich bringen. Diese Informationen sollen aber nicht nur vermittelt werden, sondern vor allem bei den Rezipienten haften bleiben, so daß neue Wissensstrukturen entstehen. Das erweterte Wissen soll sich wiederum in erweitertem oder verändertem Verhalten niederschlagen.

Die Tatsache, daß die technische Umsetzung von Business TV relativ unproblematisch ist und auch im nachhinein ergänzbar oder modifizierbar ist, verlagert den Focus in der planerischen konzeptionellen Arbeit darauf, intelligente, auf Vorgaben orientierte Lösungen zu suchen. Das heißt, daß die Verantwortlichen sehr viel Augenmerk auf Programmgestaltung und Programminhalte legen müssen. Stark ausgerichtet auf Nutzen und Effizienz des Programms. Die Anforderungen und der Umfang des Projektes, Telecoaching via TV im UB P der Deutschen Bank, war wohl allen Beteiligten, zu Anfang, so nicht klar. Das es so wie es nun täglich zu sehen ist auch funktioniert, ist das Ergebnis eines Prozesses, der immer noch nicht abgeschlossen ist und wohl im Laufe des Projektes auch immer existent bleibt. Um die Aufgabenstellungen und Probleme der vergangenen Planungs- und Pilotphase zu umreißen, folgt nun ein kleiner Exkurs. Einige der wichtigsten Merkmale in der Auseinandersetzung mit dem Thema werden als Schlagworte vorangestellt und in kurzen Erläuterungen in Bezug zum Telecoaching-Projekt gesetzt.

Lerndidaktik: Damit Telecoaching der Funktion der Wissensvermittlung, Wissensveränderung, und Verhaltensbeeinflussung gerecht werden kann, müssen bei der Präsentation der Sendungen bestimmte didaktische, instruktionspsychologische und medienpädagogische Erfahrungen einbezogen werden. Hier sind vor allem die Spezialisten bei Satcom Gemini gefragt. Experten von außen werden gegebenenfalls hinzugezogen.

Interaktivität: Den Rezipienten an der Sendung, am Programm zu beteiligen, ist das Salz in der Suppe von Business TV. Die direkte Kommunikation zwischen Zuschauer und Moderator beziehungsweise Experten im Studio läßt schnelle, direkte Lösungen zu und schafft echte Bindungen. Die TV-Macher erhalten ein direktes, wertvolles Feedback.

Akzeptanz: Mit der Akzeptanz der Zuschauer steht und fällt der Erfolg von Business TV. Nicht Reichweite und Quote sind der Maßstab, sondern die Frage ob der Mitarbeiter vor Ort tatsächlich angesprochen wird und Nutzen für sich erkennt. Es gilt: Information und Wissensvermittlung – vor Unterhaltung.

Qualitätsstandard: Der Deutsche Bank-Mitarbeiter ist hohen Fernsehstandard gewohnt. Die Telecoaching-Sendungen in seinem Mitarbeiterfernsehen dürfen hier keinesfalls abfallen, sonst werden sie nicht ernst genommen und verfehlen die gewollte Wirkung. Business TV muß also auch technisch und gestalterisch auf höchstem Niveau angesiedelt sein. Dieser Qualitätsstandard muß definiert, überprüft und ständig eingehalten werden.

Informationsfluß: Der Informationsfluß zwischen den Projektmitgliedern bei der Deutschen Bank und den Satcom Gemini-Redakteuren ist wesentliche Voraussetzung um die Deutsche Bank-Inhalte auch tatsächlich ins Medium zu transportieren. Hier ist Organisation und Logistik notwendig.

Procedere: Die Tatsache, daß der Kunde, die Deutsche Bank, die Sendeinhalte bestimmt und auch im Programm wieder entdecken will, macht ein eigenes Ablaufprocedere notwendig. Der Aufwand ist deutlich höher zu setzen, als er zur Fertigstellung „normaler" TV-Beiträge oder Sendungen nötig ist. Für die durchweg TV-erfahrenen, nun im Business TV-Bereich tätigen Redakteure eine wichtige Erfahrung, die sie lernen mußten umzusetzen.

Rezipientennähe: Um den Zuschauern, ihren Ansprüchen und den Situationen, vor Ort in den Filialen, gerecht zu werden, ist es für die Redakteure wichtig, so oft es geht, vor Ort zu sein. Dort erfahren sie worauf es ihren potentiellen Zuschauern ankommt. Resonanz – ob Lob oder Kritik – braucht das Tagesgeschäft. Die Redakteure müssen mit ihrer Arbeit den Mitarbeiter dort abholen wo er wirklich steht.

Kreativität: Eine gute Sendung lebt nicht nur vom Inhalt, der Moderation, Kameraführung, oder durch Studiodesign alleine. Neue Ideen – umsetzbar und nutzenorientiert – sind immer gefragt, ja notwendig. Kreativität muß jeder an den Sendungen verantwortlich Beteiligte von sich selbst fordern und einbringen.

Formate: Eine irgendwann einmal notwendig gewordene Formatdefinition ist kein Katechismus. Das Gerüst der einzelnen Sendeformate muß zwar statisch funktionell sein – jedoch auch mit Erfahrungen und neuen Erkenntnissen konfrontiert werden können – mit dem Ergebnis des positiven Wandels.

Mitarbeiterfernsehen: Telecoaching begreift sich als Fernsehen von Mitarbeitern für Mitarbeiter der Deutschen Bank. Diese Prägung hat sich sehr schnell als machbar, konsensfähig und akzeptanzfördernd erwiesen. Das ausschließlich Deutsche Bank-Mitarbeiter die Sendungen moderieren, kommt „draußen" sehr gut an. Dieses Prinzip ist ausbaufähig.

Unternehmenskultur: Das Verhalten der Mitarbeiter ist stark von der Unternehmenkultur der Deutschen Bank geprägt. Die Telecoaching-Macher müssen diesem Umstand große Bedeutung beimessen. Wesentlich zur Mitarbeiterakzeptanz für Business TV steuert bei, inwieweit man dieser Tatsache Rechnung trägt.

Die Vorreiter

Die Deutsche Bank hat mit der Eingliederung von Business TV, als Teil der vorhandenen und künftigen firmeninternen Kommunikationsmedien, Mut und vor allem starke Innovationskraft bewiesen. Mit dem vollzogenen Übergang von der Pilotphase in die Full Run Phase, kann das Projekt Telecoaching bereits jetzt schon als erfolgreich bewertet werden. Bis Februar 1998 werden alle 1500 Filialen in Deutschland am Netz sein. Die Dimension des Projektes ist europaweit einmalig.

Die Möglichkeiten von Business TV sind allerdings auch hier noch längst nicht ausgeschöpft. Mit Satcom Gemini hat die Deutsche Bank einen Partner gefunden, der in der Lage war und ist, den komplexen Ansprüchen seines Kunden gerecht zu werden. Vor allem, weil der Ansatz von Satcom Gemini grundsätzlich als Full-Service-Provider zu fungieren, für ein Projekt dieser Größenordnung der einzig Richtige ist. „Alles aus einer Hand", komplett von der Planung, über die redaktionelle Umsetzung, die Produktionsdurchführung bis hin zum fertigen Programm. In diesem Falle ein elfeinhalb stündiges Tagesprogramm. Das Projekt Telecoaching der Deutschen Bank wird den Business TV-Markt in Deutschland beleben. Voraussichtlich werden viele, gerade auf dem Finanzdienstleistungssektor den Spuren folgen.

Online-Schulung im Intranet

von Christoph Rodewyk und Alan Ziesik

Die Deutsche Bank setzt seit über zehn Jahren moderne Ausbildungsmedien für die Schulung ihrer Mitarbeiter ein. Neben dem traditionellen Einsatz von Overheadfolien, Videos und Filmen im Unterricht werden zusätzlich zu den wichtigen Printunterlagen auch computerunterstützte Bildschirmpräsentationen, kleine und einfache interaktive Lernprogramme sowie Audio-Sprachkassetten zur Sprachenschulung in der Ausbildung verwendet. Seit 1988 gibt es interaktive CBT Lern-Systeme (Computer Based Training) für die Vermittlung von Fach- und Produktwissen. 1993 wurden diese Systeme mit Video-Bildplattensystemen und CD-ROM Datenträgersystemen verknüpft.

Ebenso haben heute Offline als auch Online Angebote in die innerbetriebliche Ausbildung der Deutschen Bank Einzug gehalten. Ein sich ständig verändernder Markt erfordert heute jedoch neue Formen der innerbetrieblichen Schulung. Aus- und Weiterbildung am oder in der Nähe des Arbeitsplatzes ist eine der Hauptforderungen an die neuen Lerntechniken und die daraus resultierenden Lernziele. Das Lernen soll wieder mehr in das Tagesgeschäft integriert werden, um zielgerichteter und mit hoher Transfersicherheit ausbilden zu können.

Die Deutsche Bank testet daher in einer Pilotphase im Jahr 1997 Business TV für einen Teil ihrer Schulungsvorhaben. Über dieses hausinterne und satellitenunterstützte Schulungsmedium könnten dann im Vollbetrieb bundesweit alle Niederlassungen erreicht werden.

Das neue Konzept

Als weiteres Serviceangebot für Ihre Kunden richtete die Deutsche Bank Ende 1996 ein eigenes Call Center ein.

Der Unterschied zwischen der bisherigen telefonischen Kundenberatung beziehungsweise -betreuung und einem Call Center besteht darin, daß das speziell ausgebildete und trainierte Beratungspersonal in eine allumfassende Netzstruktur integriert wird. Hierdurch wird eine schnellere Gesprächsvermittlung ermöglicht und spezielle, telekommunikativ unterstützende EDV-Werkzeuge zur Verfügung gestellt.

Vereinfacht dargestellt bildet die Verknüpfung von Computern, Telefonen, Netzwerken und Datenbanken im Verbund das Call-Center.

Call Center stellen heute den direkten Draht zum Kunden dar. Während 1996 in deutschen Call Centern rund 120 Millionen DM umgesetzt wurden, prognostiziert man für das Jahr 2000 Umsatzzahlen von über 240 Millionen DM. Das Deutsche Bank Call Center versteht sich als eine Art Dienstleistungszentrum zur intensiven Unterstützung der eigenen Filialen. Hierdurch erweitert die Deutsche Bank ihr Serviceangebot über die normalen Geschäftszeiten hinaus. Im sogenannten Outbound-Verkehr werden die Kunden vom Call Center angerufen. Eine Hauptaufgabe der Mitarbeiter des Call Centers besteht in dem Nachfassen bei speziellen Marketingaktivitäten sowie bei der Präsentation von Produkten.

Schulung der Mitarbeiter

Die Mitarbeiterstruktur des Call Centers der Deutsche Bank setzt sich im Wesentlichen aus Teilzeitkräften zusammen. Geschult wird derzeit mittels eines Trainers in speziellen Seminaren.

Er bildet in einem eigens dafür eingerichteten Schulungsraum eine Gruppe von Mitarbeitern im Vollzeitunterricht aus. In einem weiteren Schritt werden die Mitarbeiter am Arbeitsplatz geschult. Nach der Erstausbildung ist eine intensive Weiterbildung zur Qualitätssicherung notwendig. Sich häufig ändernde gesetzliche Rahmenbedingungen und die Einführung neuer Produkte oder Produktvarianten bedingen darüber hinaus eine ständige Aktualisierung des aktuellen Wissens.

Nachdem in einem ersten Ausbildungsblock der personelle Grundstock gelegt wurde, gilt es jetzt in der Folgezeit neu hinzukommende Mitarbeiter auszubilden. Da hierbei gleichbleibendes Fachwissen immer wieder referiert werden müßte, bliebe den Trainern wenig Zeit für eine individuelle Betreuung, in der Fachsprache Coaching genannt. Die Grundausbildung soll daher mit Hilfe von neuen Methoden und Mitteln gezielt vermittelt werden.

Einsatz der Online-Schulung

Mit Hilfe des Intranets stehen dem Unternehmen neue Wege der betrieblichen Kommunikation zur Verfügung. Das Intranet bedient sich bekannter Methoden und Techniken des Internets. Plattformunabhängige und plattformübergreifende Computerprogramme, eine einheitliche einfache Programmiersprache, die Darstellungsmöglichkeiten von Text, Bild, Ton und Video sowie geringer Speicherbedarf sind die Eckpfeiler dieses Systems.

In den meisten Fällen existieren in den Unternehmen bereits notwendige Netzwerkstrukturen. Manche Firmen unterhalten sogar ein eigenes Rechenzentrum, andere dagegen bedienen sich eines eigenen, vernetzten Daten-Servers.

Die Online-Schulung mittels Intranet stellt eine neuartige und sehr innovative Form der Ausbildung dar. Hierdurch ist man in der Lage, die gestellten Anforderungen zu erfüllen. Online-Schulungen sind in besonderer Weise geeignet, aktuelle Inhalte schnell und unkompliziert darzustellen.

Schulungskonzepte aus dem Computer-Based-Training können hierbei mit den Vorteilen der Vernetzung gepaart werden; so ist der aktuelle Wissensstand der Trainees für den Trainer jederzeit ersichtlich, eine spezielle Rückfrage beim Trainer zu einem bestimmten Themengebiet ist jederzeit möglich.

Ideal eignet sich dieses neuartige Schulungskonzept für das Call Center der Deutschen Bank, da es auf schon existierenden Netzwerkstrukturen aufbauen und ausgeweitet werden kann (Abbildung 18).

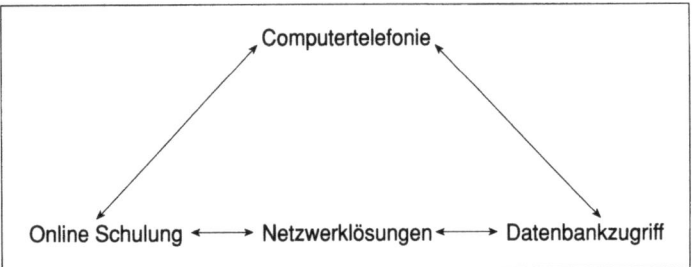

Abbildung 18: Erweiterung des Call-Centers

Als kleinste und gleichzeitig auch einfachste Lösung für einen Schulungsserver bietet sich ein Pentium-Rechner mit einem NT 4.0 Server Betriebssystem an. Dieser Rechner sollte mit mindestens 128 MB Arbeitsspeicher, einer ausreichend großen Festplatte (2 bis 4 GB), einem CD-ROM Laufwerk zur Installation neuer Software, einer Soundkarte und Lautsprecher zur Kontrolle von Tondateien, einem Backup Medium (Streamer, gespiegelte Festplatten, und so weiter), einer ISDN Karte zum externen Datenaustausch sowie einer oder mehrerer Netzwerkkarten ausgestattet sein. Ein solcher Server ist bereits zu einem Preis von rund 10 000 DM erhältlich.

In dem hier vorgestellten Call Center soll ein solcher Server eingesetzt werden. Ein hausinternes Ethernet Netzwerk mit 10Mbit/s beziehungsweise 100 Mbit/s verbindet rund 100 Rechnerarbeitsplätze mit dem Server. Die Verteilung der Daten erfolgt sternförmig mittels Hubs und 10 Base Verkabelung.

Das System ist in zwei Bereiche untergliedert: einem sehr schnellen Netzzweig mit 100 Mbit/s für die sogenannte Basis- oder Grundausbildung mit acht Arbeitsplätzen und einem Netzzweig mit 10 Mbit/s bis zu 100 Mbit/s für die laufende Ausbildung sowie einer Online-Hilfe für rund 100 Arbeitsplätze (Abbildung 19).

Die Verwendung von über einer Stunde Videomaterial sowie aufwendiger Grafik und Tondateien im Bereich der Basisausbildung erfordert einen sehr schnellen Datentransport. Die Daten werden in einem Zweig mit 100 Mbit/s über sogenannte Switching-Hubs verteilt. Diese Hubs stellen sicher, daß ein Datenpaket in voller Band-

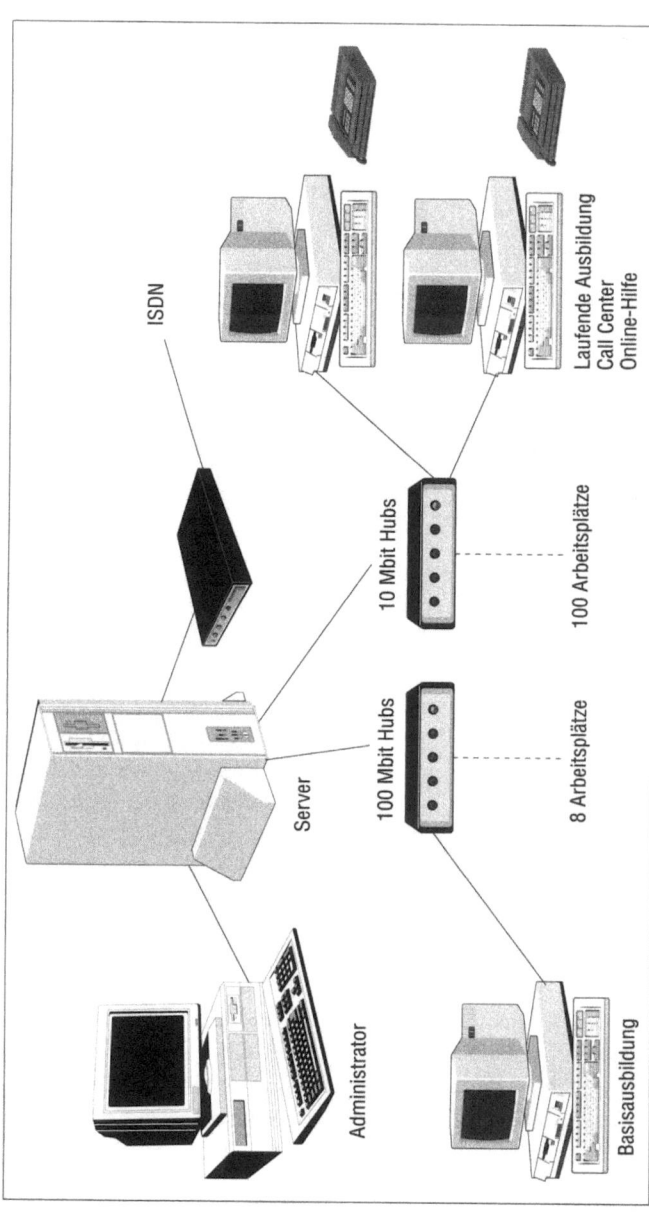

Abbildung 19: Darstellung des Intranet-Schulungssystems

breite und somit in maximaler Geschwindigkeit zum Ausbildungs-
platz übertragen wird. Nach einer zunächst noch konventionellen
Ausbildung einer großen Gruppe von neuen Mitarbeitern reichen
später für die Basisausbildung maximal acht Online-Lernplätze aus.
Die Datenstruktur der laufenden Ausbildung sowie einer Online-
Hilfe ist im Wesentlichen textorientiert und benötigt daher nicht so
hohe Bandbreiten wie die Basisausbildung.

Aufbau der Lerninhalte

Drei Lernmodule werden, basierend auf dem dargestellten Intranet-
system, in der Programmiersprache HTML erstellt und mit einem
auf dem Markt üblichen Internetbrowser (Darstellungsprogramm)
präsentiert. Die Daten dieser drei Module werden auf einem zentralen Server abgelegt, der über ein Ethernet-Netzwerk mit den Endgeräten verbunden ist.

Auf der Grundlage der Programmiersprache HTML ist es möglich,
Text, Bild, Ton und Video innerhalb des Darstellungsprogrammes
auf Abruf zur Verfügung zu stellen. Zusätzlich bietet die Programmiersprache JAVA sowie interaktive Anwendungen mittels Shock-
wave grafische Animationsmöglichkeiten und einfache Interaktionen. Der Benutzer wird über eine Namens- und Passwortabfrage im
System identifiziert. So kann sein aktueller Lernstand dokumentiert
und jederzeit durch ihn selbst oder den Ausbildungsleiter abgerufen
werden. Prüfungsaufgaben mit unmittelbarer Auswertung durch das
System schließen die einzelnen Ausbildungsabschnitte ab und können Auskunft über den Wissenstand der einzelnen Schüler geben.

Die Lerninhalte werden zu rund 50 Prozent mit Hilfe von Video und
zu rund 50 Prozent text-/bild-/tonorientiert dargestellt und vermittelt. Am Arbeitsplatz stehen dem Benutzer die Inhalte der
sogenannten laufenden Ausbildung und eine Online-Hilfe zur
Verfügung. Durch die laufende Ausbildung erhält der Mitarbeiter
aktuelle Daten, eine Zusammenfassung der wichtigsten Lerninhalte
der Basisausbildung sowie eine Kurzübersicht über Verhaltensregeln und Gesprächsargumente.

Basisausbildung

Die in der Basisausbildung benötigten Videos sind zentral auf dem Server abgelegt. Der Datenzugriff erfolgt unmittelbar aus dem Darstellungsprogramm heraus. Videos brauchen zur Darstellung eine hohe Datenrate, die selbst im Intranet ohne Video-Kompressionsverfahren nicht erreichbar sind. Durch den Einsatz besonderer, auf den Einsatz im Netz zugeschnittener Verfahren liegen die benötigten Datenraten allerdings im Bereich des Möglichen. Die Ausbildung innerhalb der Basisausbildung dauert je nach Auffassungsgabe des Auszubildenden rund zehn Stunden.

Laufende Ausbildung

Die Inhalte für die laufende Ausbildung orientieren sich an denen der Basisausbildung. Sie sind jedoch auf das Wesentliche reduziert und dienen der Wiederholung und Auffrischung beispielsweise nach Arbeitsunterbrechungen durch Urlaub oder Krankheit. In vereinfachter Darstellung und mit schneller Navigation und Interaktivität werden die Lerninhalte in Schlagworten und Unterkapiteln dargestellt. Der Lernende bestimmt selbst die „Tiefe" seiner Wiederholungsausbildung. Das Modul ist jederzeit über sein Terminal abrufbar und befindet sich in der gleichen Darstellungsebene wie die folgende Online-Hilfe. In einem aktuellen Teil erhält der Benutzer die neuesten Informationen zu den angebotenen Produkten. Mit Hilfe einer Datenbank und eines Steuerprogramms wird er nach der Eingabe seines Benutzernamens auf die neuen Datensätze aufmerksam gemacht. Das Programm prüft gleichzeitig ab, ob er sich über diese Inhalte informiert hat, und dokumentiert dies in einem speziellen Protokoll.

Online-Hilfe

Die Inhalte für die Online Hilfe orientieren sich ebenso wie die der laufenden Ausbildung an denen der Basisausbildung. Die Themengebiete sind nach Schlagworten sortiert dargestellt und bieten dem Benutzer die Möglichkeit, sich vor einem Kundenkontakt über die wichtigsten Verhaltensregeln, Gesprächsaufhänger und Vorgehensweisen zu informieren. Ein spezielles Menue erlaubt es ihm online auf Argumentationshilfen zurückzugreifen, sein Gespräch (je nach Themengebiet) mittels eines Leitfadens zu führen, und sich an vorgegebenen Fragen und Antworten zu orientieren.

In einer weiteren Ausbaustufe kann er mittels einer Eingabemaske alle wichtigen Gesprächsinhalte festhalten und diese, versehen mit Anmerkungen und durchzuführenden Maßnahmen, an den Server schicken. Auf dem Server werden diese Informationen ausgewertet, gespeichert und an die zuständigen Stellen weitergeleitet.

Die Datenstruktur des Servers erlaubt die Integration bestehender Datenbanken. Der Datenaustausch erfolgt über sogenannte Daten-Gateways. Die Daten sind, orientiert an der Philosophie der relationalen Datenbanken, nur einfach (singulär) gespeichert. Es werden keine Kopien an die einzelnen Arbeitsplätze verschickt. Jeder Nutzer hat schließlich unmittelbaren Zugriff auf einen, den orginalen Datensatz.

Zukunftsperspektiven

Eines der Hauptziele der Deutschen Bank im Schulungsbereich ist eine stärkere Reintegration des Lernens in das Tagesgeschäft. Es gilt dabei, den gestiegenen Kundenerwartungen gerecht zu werden. Jeder Mitarbeiter soll die Möglichkeit erhalten, immer neues Wissen an oder in unmittelbarer Nähe seines Arbeitsplatzes aufzunehmen. Telelearning mit schriftlichem Begleitmaterial, verbunden mit Online-Schulungen und Tagesseminaren kann hier eine neue Grundlage bilden.

Über Telelearning können die über 1500 Filialen direkt erreicht werden. Eine Steuerung der Mitarbeiterausbildung zum Beispiel bei Marketingaktionen ist damit ebenso möglich wie aktuelle Produktinformation und das schnelle Reagieren auf Marktveränderungen.

Die Deutsche Bank nimmt den Begriff Multimedia für ihre Aus- und Weiterbildungsvorhaben wörtlich. Alle geeigneten Medien, von TV über CBT, von Seminaren bis zu Lehrbriefen, finden im Medienverbund Verwendung. Neben dem immens wachsenden Bedarf an neuen, immer leistungsfähigeren Technologien müssen neue Konzepte für die dadurch beeinflußten Bereiche, beispielsweise Schulung, aufgegriffen und umgesetzt werden.

Business Television bei Würth

von Dieter Babiel

Welch eine Aufregung! Aus Veröffentlichungen und über Geschäftsbeziehungen zur Mercedes-Benz AG hat einer unserer Geschäftsführer von einem neuartigen, interaktiven Medium, dem Business TV erfahren. Schnellere Informationsübermittlung, direkte Kommunikation mit unseren Außendienstmitarbeitern in verschiedenen Niederlassungen über die ganze Republik verteilt. Lern-Fernsehen bei Würth? Sofort haben wir uns mit einer kleinen Gruppe unseres Hauses aufgemacht, um das Akubis-Studio der Mercedes-Benz AG in Stuttgart zu besuchen und eine Live-Sendung zu verfolgen. Die Atmosphäre war sehr eindrucksvoll, die Durchführung der Sendung professionell. Um uns nicht bloß von der faszinierenden Live-Situation des Mediums TV blenden zu lassen, haben wir uns kurz danach im kleinen Kreis zusammengesetzt, um herauszufinden, welchen Nutzen wir von diesem Medium haben könnten. Die vielen Vorteile dieses Kommunikationsinstrumentes waren schnell für uns herausgefiltert. Der Hauptgrund, auf diese Methode des Informations- und Wissenstranfers umzusteigen, war der Zeitfaktor:

* Informationen „just in time",

* schnell viele Teilnehmer erreichen,

* direkt, das heißt ohne Filter (Hierarchieebenen) und Informationsverluste,

* die Information kommt zum Teilnehmer – nicht umgekehrt,

* Zeitökonomie – geringerer Zeitaufwand für die Informationsaufnahme und damit mehr Zeit für die Kunden,

* interaktiver Verteilerdienst,

* direkter Zugang zu Informationen, das heißt, daß die Geschäftsleitung zu brennenden Themen Fragen beantworten kann.

Bevor nun detailliert auf die Entwicklung und die Installation von
Würth TV eingegangen wird, vorab ein paar Daten zum Unterneh-
men und zu den Aus- und Weiterbildungsstrukturen der Adolf
Würth GmbH & Co. KG.

Das Unternehmen

Die Adolf Würth GmbH & Co. KG ist ein 52 Jahre junges Unternehmen, welches Herr Reinhold Würth als junger Mann von seinem
Vater übernommen und mittlerweile zu einem Weltkonzern ausgebaut hat. Die Firma Würth ist ein Handelsunternehmen im Bereich
der Montage- und Befestigungstechnik, unsere Kunden sind vor
allen Dingen Handwerker in allen Branchen sowie kleinere und
mittelständische Industrieunternehmen. Das Sortiment umfaßt mittlerweile rund 50 000 verschiedene Artikel, die allein in der Bundesrepublik zur Zeit von rund 3000 Außendienstmitarbeitern vertrieben
werden.

Die verschiedenen Branchen im Handwerk werden bei Würth bestimmten Vertriebszweigen (zum Beispiel Auto, Metall, Holz,
Industrie) zugeordnet. So bereist jeder Außendienstmitarbeiter innerhalb seines branchenspezifischen Vertriebszweiges die Kunden
seines Verkaufsgebietes.

Der Firmensitz befindet sich in Künzelsau, einer Kleinstadt, sozusagen der Kreis-Hauptstadt im Hohenlohekreis. Dort sind rund 1500
Mitarbeiter beschäftigt.

Weltweit beschäftigt die Würth-Gruppe zur Zeit rund 23 000 Mitarbeiter in 63 Ländern, das heißt 135 Gesellschaften, davon 35 in der
Bundesrepublik Deutschland. Der Gesamtumsatz des Vorjahres betrug rund 4,87 Milliarden DM in diesem Jahr soll die Sechs-Milliar-
den-Grenze annähernd erreicht werden.

Das Unternehmen wächst mit einer großen Geschwindigkeit, was
zur Folge hat, daß ständig neue Mitarbeiter eingestellt werden und
stets bedacht werden muß, daß die Übersichtlichkeit und der Informationsfluß nicht verlorengehen. Geschwindigkeit am Markt setzt

schließlich Schnelligkeit im Unternehmen voraus. Stets bestens über die Produkte des Hauses informiert sein – das ist Voraussetzung für unseren Außendienst, um erfolgreich arbeiten zu können. Daher liegt ein Schwerpunkt in der Aus- und Weiterbildung bei Würth auf der Produktschulung.

Produktschulung im Hause Würth

Eine erste Produktschulung erhalten die Außendienstmitarbeiter bei Würth bereits in den ersten Wochen, in der sogenannten Neuverkäuferschulung. Hier werden Vorteile, Nutzen und Anwendungsbereiche verschiedener Artikel sowie deren Verkaufsargumentationen und Präsentationen beim Kunden miteinander erarbeitet.

Dieses Training wird innerhalb des ersten Quartals der Unternehmenszugehörigkeit eines neuen Außendienstmitarbeiters im Abstand von einigen Wochen permanent fortgesetzt. In den „Zwischenräumen" kümmert sich sein Vorgesetzter (Bezirksleiter) um die gründliche Einarbeitung in das zukünftige Verkaufsgebiet.

Nach dieser Einarbeitungsphase finden für alle Außendienstmitarbeiter weiterhin regelmäßige Schulungen über neue Produkte sowie Maßnahmen zur Marktbearbeitung und Kundenbindung statt. Üblicherweise werden diese Themen in den wöchentlichen Bezirkskonferenzen vom jeweiligen Bezirksleiter vermittelt. Die Produktschulungen funktionieren also nach dem sogenannten Schneeballprinzip, das heißt entweder reisen die einzelnen Bezirksleiter nach Künzelsau und werden dort von den Produkttrainern der Abteilung Personalentwicklung/Außendienst auf den neuesten Stand der Dinge gebracht, oder die Produkttrainer fahren zu den Distriktkonferenzen vor Ort und geben so ihr Wissen weiter. Die Verkäufer beziehen ihr Produktwissen dann wiederum von ihren jeweiligen Bezirksleitern.

Das bedeutet natürlich einen erheblichen Zeitverzug und Informationsverlust. In der Firmenzentrale stehen hierfür großzügig gestaltete Seminarräume sowie Werkstätten für Produkt- und Anwendungsdemonstrationen zu Schulungszwecken zur Verfügung.

Die wesentlichen Inhalte einer Produktschulung sind: Produktmerkmale, Vorteile gegenüber anderen Produkten am Markt, Nutzen, den der Kunde für sich daraus ableiten kann, Handhabung des Produkts, Einsatzgebiete, Branchen, in denen das Produkt zu plazieren ist, Zusatzprodukte, die mitverkauft werden können, Wettbewerbssituation, Zulassungen, Verdienst.

Warum Business TV?

Wir befinden uns erst am Anfang eines neuen Zeitalters der Informations- und Kommunikationstechnik. Neben dem zunehmenden Ausbau der EDV-gesteuerten Kommunikationstechnik müssen alle weiteren Formen der Informationsweitergabe und -interaktion geprüft und weiterentwickelt werden. Gleichzeitig kennen wir das Problem, daß in schnell wachsenden und großen Unternehmen auf dem Wege der Alltagskommunikation (in Konferenzen, Seminaren, Briefwechseln etc.) viel an Gehalt verlorengeht, während wiederum diese menschlichste aller Kommunikationsformen die Grundlage für positive Beziehungen innerhalb eines Unternehmens, aber insbesondere auch zu unseren zahlreichen Kunden bildet.

Der persönliche Kontakt wird deshalb hoffentlich nie durch eine allzu technische Kommunikation ersetzt werden. Auf ihm basiert schließlich auch ein großer Teil des Erfolgs der Firma Würth. Die Unternehmenskultur ist geprägt von Berechenbarkeit, Ehrlichkeit, Geradlinigkeit. Ohne diese Basis je aus den Augen zu verlieren, müssen wir uns allerdings in zunehmendem Maße mit weiteren Formen der Interaktion beschäftigen, um der potentiellen Unübersichtlichkeit, mangelnden Transparenz und zu langsamen Informationsgeschwindigkeit Herr zu bleiben.

Eine zentrale Aussage des Unternehmers Reinhold Würth lautet: „Nicht die Großen fressen die Kleinen, sondern die Schnellen die Langsamen". Das bedeutet, daß Geschwindigkeit, Schnelligkeit heutzutage einer der größten Wettbewerbsvorteile im Markt ist. Diese Maxime hat die Firma Würth in all den Jahren ausgezeichnet, und das soll sich nicht ändern.

Hier bietet Business TV natürlich einen hervorragenden Ansatzpunkt. Wenn wir ohne Filter (das heißt von einer Hierarchieebene zur anderen) live und direkt unsere Außendienstmitarbeiter jederzeit informieren können, sind wir vielleicht schon ein bißchen schneller als unsere Wettbewerber.

Unsere Kernkompetenz im Markt ist das Verkaufen. Deshalb entschieden wir uns frühzeitig dafür, das Medium Business TV vor allen Dingen für Produktschulungen unserer Verkäufer zu nutzen, begleitet von wichtigen Markt- und Brancheninformationen. So starteten wir Ende 1995 unsere erste Würth TV-Sendung vom Studio der Akubis in Stuttgart aus, wo wir freundlicherweise als Gäste der Mercedes-Benz AG eine erste Testsendung durchführen durften.

Der erste Test

Die Pilotsendung wurde durchgeführt für die rund 600 Außendienstmitarbeiter des Vertriebszweigs Auto, die sich in verschiedenen Niederlassungen über das Bundesgebiet verteilt befanden.

Zugegeben, mit rund dreieinhalb Stunden war unsere Premiere von Würth TV sehr lang geraten, aber es gab auch einen Grund dafür: es hat allen Beteiligten unglaublich viel Spaß gemacht! Es war eine Mischung aus Produktschulungen und -vorführungen, Interviews mit der Geschäftsleitung, neuesten Brancheninformationen, allgemeinen Würth-Nachrichten und vor allen Dingen viel Interaktion mit den Außendienstkollegen in den Niederlassungen.

Wenige Tage nach dieser Pilotsendung führten wir eine Konferenz mit unserer Geschäftsleitung, der Firma, die für die Produktion unserer Sendungen verantwortlich war und einigen an dieser Sendung beteiligten Kollegen durch, um über Erfahrungen und Erkenntnisse zu diskutieren.

Hier wurde der vernünftige Beschluß gefaßt, daß wir in diesem Medium durchaus eine wichtige Perspektive für die Schulung unserer Außendienstkollegen sehen, deren Kosten und Nutzen jedoch genau geprüft werden muß. Wir haben folgendes vereinbart:

- Die Vertriebszweige Auto, Metall und Holz führten 1996 jeweils zwei Business TV-Sendungen durch, so daß wir insgesamt sechsmal über den Satelliten gehen konnten.

- Diese Sendungen galten immer noch als Testsendungen, das heißt wir wollten herausfinden, welchen Nutzen wir insgesamt von diesem Medium haben konnten.

- Dieses Projekt wurde von einer BWL-Diplomantin wissenschaftlich und ergebnisorientiert begleitet. Wir wollten eine Erfolgsmessung durchführen, deren Untersuchung und Ergebnis Gegenstand der Diplomarbeit dieser Diplomantin sein sollte. Als stark vetriebsorientiertes Unternehmen setzen wir dabei auf Erfolgsfaktoren wie „Umsatzsteigerung der geschulten Produkte", aber auch auf Faktoren wie Verbesserung der Information, Kommunikation und Transparenz im Unternehmen.

- Wir rüsteten zunächst sechs Niederlassungen, verteilt im Bundesgebiet, mit der Empfangs- und Sendetechnik aus. Es handelte sich dabei um die Standorte in Augsburg, Chemnitz, Berlin, Köln, Hannover und Künzelsau-Gaisbach. Dorthin konnten wir jeweils einen großen Teil der Außendienstkollegen einladen.

- Zu den jeweiligen Sendungen wurde in der Zentrale in Künzelsau ein provisorisches Studio eingerichtet, von dem aus gesendet wurde.

- Es sollte uns im Jahr 1996 ganz bewußt darauf ankommen, mit diesem Medium viel zu experimentieren, um umfassend Erfahrungen sammeln und mögliche weitere Vorgehensweisen daraus abzuleiten zu können.

Bevor wir unsere eigene erste Sendung von Künzelsau aus starteten (März 1996), machte sich natürlich schon einige Skepsis breit: wollen wir uns auch in den allgemeinen Trend einklinken, die persönliche, direkte menschliche Kommunikation durch technischen Informationsaustausch zu ersetzen? Werden wir tatsächlich echte und spürbare Vorteile erfahren, wenn wir dieses Medium zusätzlich nutzen? Ein unverrückbarer Bestandteil unserer Außendienst- und Wachstumsphilosophie bleibt, daß die direkte menschliche Kommunikation im Prinzip durch nichts zu ersetzen ist. Im Gegenteil, sie dürfte die Basis für jede wirkliche Motivation, für echtes Lob und Anerkennung, für Erfolg sein. Um auch hier wachsam zu bleiben, wurde also das Jahr 1996 zum Testjahr für unser Business TV erklärt.

Die ersten Sendungen

In den Monaten März und April 1996 führten die Vertriebszweige Auto, Metall und Holz jeweils ihre erste „ordentliche" Sendung aus dem eigenen Studio in Künzelsau durch. Die Aufregung war natürlich groß. Unsere Außendienstkollegen, die in die sechs Niederlassungen eingeladen waren, wußten noch gar nicht so recht, was sie damit anfangen sollten: Würth hat jetzt ein eigenes Fernsehprogramm?

Andererseits war der Aufwand für die Vorbereitung einer jeden Sendung für uns alle ungeahnt groß. Für unsere Trainer, die die Produktschulungen innerhalb der Sendungen durchführen sollten, war es natürlich eine große Umstellung, sich intensiv auf rund 60 bis 90 Minuten Produktschulung innerhalb einer Sendung vorzubereiten. Eine ganz neue Anforderung an unsere Trainer!

Bisher waren sie gewohnt, sozusagen Live-Schulungen durchzuführen. Seminarteilnehmer kamen aus dem ganzen Bundesgebiet in die Zentrale angereist, um sich dort in einem Schulungsraum mehrere Tage lang fortzubilden. Für einen erfahrenen Trainer ist die Vorbereitungszeit für solch eine Veranstaltung relativ gering, die Durchführung normalerweise Routine. Es dürfen auch Patzer, Versprecher passieren, der Trainer kann sich sehr flexibel dem Wissensstand und der Stimmung innerhalb seiner Schulungsgruppe anpassen. Die „Lerngeschwindigkeit" ist insofern von Schulung zu Schulung sehr unterschiedlich, der Aufwand für solch eine Veranstaltung sehr groß und die Kosten (Reise- und Übernachtungskosten, Umsatzausfälle, etc.) ebenfalls.

Nun ist auf einmal alles anders: der Trainer muß sich auf einen festgelegten Zeitrahmen inhaltlich und strukturell vorbereiten, um hochkonzentriert das notwendige Wissen (Produkt-Know-how, Anwendungsbeispiel, Verkaufsargumentationen) zu vermitteln. Dabei muß er einkalkulieren, daß ebenfalls (wie in einer Live-Schulung) Fragen von Außendienstkollegen aus den Niederlassungen gestellt werden, ohne daß er sich dabei aus seinem Konzept bringen lassen darf. Die zur Verfügung stehende Zeit muß eingehalten werden, da die Satelliten-Übertragungszeit bei der Telekom fest gebucht ist und eine Verlängerung entweder nicht möglich ist oder zusätzliche Kosten verursacht. Eine wirklich spannende Herausforderung für alle, die vor der Kamera stehen!

Nun ist es uns in den ersten Sendungen nicht in jedem Fall gelungen, die geplante Sendezeit einzuhalten. Wir müssen uns halt noch richtig einüben, haben auch nach jeder Sendung fleißig darüber gesprochen, was wir besser machen können. Glücklicherweise stellen wir auch von Mal zu Mal eine Weiterentwicklung fest.

Und dann dieser Equipment-Aufwand! Unser hausinternes Studio (ein Veranstaltungssaal innerhalb unserer Zentrale) bestand aus einem undurchdringlichen Dschungel aus Kabelsträngen, Trennwänden, unterschiedlichsten Beleuchtungen, verschiedenen Kameras – einfach beängstigend für Laien wie uns. Aber genau dieser Gedanke machte uns stark: wir haben uns gar nicht erst vorgenommen, hier eine hochprofessionelle Fernsehshow durchzuführen, sondern legten im Gegenteil ganz besonderen Wert darauf, daß uns die zahlreichen Kollegen in den Niederlassungen, die uns nun am Bildschirm sahen, als Kollegen und Personen wiedererkannten. Das, was uns zweifelsohne fehlte an notwendigem Verhaltensrepertoire vor der Kamera, wurde uns glücklicherweise in einem Moderatorentraining (einer Art „Vor-der-Kamera-Training") gezeigt und trainiert. Also waren wir nach unseren Maßstäben bestens gerüstet (Tabelle 2).

Es wurde darauf geachtet, daß die Informationen gebündelt und mediendidaktisch optimal aufbereitet präsentiert wurden. Für die Positionierung der Themen, also den Sendeablauf, richteten wir uns nach Kriterien der TV-Dramaturgie.

Nachdem die erste Kamerascheu der betroffenen Produkttrainer verflogen war, sie sich auch mit diesem Medium einigermaßen sicher

Tabelle 2: Beispiel eines Sendeablaufes
MAZ: Magnetische Aufzeichnung (Video)

Begrüßung		Moderator
Ablauf und Technik	Grafik	Moderator
Interview (Ziel der Sendung, Motivation zum Mitmachen, wichtige Themen, aktuelle Informationen)		Vertriebszweigchef/Moderator Geschäftsführer
1. Produktschulung	live/MAZ	Produkttrainer
Divisions-Nachrichten (Aktuelles aus dem Vertriebszweig)	live/MAZ	Moderator
Pause (10 Minuten)		
2. Produktschulung	live/MAZ	Produkttrainer
Würth-Nachrichten	live/MAZ	Moderator
Interview (aktuelles Thema)		Vertriebszweigchef/Moderator
3. Produktschulung		Produkttrainer
Interview (erfolgreiche Verkaufstechniken)		Außendienstmitarbeiter/ Moderator
Verabschiedung		Moderator

fühlten, brillierten alle mit tollen Ideen, wie man die Inhalte auf sehr anschauliche, mit teilweise witzigen Beispielen versehene Art und Weise darbieten kann. Durch die lockere Art und Weise fühlten sich die Kollegen in den Empfangsstationen angesprochen und schalteten sich rege in das Geschehen mit ein.

Hier war dann wieder Flexibilität und Improvisationstalent gefragt. Denn angesichts der für Fragen zur Verfügung stehenden Experten schien für einige die Gelegenheit günstig, durchaus auch nach Aspekten zu fragen, die eigentlich nicht in dem Produktschulungsblock der aktuellen Sendung thematisiert werden sollten.

Die Zuschauerreaktionen

Neben der Erfolgsmessung, die unsere Diplomantin begleitend zu diesen Sendungen durchführte, haben wir zusätzlich zu jeder Sendung ausreichend viele Fragebögen in den Niederlassungen ausgelegt, die uns ebenfalls Rückmeldung über Nutzen und Verbesserungsmöglichkeiten unserer Sendungen gaben.

Die endgültige und umfassende Auswertung unserer Erfolgsmessung steht noch aus. Doch aus den Rückläufen der Fragebögen (bisher von 71 Außendienstmitarbeitern aus fünf Niederlassungen) lassen sich schon einige deutliche Schlußfolgerungen ziehen.

• 87,3 Prozent der Teilnehmer möchten in Zukunft nicht auf dieses neue Instrument der Schulung verzichten.

• 92,9 Prozent der Außendienstmitarbeitern stufen gerade auch die Möglichkeit der Interaktivität dieses Mediums als sehr wichtig ein.

Lediglich die Länge der Sendungen stieß teilweise auf Kritik im Außendienst. Wir machten die Erfahrung, die auch professionelle Kollegen der Fernsehsender bei Live-Sendungen machen. Alles, und vor allem die Interaktivität, läßt sich „live on air" nicht auf die Sekunde genau kalkulieren.

Zusammenfassend läßt sich sagen, daß dieses neue Medium bei unserem Außendienst schon jetzt eine sehr hohe Akzeptanz genießt. Hier Auszüge aus den Rückmeldungen, die uns von den Außendienstkollegen nach den ersten Sendungen zugegangen sind:

• teilweise Sendezeit zu lang,

• zu viele Themen,

• Diskussion/Interaktion noch gewöhnungsbedürftig,

• positiv: der schnelle Informationsaustausch,

• aktuell und exklusiv – klasse,

• Fragen werden sofort kurz und präzise beantwortet – super,

- toll: der Kontakt zu den Führungskräften, strategische Informationen, Statements zu aktuellen Situationen,

- Zeitaufwand optimal (keine großen An- und Abreisen),

- tolle Vorbereitung der Trainer,

- gut: konzentrierte Produktschulung mit der Möglichkeit, Fragen beantwortet zu bekommen,

- Konzentration auf maximal zwei bis drei Produkte,

- sehr gut: Verkaufsargumente, Anwendungsbeispiele und Wettbewerbsvergleiche,

- die während der Sendung eingespielten Videofilme sollten den Außendienstführungskräften für Konferenzen und Schulungen zur Verfügung gestellt werden,

- Ausschnitte aus den Produktinformationen sollten ebenfalls auf Video Kunden zur Verfügung gestellt werden,

- mehr Zeit für Fragen aus den Niederlassungen zur Verfügung stellen,

Kleine Pannen am Rande

Trotz des Ernstes, mit dem die Beteiligten von Würth in den Sendungen arbeiten, „menschelte" es sehr. Kleinere Pannen gehörten dazu. Hier drei Beispiele: natürlich sollten vor jeder Sendung die Gesichter der Kollegen vor der Kamera ein wenig abgepudert werden. Ein Kollege hatte den Auftrag erhalten, ein bestimmtes Puder zu besorgen. In der Aufregung der Vorbereitung wurde es vergessen. Ein Stunde vor der Sendung fiel es ihm wieder ein. Er spurtete los, in den nächsten Drogeriemarkt. Alles, was er dort finden konnte, war Ägyptische Erde – ein zwar schön dunkles Puder. Nur waren darin aus kosmetisch dekorativen Gründen lauter kleine Glitzerpartikelchen enthalten. Großes Gelächten war sein Dank. Wir mußten für dieses Mal auf Schminke verzichten. Als kurz vor einer Sendung die Aufregung bei den Kollegen vor der Kamera besonders groß war, führten wir noch eine schnelle Probe durch. Dabei wurde viel gewitzelt, um auch ein wenig Dampf abzulassen. Wir wußten nicht, daß Mikrofone und Kameras (ebenfalls zum technischen Check) bereits liefen und sich die Kollegen in den Niederlassungen köstlich amüsierten.

Während einer Produktschulung im Rahmen einer weiteren Sendung wurde der Trainer so lästig von einer Fliege umschwirrt, daß er sich eine lange Zeit mehr mit dieser als mit seinem Produktthema beschäftigen mußte, bis er endlich in Ruhe weitermachen konnte.

Wie geht es weiter mit Würth TV?

Aufgrund des meßbaren Erfolges hat sich die Geschäftsleitung entschlossen, ab 1998 pro Monat eine Sendung für jede Division auszustrahlen.

Das Betrifft die Division Auto/Cargo, Metall/Elektro, Holz und Bau. Die Sendedauer wird jeweils rund eine Stunde betragen. Das Medium Business TV soll dann vorrangig der Schulung neuer Produkte dienen, aber auch die innerbetriebliche Kommunikation vereinfachen. Der Informationsfluß an den Außendienst wird sich auf diese Weise erheblich erhöhen und an Geschwindigkeit zunehmen.

Wir beobachteten über einen längeren Zeitraum ganz gezielt die Umsatzentwicklung der geschulten Produkte. Die konkreten Ergebnisse sind unter anderem in der Diplomarbeit nachlesbar sein. (Thema der Arbeit: Effizienz eines firmeninternen Broadcastsystems unter betriebswirtschaftlichen Gesichtspunkten – dargestellt am Beispiel interaktiver Produktschulungen der Firma Adolf Würth GmbH & Co. KG.)

Was die Informationsgeschwindigkeit sowie die Akzeptanz dieses Mediums betrifft, haben wir schon gewonnen. Unsere Außendienstkollegen sind begeistert, erleichtert, daß sie für Schulungen nicht mehr so weit und lange fahren müssen. Wir haben viel gelernt, was die optimaler Vorbereitung dieser Sendungen betrifft.

Welche Konsequenzen können wir heute schon daraus ziehen?

Die Erfolgsmessungen werden wir zum Anlaß nehmen, nicht nur ständig den Nutzen dieses Mediums zu überdenken, sondern auch die Art und Weise unserer Kommunikation und Interaktion, sowie die Präsentation und Durchführung unserer Trainingsmaßnahmen zu optimieren.

Eines wissen wir bereits heute: gerade in Bezug auf Produktschulungen wird der Nutzen dieses interaktiven TV-Mediums aus Zeit- und Kostengründen erheblich sein. Jedoch bleiben wir dabei, die Trainingsteile ausschließlich auf Produktschulungen zu beschränken, und nicht auf verhaltensorientierte Seminare zu erweitern (wie zum Beispiel Verkaufs- oder Führungskräftetraining). Denn es wäre absurd, gerade im Bereich des zwischenmenschlichen Verhaltens dieses Medium „dazwischenschalten" zu wollen. In diesen sensiblen Bereichen wird die Ausbildung von Angesicht zu Angesicht im direkten Kontakt durch nichts zu ersetzen sein. Davon leben wir, und darauf bauen wir.

Auch was Konferenzen und Ansprachen an den Außendienst betrifft, werden wir den Einsatz dieses neuen interaktiven Mediums stets maßvoll ausweiten. Wir wissen sicher, daß es uns viele Vorteile bringt. Wir wollen aber immer auf dem Boden bleiben, wo sich das meiste Leben und Arbeiten abspielt.

Megatrends 2000

von Michael Broßmann

Die Globalisierung des Marktes und die damit einhergehende Beschleunigung der Informations- und Kommunikationsprozesse werden, wie die Ausführungen gezeigt haben, den Wettbewerb entscheidend beeinflussen. Jeder fragt sich natürlich, was sind die vielfältigen Multimedia-Applikationen, die entscheidenden zukünftigen Strömungen und Trends? Wird die Zukunft allein von den technischen Trends bestimmt beziehungsweise welche technischen Strömungen werden dominieren? Beeinflußt die Technik Unternehmen und deren Leistungsspektrum und führt zu entscheidenden Veränderungen? Wie entwickelt sich der Dienstleistungssektor? Und werden diese Einflüsse Entwicklungen derart beherrschen, daß sich ein gesamter gesellschaftlicher Wandel vollzieht?

Im folgenden werden die Megatrends des nächsten Jahrtausends isoliert betrachtet. Dazu erfolgt eine Konzentration auf die voraussichtliche technische Entwicklung, den daraus resultierenden Leistungsspektren und Dienste in der betrieblichen Praxis sowie den damit verbundenen Einflüssen auf die Gesellschaft. Kanalisiert werden sollen die Trends in Form von Thesen, die anschließend auf der Basis einer näheren Untersuchung der auslösenden Triebkräfte sowie den damit zusammenhängenden Trendszenarien verifiziert werden sollen.

Megatrend I: Technikkonvergenzen

Ausgangspunkt für einen entscheidenden zukünftigen Wandel im betrieblichen und privaten Umfeld im Zusammenhang mit Informations- und Kommunikationsprozessen wird von den technischen Entwicklungen hervorgerufen. Zusammengefaßt läßt sich dieser technische Megatrend mit folgender These umreißen:

„Die technischen Entwicklungen insbesondere im Bereich der Information und Telekommunikation, von Multimedia und audiovisueller Medien wachsen zu einem gemeinsamen Markt zusammen. Dies führt zu einem integrierten Angebot an neuer Soft- und Hardware, aber auch zu einer unüberschaubaren Vielfalt an neuen technischen Lösungsmöglichkeiten. Die Anbieter aus den klassischen Bereichen der Computer-, Verlags- und Medienbranche werden in den gegenseitigen Wettbewerb treten. Alte Global Player werden sich mit vormals eher kleinen Nischenanbietern messen lassen müssen. Die Wettbewerbsarena wird sich neu formieren, und die Karten werden neu gemischt. Die Triebkräfte, die zu diesen Marktkonvergenzen führen, sind im wesentlichen folgenden Faktoren zuzurechnen: der Digitalisierung, der Medienintegration und dem Internet".

Triebkräfte

Digitalisierung

Die zunehmende Digitalisierung hat es ermöglicht, daß die Innovationsgeschwindigkeit unterschiedlicher Technologiebereiche erhöht wurde und diese inzwischen einen Reifegrad erreicht haben, der in dem Begriff der Konvergenztechnologien zum Ausdruck gebracht wird. Darunter ist nicht nur das Zusammenwachsen von einzelnen Technologiebereichen zu verstehen, sondern eine immer stärkere Zielüberschneidung der Märkte dieser Technologiebereiche. Während in den Jahren zwischen 1450 und 1800 etwa alle hundert Jahre eine neue Medientechnologie hinzukam, sind die meisten Innovationen in den letzten hundert Jahren entstanden: angefangen mit dem Telefon Ende des letzten Jahrhunderts als wichtiges Telekommunikationsmedium, gefolgt von Film, Funk und Fernsehen Anfang dieses Jahrhunderts bis zur Entwicklung des „Offline-Multimedia"-Marktes, der vor wenigen Jahren entstanden ist (Abbildung 20). Derzeit gewinnt der „Online-Multimedia"-Markt zunehmend an Bedeutung. Die Verfügbarkeit von multimedialen Technologien ist gegeben. Die Produkte und Anwendungen für diesen Markt sind derzeit am entstehen.

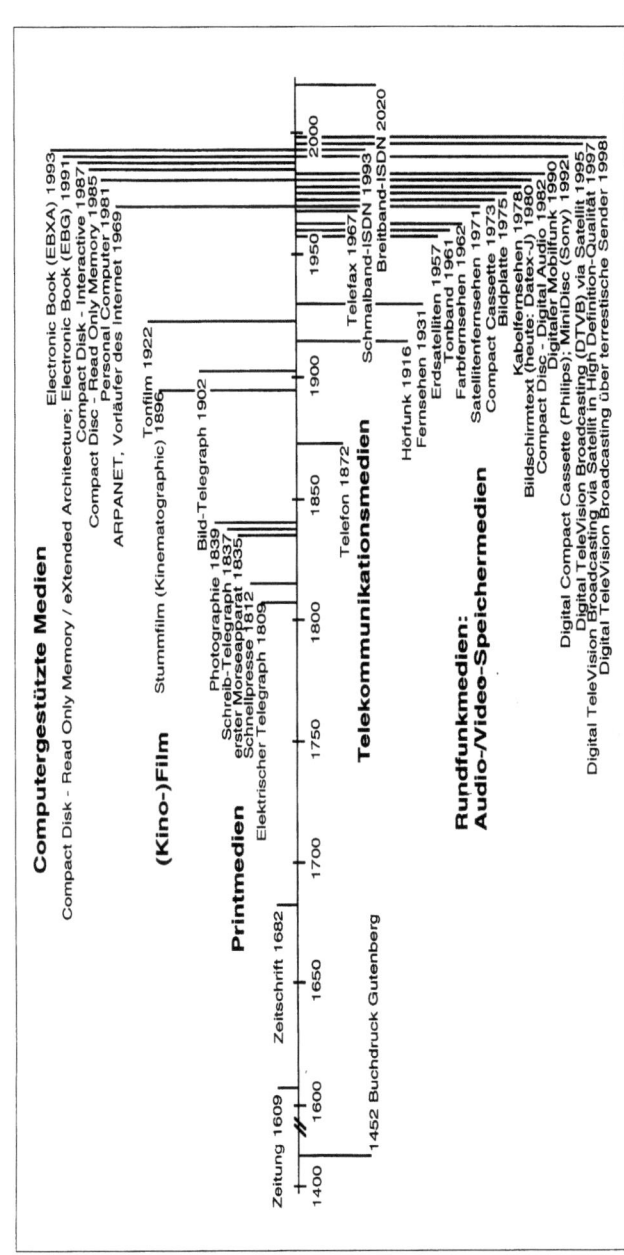

Abbildung 20: Historische Betrachtung der Medienentwicklung
Quelle: Kellerhals 1994, S. 124

Die Integration verschiedener Medienformen wie Text, Grafik, Bild, Ton, Sprache, Film und Video befindet sich heute noch weitgehend im Bereich des Offline-Medienmarktes. Das bedeutet, die Informationen und Inhalte liegen in unterschiedlichen Formaten und noch weitgehend an einzelnen Standorten verteilt vor. Erst mit den Entwicklungen im Bereich der Telekommunikation und der Einbindung der Rechner in weltweite Netze wird ein Online-Zugriff auf weltweit verstreute Wissensbasen und eine weltweite Verteilung von Contents erfolgen können, so daß Online-Multimedia Services ermöglicht werden.

Medienintegration

Die Medienintegration ist gekennzeichnet durch das Zusammenwachsen der elektronischen Datenverarbeitung, der elektronischen Massenmedien und Audio/Video-Technologie mit der elektronischen Printmedien- und Verlagstechnik. Die Schnittmenge bilden neue Technologiefelder im Bereich von Multimedia.

Rechnergestützte Mediensoftware

Das Zusammenwachsen von elektronischer Datenverarbeitung und elektronischer Massenmedien und Audio/Video-Technologie ermöglicht die Kombination heute üblicher Informationsformen wie Text, Grafik, Bild, Ton, Sprache, Film und Video. Durch das Mischen von Bildern aus der Realwelt mit Computergrafiken entstehen Simulationen oder Animationen. Das Technologiefeld 1 der „Rechnergestützten Mediensoftware" ermöglicht die multimediale Visualisierung von Inhalten und eine Integration in ein Medienpaket. Es lassen sich drei Typen von Multimedia-Technologien im Hinblick auf die Art der eingebundenen Audio- und Video-Informationen unterscheiden: interaktives Video, digitales Video und virtuelle Realität. Zur Zeit befindet sich die Entwicklung im Bereich von Typ zwei: der digitalen Audio/Video-Technologie. Die Informationen liegen in digitaler Form auf einem Speichermedium, in der Regel auf CD-ROM, vor. Das Problem dabei ist die Datenmenge, die bei der Digitalisierung anfällt und durch Verfahren der Kompression bewältigt werden muß. Hervorzuheben ist der dritte Typ von Multimedia-Technologie, Verfahren der „Virtuellen Realität", deren Produktreife für das Jahr 2000 prognostiziert wird. Dabei werden die Audio/Video-Informationen nicht mehr auf einem Speichermedium festgehalten, sondern durch die Eingaben des Anwenders auf der Basis eines mathematischen Modells errechnet. Mit Techologien der Virtuellen Realität lassen sich damit zukünftig Lernwelten erlebnisorientiert aufbereiten. Das Problem der Datenmengen erfordert entsprechende Übertragungsraten vom und zum Teilnehmer.

Hypermedia Publishing

Das Zusammenwachsen von elektronischer Datenverarbeitung mit elektronischen Printmedien und Verlagstechnik bietet Möglichkeiten, hochwertige Printmedien („Desktop Publishing") zu verarbeiten. Das Technologiefeld 2 „Hypermedia Publishing" ermöglicht eine anwendungsgerechte Herstellung und Aufbereitung von Medien und eine modulare Zusammensetzung von Programmen. Dabei ist es von Bedeutung, daß alle Informationseinheiten völlig eigenständig vorliegen und für unterschiedliche Anwendungen immer wieder neu zusammengestellt werden können.

Dieser Ansatz unterscheidet sich von den klassischen Printmedien wie beispielsweise Zeitschriften oder Prospekte, in denen Bilder und Texte dauerhaft und unveränderbar miteinander verknüpft sind. Die Herstellung und Aufbereitung von Programmen erfolgt durch spezielle Programmiersprachen („Autorensysteme") mit denen sich die Informationseinheiten möglichst effizient zusammenstellen und verknüpfen lassen.

Durchgesetzt haben sich heute „Hypermedia" -Programme, die es ermöglichen, die multimedialen Informationseinheiten netzartig zu verknüpfen. Dadurch kann der Anwender aktiv einbezogen werden und durch eigene Manipulation durch das Programm auf „Entdeckungsreise" gehen, in Wissensbasen navigieren und dabei Wissen erwerben.

Speichermedien

Das Zusammenwachsen von elektronischen Massenmedien und Audio/Video-Technologie mit elektronischen Printmedien und Verlagstechnik ermöglicht die Aufbereitung von multimedialen Informationen in elektronischen Archiven vor allem von Stand- und Bewegtbildern. Das Technologiefeld 3 „Speichermedien" ermöglicht die Bereitstellung von multimedial produziertem Material auf Datenträgern für den Aufbau und Abruf von Informations- und Wissensbasen und einen wahlfreien Zugriff auf die angebotenen Informationen. Im Bereich der Unterhaltungselektronik gibt es beispielsweise Multimedia-Systeme, die an ein Fernsehgerät angeschlossen werden und die Informationen mittels der Fernbedienung interaktiv angesteuert werden.

Das Problem ist auch hier der Speicherbedarf von digitalisierten multimedialen Informationen. Dies macht den Einsatz von optischen Speichermedien, die über eine hohe Aufzeichnungsdichte und damit hohe Speicherkapazitäten verfügen, notwendig. Zur Einsparung von Speicherkapazitäten bei der Digitalisierung und zur Einsparung von Übertragungszeit beim Abruf von Informationen sind Kompressionsverfahren erforderlich. Die derzeitigen Kompressionsmöglichkeiten haben die Medienintegration zusätzlich beschleunigt.

Internet-Technologien

Die dritte Triebkraft beschreibt die zunehmende Vernetzung zwischen den Unternehmen auf der ganzen Welt. Weltumspannende Netzwerke, auch Informationsautobahnen genannt, stellen die in einer Informationsgesellschaft erforderliche Infrastruktur zur Kommunikation und zur Informationsversorgung dar. Die derzeit weltgrößte Informationsautobahn ist das Wide-Area-Netzwerk Internet, das mit fünf Millionen Rechnern über 50 Millionen Menschen in rund 80 Ländern dieser Erde verbindet und täglich zunimmt. Das Internet hat seinen Ursprung in dem 1969 vom US-Verteidigungsministerium entwickelten Forschungsnetz „ARPANET" (Advanced Research Project Agency), dessen Grundideen weiterentwickelt wurden und das Internet zu dem machten, was es heute ist: die Summe aller miteinander verbundenen TCP/IP-basierten Netze, die von Forschungseinrichtungen und großen Unternehmen betrieben werden. So hat der Prozeß der Netzwerkintegration durch das Internet begonnen und es kann damit gerechnet werden, daß Anfang des 21. Jahrhunderts der „Online-Multimedia"-Markt über weltweite Netze stattfinden kann.

Trendszenarien

Die Technologiekonvergenzen werden den Unternehmen eine Reihe von neuen Aktionsfeldern für Einsatzkonzepte bieten. Im Vordergrund stehen dabei:

- Internet Video Multicasting,

- Intranet Broadcasting und Collaboration,

- Video Conferencing und Groupware als zukünftige Technologie Szenarien.

Internet Video Multicasting

Die kombinierte Nutzung von Audio/Video- und Web Technologien eröffnet Technologieszenarien unabhängig von Produkten und Netzzugängen sowohl für TV als auch PC-basierte Endgeräte. Im Vordergrund stehen On Demand und Videocasting Konzepte über das öffentlich zugängliche Internet.

1. TV-basierte Anwendungen an einem PC als Endgerät realisieren die Nutzung von TV-Programmen mit Zusatzinformationen, die über das Internet bereitgestellt werden. Für die Zuführung dieser Inhalte wird die vertikale Austastlücke des Fernsehkanals verwendet (zum Beispiel Intercast von Intel). Ein entsprechender Zugang wird auch über ein Fernsehgerät möglich sein (zum Beispiel WebTVNetworks).

2. Internet-basierte Anwendungen realisieren die Nutzung von Videoinhalten, die im Internet abrufbar sind. Diese Inhalte liegen

auf einem Videoserver in digitalisierter und komprimierter Form vor und werden nach Bedarf (On Demand) entweder durch Download oder real-time abgerufen (zum Beispiel VDOnet). Zur Verbesserung der Performance der Übertragung werden die Anfragen im Web gemacht, die Videoinhalte aber über Satellit übertragen. Dies erfordert die entsprechende Empfangsmöglichkeit am PC (zum Beispiel DirecPC).

3. Live Internet Multicasting realisiert darüber hinaus das Broadcasting von Live-Programmen wie zum Beispiel Konferenzen, Konzerte, Presseinterviews (zum Beispiel Mbone, RealAudio-Video).

Intranet Broadcasting und Collaboration

Die kombinierte Nutzung von Audio/Video-, Web und Collaborative Technologien eröffnet die Möglichkeiten, in einem Corporate Network über LAN-basierte Netze Video-zentrierte Anwendungen zu realisieren. Damit ist die Grundlage geschaffen, Videoinhalte als neues Medium zur Unternehmensinformation und -kommunikation einzusetzen.

1. Videoinhalte werden in einem Unternehmen verteilt (Broadcasting Service) beispielsweise auf einem Videoserver zum bedarfsorientierten Abruf (On Demand Service) bereitgestellt. Die Broadcasting Lösung kann analog eintreffende Sendungen digitalisieren und sie anschließend im LAN „senden" (Virtual TV). Es können ebenso auf einem Videoserver vorliegende Videos gesendet werden. Die Übertragung der Videos erfolgt parallel zur konventionellen Datenkommunikation und soll diese nicht behindern (zum Beispiel Starlight, @Work).

2. Video Publishing erlaubt alle Medientypen der Information in einer gemeinsamen Desktop Umgebung mit Hilfe von Web Browsern darzustellen sowie mit konventionellen Anwendungsprogrammen zu manipulieren. Damit können Video Services in die Unternehmensabläufe integriert werden und das Medium Video nicht nur als Informationsdienst sondern als Arbeitsmittel genutzt werden (zum Beispiel Mediadesk).

Video Conferencing und Groupware

Das Zusammenwachsen von Audio/Video- und Collaborative Technologien eröffnet ein weiteres Spektrum der Kommunikation und Interaktion. Produkte und Services, die diesem Feld zuzuordnen sind, basieren weitgehend auf DVC (Desktop-Video-Conferencing) und CSCW (Computer Supported Cooperative Work) Technologien. Die DVC Technologie kann als eine der Schlüsseltechnologien für die kooperative Unterstützung von Arbeitsprozessen angesehen werden. Der Austausch von Informationen wird ergänzt durch das Gespräch zwischen den Personen über Telekommunikation.

1. Mit der zunehmenden Verfügbarkeit von (Euro-)ISDN, der zunehmenden Verbreitung multimediafähiger Arbeitsplätze und Fortschritten auf dem Gebiet der Datenkompression wird die Kombination der face-to-face-Kommunikation und der gemeinsamen Dokumentbearbeitung eine bezahlbare Funktionalität an jedem Arbeitsplatz. Typische Produkte auf Basis von H320 sind hier Proshare oder PictureTel. Der Nachteil bislang verfügbarer Produkte ist die noch fehlende Integration mit Internet Techologien.

2. Internet-basierte DVC-Systeme ermöglichen zukünftig Multipoint Conferencing und Groupware-Unterstützung (zum Beispiel DeLiberation) und sind daher besonders geeignet Extranet-Konzepte zu realisieren.

Megatrend II: Dienstleistungswirtschaft

Der Übergang von der Industrie- zur Dienstleistungswirtschaft ist in vollem Gange. Wurde im Rahmen der volkswirtschaftlichen Sektoren bislang von den drei Sektoren Landwirtschaft, Industrie und Dienstleistung ausgegangen, so zeichnet sich nun die Aufspaltung des Dienstleistungssektors in den Sektor der öffentlichen Dienstleistungen für Verwaltungen, Handel und Verkehr und in den Sektor der Informationsdienstleistungen ab (Abbildung 21). Daraus läßt sich folgende These ableiten:

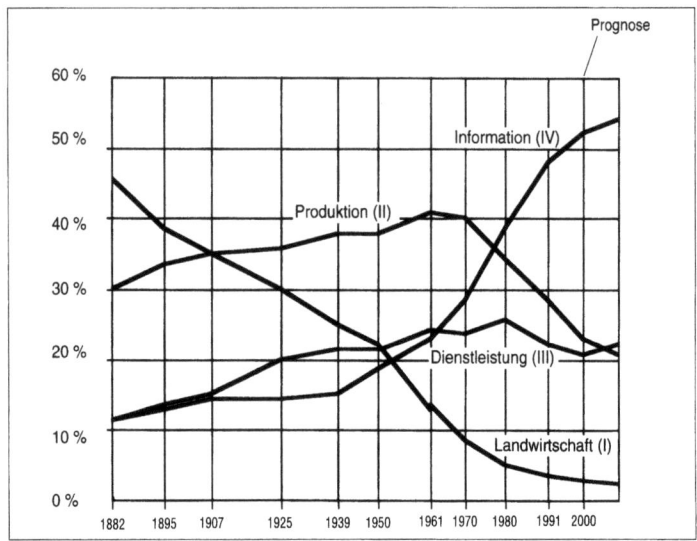

Abbildung 21: Entwicklungsprognose für zukünftige volkswirtschaftliche Sektoren

„Der Informationsdienstleistungssektor wird bereits im Jahr 2000 mehr Beschäftigte haben als heute die Automobilindustrie. Unternehmen werden zum einen zunehmend neue Dienste unabhängig vom Produkt und zum anderen Zusatzdienste rund um das Produkt anbieten. Die Wettbewerbsfähigkeit hängt damit zukünftig zunehmend vom Angebot an Dienstleistungen als vom physikalischen Produkt ab. Die Triebkräfte, die zu dieser Entwicklung führen, sind einer Reihe von Faktoren zuzurechnen: der Globalisierung, der Ressourcenknappheit und der Kundenorientierung".

Triebkräfte

Globalisierung

Offene Grenzen und zunehmend mobiles Kapital, mobile Technologien und mobiles Wissen zwingen die Staaten heute in einen globalen Wettbewerb um Märkte und Standorte. Dienstleistungen werden dabei zum entscheidenden Faktor. Die zunehmende Globalisierung ist gekennzeichnet durch die rasant steigende Schnelligkeit der Wandlungsprozesse. Angesichts von kürzeren Produktlebenszyklen, Marktsättigung in vielen Bereichen und sich immer mehr angleichenden Produkten mit beinahe identischer Qualität entscheidet die informationstechnisch gestützte Verkürzung von Entwicklungs-, Produktions- und Distributionszyklen immer mehr über den Erfolg auf internationalen Märkten. Wissen und Information werden vor diesem Hintergrund zu einem zentralen Produktionsfaktor, in ihrer Bedeutung vergleichbar mit klassischen Produktionsfaktoren wie Boden, Rohstoffe, Kapital und Arbeit. Der rasche und weltweit mögliche Austausch von Informationen führt zu einem Abbau räumlicher und zeitlicher Beschränkungen und zum Teil zu einer Standortunabhängigkeit bei der Herstellung von Produkten und der Erbringung von Dienstleistungen.

Erfolg im globalen Wettbewerb bedeutet deshalb sowohl Erfolg im Wettbewerb um Standorte als auch bei der Exportfähigkeit von Dienstleistungen. Hierfür muß das Verständnis des „klassischen Exportmodells" erweitert werden, das heißt es gilt, nicht alleine über (neue) Dienstleistungen, die direkt exportiert werden können, nachzudenken, sondern auch über (neue) Dienstleistungen, die ausländische Kunden veranlassen, nach Deutschland zu kommen. Beides leistet einen positiven Beitrag zur Export-/Import-Bilanz von Dienstleistungen, verlangt aber einen Ausbau der multikulturellen Kompetenzen von Wirtschaft, Staat und Bürgern.

Anhaltend hohe Defizite im grenzüberschreitenden Dienstleistungshandel und großer Nachholbedarf beim Outsourcing deuten jedoch auf einen deutlichen Rückstand Deutschlands gegenüber den USA und auf ein erhebliches noch nicht genutztes Beschäftigungspotential im Servicebereich hin. Ein Vergleich von Dienstleistungsexport und -import einiger ausgewählter OECD-Staaten ergab beispielsweise für das Jahr 1993 das folgende Bild: während das Verhältnis von Dienstleistungsexport zu -import in Ländern wie den USA (148 Prozent), Frankreich (121 Prozent) oder Großbritannien (120 Prozent) eindeutig positiv war, belief es sich in Deutschland auf lediglich 55 Prozent.

Ressourcenoptimierung

Der klassische Widerspruch zwischen Ökonomie und Ökologie ist weitgehend aufgelöst. Die Erkenntnis, daß für ein nachhaltiges und zukunftsfähiges Wirtschaften nicht der Verbrauch, sondern der optimale Einsatz von Ressourcen von übergeordneter Bedeutung ist, hat sich durch die Entwicklung neuer Managementprinzipien und Controllingverfahren durchgesetzt: bei der Betrachtung der gesamtwirtschaftlichen Entwicklung zeigt sich ein hoher Anteil an öko-effizienten Dienstleistungen, das heißt der Kundennutzen wird mit geringer Materialintensität erbracht.

Einher mit dieser Entwicklung geht eine grundlegende Mentalitätsänderung der großen Konzerne: sie entwickeln neue umfassende Steuerungsmechanismen, die neben der Bewertung harter Faktoren die Kontrolle der Softfacts, der gesamten Ressourcen vom Know-how bis hin zur Bewertung von Beziehungsnetzwerken erlauben (Ressource Accounting statt Financial Accounting). Diese Weiterentwicklung des Kennzahlensystems ist umso bedeutungsvoller als dies einen erheblichen Einfluß auf die Unternehmensbewertung der Zukunft hat. Der Wert zukunftsfähiger Unternehmen hängt dabei wesentlich von ihren Human Ressourcen, das heißt Qualifikationen und Kernkompetenzen ihrer Mitarbeiter ab. Sharing und Konzentration dieser knappen Ressourcen für Spitzenleistungen erfordert ein neues Dienstleistungsportfolio in den Unternehmen.

Kundenorientierung

Die Massenmärkte sind nahezu verschwunden. Keine Branche wird im Jahre 2000 noch für einen anonymen Massen-Kunden produzieren. Es wird zur grundlegenden Aufgabe des Wirtschaftens, die Ware dem Kunden und nicht den Kunden an die Ware anzupassen. So vergehen in der Automobilindustrie heute nur noch zwei Monate bis zwei genau identische Ausstattungen eines Mittelklassewagen hergestellt werden.

Die Kundenorientierung und die langfristige geschäftliche Kundenbindung, der „lebenslange Kunde", werden damit zu einem der bedeutendsten Unternehmensziele. Es geht darum, die verbindende Kraft zwischen einem Unternehmen und seinen Kunden zu maximieren. Dazu ist erforderlich, den Kunden so weit wie möglich zufriedenzustellen. Die Unternehmen in Deutschland haben weitgehend den Nachholbedarf zur Kundenorientierung erkannt und sind im Rahmen ihrer Business Reengineering Aktivitäten dabei, ihre Geschäftsprozesse in Richtung Kunde auszurichten.

Begründet ist dies in der Tatsache, daß sich immer mehr Märkte in der Sättigungsphase befinden. Das veränderte Anspruchsdenken der Kunden und global verfügbare Produkte, die sich in Qualität, Leistungsvermögen und Technologie angeglichen haben, zwingen Unternehmen zu einem fundamentalen Überdenken ihrer Marktaktivitäten. Diese strategische Neuausrichtung zur Kundenorientierung sorgt für eine wesentliche Erhöhung der Ressourcenproduktivität und eine Verminderung der Stoffströme, indem der Nutzwert einer Dienstleistung gegenüber dem Warenwert eines Gutes von der Nachfrageseite deutlich höher bewertet wird (Pay-Per-Use-Prinzip).

Trendszenarien

Die aufgezeigten Triebkräfte für eine Dienstleistungswirtschaft zeigen sich verdichtet in folgenden Dienstleistungs-Szenarien:

- vom Produkt zur Dienstleistung,
- Unternehmensnetzwerke,
- Intelligente Produkte und Dienstleistungen,
- Kundenmanagement.

Vom Produkt zur Dienstleistung

Zu dem in Deutschland unzweifelhaft vorhandenen Verfahrens-Know-how muß in Zukunft auch eine verstärkte Berücksichtigung der Bedeutung von Betreiber-Know-how hinzukommen. Im klassischen industriellen Bereich des Fahrzeugbaus, der einen maßgeblichen Beitrag zu der wirtschaftlichen Blüte Deutschlands geleistet hat, bedeutet dies: die Herstellung eines Fahrzeuges wird durch die Verbindung mit vorgelagerten, begleitenden, aber auch anschließenden Dienstleistungen weiter angereichert, individuell zugeschnittene Problemlösungen sind gefragt. Es steht also nicht mehr das „Produkt Fahrzeug" im Mittelpunkt, stattdessen ist der Kunde von morgen in einer umfassenderen Sichtweise an der „Dienstleistung Mobilität" interessiert. In diesem Zusammenhang ist an neue Nutzungskonzepte wie das Car Sharing, neue Lieferservices oder verkehrsträgerübergreifende Transportdienste zu denken. Bei der Entwicklung innovativer Fahrzeuge werden Dienstleistungen wie Verkehrsleitsysteme, Telematik, Fahrzeug- und Fuhrparkmanagement eine richtungsweisende Rolle einnehmen.

Es läßt sich festhalten, daß Unternehmen durch die gezielte Anreicherung des Leistungsprofils mit (industriellen) Dienstleistungen bedeutsame Differenzierungsmöglichkeiten zur Individualisierung ihres Angebots an die Hand bekommen. Es geht demnach bei der Frage der Synergie von Produktion und Dienstleistung nicht in erster Linie um die Steigerung des Ertrags, sondern vor allem um die Erhöhung der Kundenbindung und Kundenzufriedenheit, die Möglichkeit zur Gestaltung wirksamer Eintrittsbarrieren durch das Angebot unverwechselbarer komplementärer Dienstleistungen und in vielen Fällen auch um die Erschließung neuer Geschäftsfelder.

Um neue und qualitativ hochwertige Arbeitsplätze zu schaffen, liegt der aktuelle Handlungsbedarf nicht mehr allein in der Erschließung von Rationalisierungspotentialen, sondern es müssen zukünftig verstärkt auch Anstrengungen zur Entwicklung neuer (Dienstleistungs-) Produkte unternommen werden. Langfristig kann der Dienstleistungsstandort Deutschland im internationalen Umfeld nur dann erfolgreich verteidigt und ausgebaut werden, wenn es gelingt, die Innovationsdynamik zu steigern. Als Exportnation und Hochlohnland muß sich die deutsche Volkswirtschaft auf den Märkten behaupten, auf denen sie mit innovativen Produkten und Dienstleistungen eine hohe Wertschöpfung erzielen kann. Hier könnten Sektoren wie die Mediendienste, die Finanzdienstleistungen, das Gesundheits- und Bildungswesen, aber auch Ökodienstleistungen zu exportfähigen Dienstleistungen heranwachsen.

Im Zusammenhang mit dem Trend vom Produkt zur Dienstleistung ist auch die Frage nach der marktgerechten Entwicklung von Dienstleistungsinnovationen (Service-Engineering) als zentrales Handlungs- und Gestaltungsfeld der Dienstleistungen der Zukunft anzusprechen. Angesichts der rasanten Zunahme der Innovationsdynamik bei Dienstleistungsprodukten vertrauen kreative Unternehmen hier zunehmend nicht mehr allein auf ihr internes Know-how, sondern bemühen sich, neue Lösungen in enger Kooperation mit Lieferanten, Abnehmern, Forschern und Designern zu entwickeln.

Die Beschleunigung dieser Entwicklungsprozesse steht im Mittelpunkt neuer Methoden und Werkzeuge des Projektmanagement wie Concurrent Engineering oder Rapid Prototyping.

Gemeinsam ist diesen Konzepten, verteilten Sachverstand organisatorisch und technisch (zum Beispiel durch Groupware und Telekooperation) so zu unterstützen, daß Entwicklungsarbeiten parallelisiert und dadurch erheblich beschleunigt werden können.

Unternehmensnetzwerke

„Rund um die Uhr und rund um den Globus" sind die Trends des ersten Jahrzehnts im 21. Jahrhundert. Elektronische Marktplätze bilden die Infrastruktur für marktförmige Koordinationsformen in den neuen Netzwerkunternehmen. Hierarchien und starre Strukturen sind durch (virtuelle) Teams und fraktale Prinzipien sowie autonome Steuerungsbefugnisse abgelöst. Eine Vielzahl von qualitativ hochwertigen, teamorientierten Arbeitsplätzen sind entstanden. Der Information-Superhighway wird diesen Prozeß weiter beschleunigen, indem er die Unabhängigkeit von Raum und Zeit für die Erstellung von Dienstleistungen ermöglicht. Die Mehrheit der Erwerbstätigen wird in der Lage sein, von zu Hause aus, in wohnortnahen Telecommuting-Offices oder von wechselnden Einsatzorten (insbesondere beim Kunden) ihre Arbeitszeit abzuleisten. Die weltweite Vernetzung macht es Unternehmen möglich, über elektronische Infrastrukturen Geschäftsbeziehungen mit anderen Unternehmen aufzubauen und ihre Informationslogistik darüber abzuwickeln.

Dabei entstehen virtuelle Unternehmen, die ihre wirtschaftlichen Leistungserstellungs- und Verwertungsprozesse über diese informationslogistischen Infrastrukturen abwickeln. Netzwerke mit den unterschiedlichsten Facetten einer zwischenbetrieblichen Arbeitsteilung unter gemeinsamer Anwendung informationslogistischer Infrastrukturen sind denkbar: Wertschöpfungsnetze, in denen Unternehmen Effizienz- und Effektivitätsvorteile in der Wertschöpfungskette nutzen, Dynamische Netzwerke, in denen Funktionen und Arbeitsleistungen von unabhängigen, rechtlich selbständigen Unternehmen ausgeführt werden, die über einen Koordinator organisiert und abgestimmt werden, oder EDI-Netzwerke zum elektronischen Geschäftsdatenaustausch.

Die internationale Dimension der Leistungserstellung der Zukunft, insbesondere bei den wissens- und informationsintensiven Dienstleistungen, soll am Beispiel regionaler und globaler Kooperationsnetzwerke gezeigt werden. So beobachten wir heute im Bereich Information, Engineering und Multimedia, daß verschiedene Geschäftsbereiche eines Anbieters weltweit – abhängig von den jeweiligen lokalen Standortvorteilen – verteilt sind und daß bestimmte zusätzlich benötigte Leistungen, die der Anbieter nicht selbst erstellen will oder kann, über verschiedenste Formen der Kooperation hinzugewonnen werden.

So befindet sich beispielsweise der Horchposten und der Einkauf eines global agierenden Anbieters in Kalifornien/Silicon Valley, der Transfer von Content erfolgt in New York/Silicon Alley, das Headquarter ist in Deutschland (dort erfolgt die Planung sowie die Forschung und Entwicklung, zugleich befindet sich hier das World Support Center und das Regionalcenter Europa), von dort aus wird in die neuen Märkte Osteuropas exportiert, über Joint Ventures werden schließlich Entwicklungspartnerschaften in Indien abgeschlossen, der Export und Vertrieb nach Japan erfolgt wiederum über Lizenznehmer.

Intelligente Produkte und Dienstleistungen

Während bei traditionellen Produkten ein Großteil des Wertes an den materiellen Wert oder den unmittelbaren Aufwand, der für die

Produktion notwendig war, gebunden ist, wird die Wettbewerbsfähigkeit eines intelligenten Produktes neben der Leistungsfähigkeit
von Marketing und Verkauf an seinem kundenindividuellen Nutzwert gemessen, das heißt, es zeichnet sich durch eine hohe Anpas-
sungsfähigkeit gegenüber den Kundenwünschen aus. Die Bedeutung des Nutzwertes bei intelligenten Produkten steigt, wenn

- das Angebot eine hohe Aktualität aufweist,

- hoch standardisierte Inhalte eine zuversichtliche, langfristige
  Nutzung garantieren,

- sich dem Kunden durch die Nutzung ein Kostenvorteil bietet,

- eine Integration in bereits vorhandene Produkte problemlos möglich ist,

- kundenindividuelle Anpassungen auch nachträglich noch möglich sind,

- der Kunde befähigt wird, durch die Nutzung seine eigenen Produkte, Prozesse dadurch zu verbessern,

- vor- und nachgelagerte Dienstleistungen davon profitieren.

Das Produkt kann dabei selbst mit Intelligenz ausgestattet sein, zum
Beispiel in Form digitaler Informationen oder bestimmter Werk-
stoffeigenschaften, oder es kann in ein intelligentes Umfeld – als
immaterielle Add-Ons – eingebettet sein. Im Rahmen des Life-
Cycle-Engineerings werden von der Entwicklung über den Service
bis hin zur Ablösung durch ein neues Release sowie die Entsorgung
solche Serviceprodukte entwickelt und in Anspruch genommen.
Die Produktlandschaft von Gütern und Dienstleistungen wird dabei
immer mehr von Informationsprodukten dominiert.

Entwicklung und Verkauf immaterieller Produkte werden wichtige
Zukunftsmärkte beherrschen. Informationen in digitaler Form können ohne Qualitätsverlust gelagert, transportiert und weiterverar-
beitet werden. Die Digitalisierung der Informationsprodukte und
-prozesse führt zu einem Im- und Export von Dienstleistungen in
bisher nicht gekanntem Ausmaß.

Kundenmanagement

In der Beziehung Unternehmen und Kunde stehen zwei Faktoren im Mittelpunkt. Zum einen ist dies das Ergebnis der Interaktion und zum anderen die Interaktion selbst. Die Interaktion zwischen Unternehmen und Kunde dient dazu, eine langfristige Partnerschaft aufzubauen und zu pflegen. Diese Beziehung geht über heutige Vorstellungen weit hinaus. So steht nicht mehr die eigentliche Leistungserbringung im Zentrum der Beziehung, hinzukommt eine Dimension, die heute schon vereinzelt von Markenführern berücksichtigt wird: die Emotionalität. Es vollzieht sich ein Wandel von der reinen Nutzenstiftung hin zum Erlebnis. Unternehmen sind dann nicht mehr nur Lieferanten von Autos, Turnschuhen oder Finanzierungskonzepten sondern sie entwickeln sich zu einem Mythos. Das Unternehmen bietet Sicherheit, Vertrauen und die Möglichkeit, individuelle Visionen und Träume zu verwirklichen. Standardleistungen erlangen so durch die Dimension Emotionalität Individualität. Der Kunde möchte in Zukunft nicht nur ein Produkt oder eine Dienstleistung abfragen, für ihn wird es vermehrt darauf ankommen, Teil symbolischer Interaktionen zu sein, Identifikation und Vertrautheit durch die Schaffung einer bestimmten Lifestyle-Umgebung zu erlangen oder durch den Kauf eines Produktes oder Services das Eintreten für ethische, ökologische und politische Werte zu manifestieren Der Kunde identifiziert sich mit dem Unternehmen, dem Image und projiziert sich in den verkörperten Lebensstil. Unternehmen, die diese Wirkung erkannt und in ihrer Markenphilosophie aufgenommen haben, sind beispielsweise Nike, Porsche oder Swatch.

Das Kundenproblem ist Ausgangspunkt der Dienstleistungsgenerierung beispielsweise der Leistungsdefinition. Zu berücksichtigen gilt die „emotionale Dimension". Diese finden ihren Niederschlag in einem bedürfnisorientierten Ansatz, in den Prozessen der Kunden zu denken und dabei den Einfluß seines individuellen Umfeldes zu berücksichtigen. Kundenbedürfnisse unterliegen permanenten äußeren Einflüssen und sind damit kontinuierlich Veränderungen ausgesetzt. Diese Veränderlichkeiten gilt es zu prognostizieren und abzubilden. Es muß eine Art offene Wahrnehmung aufgebaut werden, um die Entwicklung der Kunden vorherzusehen und somit frühzeitig in entsprechenden Leistungen berücksichtigen zu können.

Megatrend III: Informationsgesellschaft

Im gesamten Wirtschaftsprozeß entstehen täglich neue Informationen in einer Vielzahl von Datenbeständen, die in einer Informationsgesellschaft allen Akteuren unter Berücksichtigung von Eigentumsrechten und Datensicherheit zur Verfügung stehen können. Damit geht folgende These einher:

„Weltweit werden sich jährlich die Zahl der an Netze angeschlossenen Wissensbasen bei den Diensteanbietern verdoppeln. Auf der anderen Seite werden sich die Halbwertszeiten von Wissen und Gelerntem in einer vom Wandel dynamisierten Zeit, insbesondere in den Zukunftsmärkten der Informations- und Medienbranche verkürzen. Diese Informationsgesellschaft wird hervorgerufen durch die Triebkräfte einer Gesellschaft, die nach Wissenszuwachs strebt, nach neuen Lebens- und Arbeitsformen sucht und gleichzeitig ein hohes Kommunikationsbedürfnis befriedigen möchte".

Trendsezenarien

Aus dieser These ergeben sich eine Reihe von Trendszenarien, wie

* integrativer Lebensstil,
* lebenslanges Lernen,
* und Personalisierung der Information,

die im folgenden kurz skizziert werden.

Integrativer Lebensstil

Die Informationsautobahnen verändern in entscheidender Weise die Arbeitswelt und die Lebensweise der Informationsgesellschaft. Die klassische Trennung von Leben, Arbeiten und Lernen ist in der Informationsgesellschaft weitgehend aufgehoben, die Verbindung verschiedener Lebenssphären erfolgreich umgesetzt. Die privaten Haushalte haben als Prosumer eine Reihe von Produktionsfunktionen reintegriert. Die Integration privater und geschäftlicher Welten macht es möglich, den Arbeitsplatz in die Wohnung, in das Hotelzimmer, in das Auto, Zug und Flugzeug oder in den Liegestuhl am Strand zu verlagern, sofern eine Vernetzung über die Informationsautobahn besteht. Die damit verbundenen Veränderungen in den Arbeitsstrukturen und -abläufen der Unternehmen erfordern qualifizierte Mitarbeiter im Bereich der Technikanwendung.

Das Wachstum der individuellen Zeitautonomie – soweit möglich angepaßt an die individuelle Leistungskurve – erlaubt es, klassische Barrieren durchlässiger zu gestalten. Arbeits- und Privatsphäre verlieren ihre Trennschärfe. Die Familie wurde als Produktions- und Sozialgemeinschaft wiederentdeckt.

Dies bdeutet jedoch nicht eine Renaissance der Kinderarbeit, sondern die Chance für alle Familienmitglieder besser an den verschiedenen Lebenswelten der anderen teilzuhaben und – falls gewünscht – auch daran mitzuwirken (zum Beispiel lebenslanges Lernen, Erziehung). Das Standardkarrieremodell Bildung-Arbeit-Ruhestand mit der dazwischen geschobenen Familienphase wird abgelöst durch kürzere, sich abwechselnde Abschnitte von Bildung und Weiterbildung, Freizeit und Erholung sowie Erziehung und Arbeit, aber nicht nur die Lebensarbeitszeit wird flexibler gestaltet, sondern auch die tägliche und wöchentliche Arbeitszeit.

Dies betrifft nicht nur die Frage Teilzeit/Vollzeit, sondern auch die Lage der wöchentlichen Arbeitszeit: Samstag und Sonntag werden Regelarbeitstage.

Die SOHOs („Small Office, Home Office") dominieren die Dienstleistungserstellung der Zukunft. In ihnen sind die „Lebensunternehmer" als Telearbeiter an mobilen Einsatzorten tätig. Allerdings drohen durch diese „Rund-um-Verfügbarkeit" und der Auflösung traditioneller Beziehungen auch eine Reihe von negativen Wirkungen wie soziale Isolation und Verringerung der gesellschaftlichen Kohäsionskräfte.

Lebenslanges Lernen

Trotz der Modernisierung des Bildungssystems, die bis heute zu einer wesentlichen Anhebung des Qualifikationsniveaus geführt hat, überfordert dieser dynamische Wandel die Qualifikationsanforderungen von Teilen der Bevölkerung.

Die noch bestehenden pessimistischen Prognosen, daß 20 Prozent der Bevölkerung von der Informationsgesellschaft ausgeschlossen bleiben (Informationsapartheid), machen gewaltige Anstrengungen notwendig, um insbesondere bildungsferne und ältere Bevölkerungsgruppen an die neuen Anforderungen bezüglich Medienkompetenz, das heißt die Fähigkeit zur angemessenen (technisch-gestützten) Auswahl, Bearbeitung und Kommunikation neuer Medien, heranzuführen. Neben der (Fort-)Entwicklung altersgerechter Benutzerschnittstellen müssen lokale Tele-Beratungs- und Schulungszentren diesen Bevölkerungsgruppen unter Anleitung einen öffentlichen Zugang zu neuen Technologien ermöglichen.

Die schrittweise Umstellung auf das Konzept des lebenslangen, vernetzten Lernen ermöglicht dem Bildungssystem erhebliche Verwerfungen in den Berufen und Berufsbildern abzufedern, beispielsweise im Bereich der Datenerfassung, wo in der Vergangenheit durch eine breite Diffusion der Sprachsteuerung die Masse der Tätigkeiten wegfiel. Öko-effiziente Serviceorientierung wandelt das Anforderungsprofil zahlreicher Berufe.

Die Dynamisierung der Berufsprofile wird einhergehen mit einer Individualisierung der Erwerbs- und Bildungsbiographie. Im Zuge der Vernetzung von Schulen und Privathaushalten wird sich der Anteil an Selbstlernphasen und Lernphasen vor Ort („Lernen durch Entdeckung/Neugierde/Experiment") erhöhen. Plurale Lerntechniken wie Lernen über Vorstellungsbilder werden klassische Unterrichts- und Trainingsmethoden ergänzen. Statische Lernorte wie Schule/Universität werden ebenso an Bedeutung verlieren wie der Arbeitsort Betrieb. Mit der „Virtualisierung" der Bildungsangebote wird gleichzeitig die Chance und Herausforderung wachsen, professionelle internationale Bildungsangebote zu produzieren und neue Märkte im Bildungsbereich zu erschließen.

Personalisierung der Information

Die beträchtlichen Anstrengungen, um den „Information overload"
des Einzelnen und ganzer Organisationseinheiten zu verhindern,
werden sich auszahlen. Elektronische Agenten sowie Wissens- und
Expertendatenbanken unterstützen die Bevölkerung und die Unternehmen im breiten Einsatz – von der Auswahl der Dienstleistungen
für das tägliche Leben bis hin zu Forschungs- und Entwicklungs-
Leistungen hochspezialisierter Knowledge Worker. Informationsbeschaffung bei Bedarf ersetzt damit die unnötige Hortung von In-
formationsbeständen auf Vorrat.

Die Menschen werden vom Wandel zur Dienstleistungsproduktion
profitieren, weil die Leistungen nun individuell zugeschnitten und
On Demand angeboten werden können. Die Möglichkeiten der digitalen und medialen Visualisierung von Informationen sollen darüber
hinaus den Anwender befähigen, nicht nur im Informationsraum zu
navigieren und das Ergebnis zu repräsentieren, sondern den Stellenwert der Information und der Inhalte in die Beziehung zum relevanten Umfeld und zu Ereignissen einzubinden. Die Information wird
schließlich zum Ausdruck der eigenen Persönlichkeit mitsamt der damit verbundenen Originalität. Die Produktion von Wissen im Kontext der Personalisierung der Information ist die neue Form von Wis-
sensentstehung. Das Wissen wird damit seines Angewiesenseins auf
Trägermedien bewußt. Erst in diesem durch den Medienwandel aus-
gelösten Reflexionsprozeß wird sich die in der Informationsüberflu-
tung zunehmend orientierungslos werdenden Gesellschaft der Notwendigkeit bewußt, sich in eine Wissensgesellschaft zu wandeln, in
der Information ausgewählt, bewertet, in Beziehung gesetzt, gewich-
tet werden muß. Nur so können die neuen Möglichkeiten für das In-
formationshandling zu einem bewußten, lebenserleichternden und
sozial nicht zerstörenden Gebrauch gemacht werden.

Glossar

Administrator

Serververwalter/Systemverwalter. Auch eine Person, die berechtigt ist, Daten auf einem fremden Internet-Server zu erstellen und zu bearbeiten (Administratorfunktion).

ADSL (Asymetric Digital Subscriber Line)

Technologie zur Übertragung von Signalen mit bis zu zehn Mbits/s Bandbreite über konventionelle Telefonleitungen.

AOL (America Online)

Kommerzieller Online-Dienst. Er bietet Internetzugang und weitere Dienste.

Application Sharing

Beim Application Sharing teilen sich mehrere Personen Anwendungen auf Computern, die durch eine Konferenzschaltung miteinander verbunden sind. Alle Teilnehmer der Konferenzschaltung können die geteilte Anwendung sehen und damit gemeinsam Dokumente bearbeiten.

ASCII (American Standard Code for Information Interchange)

Eine genormte Zuordnungstabelle für eine Zuordnung von bis zu 256 Buchstaben zu Zahlen, um mit Hilfe der EDV und Elektronik, auch Texte erstellen, übertragen und speichern zu können. Der Buchstabe „A" ist demnach der Zahl „65" zugeordnet.

ATM (Asynchronous Transfer Mode)

Protokoll zur Übertragung von Daten mit einstellbarer Bandbreite. ATM wird auch als Breitband-ISDN bezeichnet.

Bandbreite

Die Bandbreite ist die Datenmenge, die über eine Kommunikations-
leitung übermittelt werden kann. Da mit höherer Bandbreite mehr Daten übermittelt werden können, ist eine Steigerung der Bandbreite eine
wichtige Voraussetzung für die Entwicklung des Information Highway. Der Zugriff auf alle möglichen Daten und deren Übertragung –
einschließlich Sprache, Text, Bilder und Video – über eine einzige
Leitung wird in absehbarer Zeit schnell und einfach sein.

BBS (Bulletin Board System)

Computersystem, das mit Modems oder ISDN-Karten an das Telefonnetz angeschlossen ist. Es dient Benutzern, die sich ihrerseits
über Computer und Telefonleitungen einwählen, als Datenaus-
tausch- und Nachrichtenvermittlungssystem (Mailbox).

B-ISDN

Ein für Datenkommunikation wie zum Beispiel Multimedia und Videokonferenz entstehender Breitbanddienst mit Verbindung zum
bestehenden Datex-P oder ISDN. Technisch ist dieser DQDB und
ATM kompatible Dienst bereits realisiert.

Bit (Binary digit)

Ein Bit ist entweder eine 1 oder eine 0 im binären Zahlensystem. Es
ist die kleinste Informationseinheit, die ein Computer bearbeiten
kann. Die einzelnen Bits enthalten wenig Information, die ein
Mensch als sinnvoll betrachten würde. Zu acht zusammengefaßt
werden die Bits jedoch zu den vertrauten Bytes, durch die alle Arten von Information, darunter die Buchstaben des Alphabets und die
Ziffern von 0 bis 9, dargestellt werden.

Breitbandnetz

Das Breitbandnetz gilt als Fundament des Zeitalters der digitalen
Kommunikation. Es wird eine so hohe Datenübertragungskapa-
zität oder Bandbreite haben, daß Daten, Sprache und Video simul-
tan und augenblicklich über große Entfernungen befördert werden
können.

Browser

Software-Programm zur Darstellung von Web-Seiten im HTML-Format.

Bus

Das Bus-System verbindet einzelne Teile des Systems, wie zum Beispiel den Mikroprozessor, den Festplattencontroller, den Speicher und die Eingabe/Ausgabe-Schnittstellen, und ermöglicht den Informationstransfer.

Byte

Byte ist eine Abkürzung für „binary term" und stellt eine aus acht Bits bestehende Informationseinheit dar. In der Datenverarbeitung oder -speicherung entspricht ein Byte einem einzelnen Zeichen, etwa einem Buchstaben, einer Zahl oder einem Satzzeichen. Da ein Byte nur eine geringe Informationsmenge darstellt, wird die Speicherkapazität eine Computers meistens in Kilobyte (1024 Byte) oder Megabyte (1048576 Byte) angegeben.

CBT (Computer Based Training)

CBT ist eine computergestützes Lernsoftware, die durch die Interaktivität des Programmes die didaktischen Vorteile des individuellen Lernens bietet. CBT ist die Basis von multimedialer Aus- und Weiterbildung in mittleren und größeren Unternehmen.

CERN

Europäisches Zentrum für Kern- und Elementarteilchenphysik in Genf. Wiege des World Wide Web.

CGI (Common Gate Interface)

Standard-Schnittstelle von HTTP-Servern und externen Programmen.

Chat

Online-Unterhaltung im Internet in virtuellen Räumen. Der User hat hier die Möglichkeit, Fragen über die Tastatur einzugeben und erhält dann Antworten von beliebigen im „Raum" befindlichen Personen.

Chipkarte

Eine Kreditkarte mit eingebautem Mikroprozessor und Speicher. Sie wird als Kennkarte oder für den bargeldlosen Zahlungsverkehr verwendet. Bei Einführung in ein Lesegerät kann sie Daten mit einem Zentralrechner austauschen. Sie ist sicherer als eine Magnetkarte und kann so programmiert werden, daß sie sich selbst zerstört, wenn das falsche Paßwort zu häufig eingegeben wird. Als Karte für den bargeldlosen Zahlungsverkehr kann sie Kontobewegungen und Kontostand speichern.

CompuServe

Derzeit wohl größter, weltweit operierender kommerzieller Online-Dienst. Er bietet unter anderem Internetzugang und weitere Dienste.

Container

Bezeichnet ein geschlossenes und strukturiertes Inhaltsangebot im Internet, bestehend aus einzelnen Inhaltsbausteinen, die jederzeit verändert und/oder erweitert werden können.

Cyberspace

Cyberspace ist ein Ausdruck, den der Science-Fiction-Autor William Gibson in seinem Roman Neuromancer prägte. Er beschreibt eine futuristische Welt, in der alle Computer in einem Netzwerk verbunden sind, und die Auswirkungen dieses Systems auf die Gesellschaft. Heute bezeichnet man den abstarkten Raum des Netzwerkes als „Cyberspace".

Datenhighway oder -autobahn

Das auch Information Highway genannte Netzwerk stellt die Gesamtheit aller Netze dar, die zur Fernübertragung von Bild, Text und Ton in digitaler Form im Internet genutzt werden.

Datex-M

Hochgeschwindigkeitsnetz für Industriekunden. Datentransferrate zwischen 2 und 140 Mbits/s.

Datex-P

Netz der Telekom zur paketweisen Übertragung von Daten.

Domain

Beschreibt den Standort eines bestimmten Server oder lokalen Computernetzes.

Download/Upload

Kopieren von Dateien von einem Server zu einem User (Client) und umgekehrt.

DQDB (Distributed Que Dual Bus)

Doppelbus, der zur Übertragung von AV (audiovisuellen)-Daten geeignet ist. Die Daten werden in Containern mit 53 Byte gesendet. 5 Byte werden für den Header genutzt, 48 Byte davon sind Nutzinformationen. Geschwindigkeiten reichen von 34 bis 140 Mbit/duplex.

DVB (Digital Video Broadcast)

Norm zur Übertragung digitaler Videodaten; ermöglicht die Übertragung von bis zu zehn digitalen Videos in einem konventionellen analogen Kanal ohne sichtbare Qualitätsverluste.

E-Cash (Electronic Cash)

Elektronisches Bargeld, das eine bargeldlose Bezahlung von Waren und Dienstleistungen ermöglicht. Der User erhält von seiner Internet-Bank eine Codenummer. Mit Hilfe dieser Codenummer kann der User bei einem Anbieter Waren bezahlen. Der Betrag wird dem Anbieter nach der codierten Übermittlung von der Internet-Bank gutgeschrieben.

Edutainment

Kunstwort aus Education = Lernen und Entertainment = Unterhalten.

E-Mail (Electronic Mail)

Verschicken von Textinformationen über Modem und Internet. Mit E-Mails können auch kleine Programme und andere Dateien verschickt werden. Eine E-Mail besteht aus zwei Teilen, dem Briefkopf (header) für die technischen Informationen und dem eigentlichen Textteil (body).

EDV (Elektronische Datenverarbeitung)

EDV dient zur digitalen Verwaltung von Daten aller Art.

Electronic Commerce

Unter Electronic Commerce ist das Anbieten, das Aushandeln und die Abwicklung von Geschäften über Online-Dienste (wie zum Beispiel T-Online, CompuServe) oder das Internet unter Nutzung von Web-Technologie zu verstehen.

File Server

Computer, der dem Programm-Daten zur Verfügung stellt.

Flaming

Öffentliche Beschimpfung im Internet.

FTP (File Transfer Protokoll)

Datenübertragungsprotokoll zum Datenaustausch im Internet. Das FTP erlaubt es Internet-Usern auf frei zugänglichen Hostcomputern Bild- und Textdokumente sowie kleine Anwenderprogramme zu suchen und herunterzuladen (download).

Gateway

Als Gateway wird der Übergang von einem Netzwerk in ein anderes Netzwerk, welches auf einem anderen Protokoll basiert, verstanden.

GIF (Graphics Interchange Format)

Ein von der Firma CompuServe entwickeltes verlustfreies Bildkomprimierungsverfahren. Die meisten im World Wide Web dargestellten Grafiken sind im GIF-Format gespeichert. Besonders geeignet bei Strichzeichnungen und Grafiken ohne Farbverläufen. Maximal 256 Farben. Häufige Verwendung im Online Bereich.

Gigabyte

Ein Gigabyte entspricht 1024 Megabyte.

Glasfaserkabel

Beim optischen Datentransfer werden Lichtwellen, die zwecks Informationsübertragung moduliert werden können, durch Glasfasern geschickt. Die optischen Fasern, die aus Glas oder sonstigem lichtdurchlässigen Material bestehen, werden zu Hunderten in einem Kabel gebündelt. Ein einziger Strang kann erheblich mehr Informationen übertragen als die meisten übrigen Mittel der Datenübertragung. Glasfaserkabel bilden in Verbindung mit anderen Arten von Kabeln und drahtlosen Verbindungen den „Asphalt" der Datenautobahn.

Global Sourcing

Bezeichnet allgemein eine unternehmerische, strategische Ausrichtung auf internationalen Beschaffungs- und Absatzmärkten mit dem Ziel der Produktionskostensenkung. Zu den denkbaren Diensten im Rahmen des Global Sourcing zählt insbesondere das weltweite Aufspüren von günstigen Produkten und Dienstleistungen.

Gopher

Dienst zur Suche von Daten im Internet. Es bietet den Zugang zu unterschiedlichen Daten.

Groupware

Softwarewerkzeuge, die der Unterstützung und Koordination von Arbeitsgruppen dienen. Typische Groupwarebestandteile sind elektronische Post, gemeinsame Terminkalender und Projektplanungsinstrumente sowie Multi-User Datenbanken.

Home Banking

Home Banking oder home-banking umfaßt alle Anwendungen sowie die technischen Voraussetzungen für private Bankkunden, damit diese von ihrem jeweiligen Standort aus (zum Beispiel von zu Hause) Bankgeschäfte online erledigen können.

Homepage

Die Homepage ist die erste Seite eines Servers („Site") im World Wide Web. Homepages enthalten Hypertextverbindungen zu weiteren Informationen oder Web-Sites sowie andere Multimedia-Elemente, auf die der Inhaber der Homepage aufmerksam machen will. Die erste, zentrale Anlaufstelle eines Web-Servers.

Host

Computer der entweder zur Kommunikation oder als Datenbankrechner verwendet wird.

Hotline

Eine speziell eingerichtete Telefonauskunft von Unternehmen, zur Hilfestellung bei Fragen zu Produkten.

Hot link

Ein „link" (zu deutsch: Verbindung) kennzeichnet im allgemeinen eine Web-Adresse. „Hot links" sind empfehlenswerte Web-Adressen.

Hot spots

Sensitiver Bereich eines Bildes, einer Seite oder einer Textpassage. Schiebt man den Mauszeiger über einen solchen sensitiven Bereich, ändert er seine Form und erscheint zum Beispiel als Hand. Führt man innerhalb eines solchen sensitiven Bereiches einen Mausclick aus, wird auf eine andere Info-Seite gesprungen.

HTML (Hypertext Markup Language)

Seitenbeschreibungssprache des World Wide Web.

HTTP (Hypertext Transfer Protokoll)

Das Protokoll, das für den Transfer von Daten und Dokumenten zwischen Web-Servern und Web-Clients eingesetzt wird.

Hyperlink

Verzweigung zu einem neuen Dokument durch „Anklicken" eines markierten Hypertextes.

Hypertext

Dokument, mit markierten Text- oder Grafikelementen, das eine Verzweigung innerhalb dieser Seite oder auf andere Dokumente ermöglicht.

Information Highway

Siehe Datenhighway.

Internet

Weltweit größtes Computernetzwerk mit über 40 Millionen Usern. Die wichtigsten Internet-Dienste sind: E-Mail, FTP, World Wide Web, Telnet, Usenet Groups und WAIS.

Intranet

Inhouse-Netzwerk auf der Basis des Internet. Im Intranet werden Daten und Informationen mit Hilfe von Internet Programmen und Browsern ausgetauscht und dargestellt. Der Vorteil des Intranet liegt in der Plattformunabhängigkeit. So können Daten zwischen beliebigen Rechnersystemen ausgetauscht werden.

ISDN (Integrated Services Digital Network)

ISDN ist ein digitales, computergesteuertes Übertragungsnetz, mit dem Texte, Daten, Sprache und Bilder übermittelt werden können. Übertragungsgeschwindigkeiten: 64 kBit/sec (rund zwei Schreibmaschinenseiten), mit einem Modem über das Telefonnetz: 14,4 kBit/sec (eine halbe Schreibmaschinenseiten).

Java/Hot Java

Innovative Internet-Programmiersprache. Dient zur Darstellung komplexer Animationen und zur Programmierung von Web-Programmen. Hot Java erkennt Java-Programme – sogenannte „applets", die sich aus Seiten oder in Objekten befinden, und kann diese ausführen.

KIT-Standard (Kernsoftware für intelligente Terminals-Standard)

Die Multimedia-Software KIT für den Online-Dienst „T-Online" erlaubt die PC-typische Text- und Grafikdarstellung von Online-An-

wendungen. Die „Kernsoftware für intelligente Terminals (KIT)"
beschreibt eine multimediafähige Benutzeroberfläche, die die bisherige Seitenstruktur durch ein flexibles Management von Objekten
mit Text-, Grafik-, Foto- oder Soundinformation ersetzt.

Kryptographie

Kryptographie ist die Wissenschaft von der Geheimhaltung vertrau-
licher Nachrichten.

LAN (Local Area Network)

Computernetzwerk innerhalb eines Gebäudes oder eines Gebäude-
komplexes.

Layout

Die Gestaltung des Erscheinungsbildes eines Dokumentes.

Link

Bezeichnet den programmierten Sprungbefehl auf eine andere Seite
oder ein anderes Programmteil. Ein Link befindet sich unter einem
Hypertext (Wort oder Bild), das beim Anklicken zu einer Seite oder
einem Programmteil führt. Im allgemeinen kennzeichnet es eine
Web-Adresse.

Log-File

Datei eines Servers, die alle Datenzugriffe mit genauer Angabe über
Adresse, Zeit und besuchten Files/Seiten aufzeichnet.

Mail-Bombing

Das Zuschütten eines Netzanschlusses mit, in der Regel sinnlosen
Datenmengen, um diesen zu blockieren.

Mailbox

Mailboxen sind automatische Nachrichtensysteme, die einen oder
mehrere Anschlüsse an das Telefonnetz und/oder an das Datex-P-
Netz und/oder ISDN haben. Die Benutzer einer Mailbox können
sich in der Regel gegenseitig Nachrichten zukommen lassen und
nutzen die Mailbox als Kommunikationsforum. Außerdem bieten

Mailboxen häufig Programm- und Informationsbibliotheken zu den verschiedensten Sachgebieten an.

MAZ (Magnetische Aufzeichnung)

Bildaufzeichnungsverfahren aus der Videotechnik. Videosignale werden analog auf ein Magnetband aufgespielt.

Megabyte

Ein Megabyte entspricht entweder einer Million oder 1048576 (2^{20}) Byte.

Modem

Abkürzung für Modulator-Demodulator. Dank eines Modems ist der Computer in der Lage, Informationen über eine normale Telefonleitung zu übermitteln. Da der Computer digital und die Telefonleitung analog ist, braucht man ein Modem, um die digitalen Signale in analoge umzusetzen und umgekehrt. Doch ohne entsprechende Datenübertragungs-Software können Modems keine sinnvolle Arbeit leisten.

MPEG (Moving Pictures Expert Group)

MPEG ist ein von der gleichnamigen Gruppe entwickeltes Kompressionsverfahren für digitales Video. Der MPEG-1-Standard hat eine Übertragungsrate von rund 1,2 bis 5 Megabits pro Sekunde. Der neueren MPEG-2-Standard bietet eine Übertragungsrate von 2 bis 16 Megabits.

Netiquette

Netzwerk - Etikette. Verhaltensregeln für den Umgang im Internet (Netzwerk).

Netnews

Diskussionsforen-System im Internet mit über 20 000 verschiedenen Foren.

Netscape

Moderner Web-Browser, von der Firma Netscape Communications Corp. entwickelt. Browser mit der derzeit größten weltweiten Verbreitung. Die sogenannten Netscape Extensions (Hintergründe, Tabellen, Frames etc.), Erweiterungen zur Gestaltung von HTML-Seiten, lassen sich vom Netscape Browser interpretieren.

Newsgroups

Die Newsgroups Dienste im Internet agieren wie eine elektronische Konferenzschaltung. Rund 14 000 Newsgroups gibt es auf dem Internet, die sich den unterschiedlichsten Themen widmen – von Computer-Programmierung über Diskussionsforen zu Hobbythemen, wie zum Beispiel Bienenzüchtung.

On Demand

Der Begriff On Demand („auf Abruf") ermöglicht dem Kunden einen gewünschten Dienst unmittelbar auf Anforderung über eine gegebene technische Infrastruktur zu beziehen.

Online-Dienst

Computergestützte Dienste, die den Zugriff auf Datenbanken und den Informationsaustausch zwischen Usern ermöglichen.

PIN-Nummer

Meist vier oder mehrstellige Ziffer zur Verschlüsselung als Schutz vor unbefugtem Zugriff auf eine Maschine.

Plug-Ins

Software-Module, die Browser-Programme wie den Netscape Navigator durch Zusatzfunktionen erweitern, heißen Plug-Ins. Nur damit lassen sich die Multimedia-Fähigkeiten des WWW vollständig nutzen.

POI (Point of Information)

Ein Point of Information ist ein Kiosk-System, das heißt fest auf einem Rechner installiert. Es bietet eine interaktive Informationsauskunft über ein Produkt oder eine Firma.

POS (Point of Sale)

Ein Point of Sale ist ein Kiosk-System, das interaktive Transaktionen bietet.

Point-to-point

Eine point-to-point (Punkt-zu-Punkt)-Verbindung erlaubt es, nur zwei Teilnehmer miteinander zu verbinden.

Provider oder auch *Access-Provider*

PC-Besitzer, die Anschluß an das Weltdatennetz suchen, finden ihn bei zahlreichen Internet-Anbietern (Provider). Sie liefern die nötigen Programme und stellen gegen Gebühr den Zugang zum Netz her. Wichtiger Unterschied: reine Internet-Provider wie EUnet sorgen lediglich für den Netzanschluß. Online-Dienste wie CompuServe halten zusätzliche Informationen bereit, die nur Mitglieder abrufen können.

Quick Time

Von Apple entwickelte Software zur Darstellung von digitalen Video auf Computern. Quick Time Virtual Reality („künsltiche Wirklichkeit") ist die Erweiterung dieses Systems zur Darstellung von 3D-Panoramabildern wie sie das menschliche Auge wahrnehmen würde.

Roll-over

Aufleuchten eines Objektes auf dem Bildschirm beim Darüberstreichen mit dem Mauszeiger.

Schmalbandig

Rückkanäle bei Video On Demand oder Pay per View sind schmalbandig; benützt im zulässigen Frequenzbereich der Post rund sechs Frequenzen.

Server

In einem lokalen Netz (LAN) ist ein Server ein Computer mit einem Dienstprogramm, der dem User („Client") im Netzwerk verschiedenste Daten zur Verfügung stellt.

Service Provider

Firma, die den Zugang zum Internet ermöglicht.

Shopping Mall

Amerikanischer Ausdruck für Einkaufszentrum. Die Begriffe „Mall", „Electronic Mall" oder „Electronic Shopping Mall" werden als Metapher für Online-Einkaufszentren verwendet.

Shortcut

Bestimmte Taste Kombination für Befehle.

Sound-File

Musikstücke oder sonstige Tonaufnahmen müssen, um mit dem Rechner bearbeitet oder über Soundkarten abgespielt werden zu können, digitalisiert werden. Diese digitalisierten Tonaufnahme werden in Dateien abgespeichert, die mit dem Oberbegriff Sound-File klassifiziert werden können.

Sourcecode (Quellcode)

Der für den Menschen verständliche Programmcode eines Programms, der erst noch durch einen Compiler oder Interpreter in den vom Computer verständlichen Maschinencode gewandelt werden muß, damit das Programm auch ausführbar ist.

Standalone-System

Elektronisches Datenverarbeitungssystem, das ganz unabhängig von anderen Systemen arbeitet.

Sun Microsystems

Die Sun Microsystems Inc. ist eine Firmengruppe, die ein breitgefächertes Angebot an Technik, Produkten und Dienstleistungen auf den EDV-Markt bringt. Zu Suns innovativen, offenen Client/Server-Systemen gehören vernetzte Arbeitsplatzrechner, Betriebssysteme, Chip-Konstruktionen und andere wertschöpfende Technologien.

Supply Chain Management

Betriebswirtschaftliches Konzept mit dem Ziel, die Güter- und Informationsströme der gesamten logistischen Kette zu planen, zu steuern, zu administrieren und zu kontrollieren.

T - Online

Kommerzieller Online-Dienst. Wird von der Deutsche Telekom betrieben. Neben dem Zugang zum Internet bietet T-Online die Nutzung weiterer Dienste (zum Beispiel BTX, Home Banking, E-Mail).

TCP/IP (Transmission Control Protocol / Internet Protocol)

Maßgebliches Datenübertragungsprotokoll im Internet. Das TCP-
Protokoll übernimmt den Datentransport, das IP-Protokoll die Zu-
stellung der Daten.

Tele-

Griechisch für „fern", meist als Vorsilbe für in der Ferne ablaufen-
de Prozesse (Tele Teaching, Tele Banking,...).

Tele Counter

Zeigt dem Moderator digital oder analog, die noch zu verbleibende
Zeit bis zum Programmende.

Telnet

Protokoll zur Fernnutzung eines Computers mit Zugangsberechti-
gung.

Terabyte

Ein Terabyte, abgekürzt TB oder Tbyte, ist ein Maß, das für sehr leistungsfähige Datenspeicher gebräuchlich ist. Obwohl man darunter
im allgemeinen einfach eine Billion Byte versteht, ist die genaue
Zahl 1099511627776 Byte.

Trailer

Programmhinweise und Informationen, welche in kurzer animativer
Weise am Anfang eines Films oder einer CD-ROM den Titel darstellen.

URL (Uniform Ressource Locator)

Eine URL, die Adresse einer Web-Seite, ist eine automatische, ein-
deutige Identifikation von Datenquellen im Internet. Eine URL setzt

sich aus dem Zugriffsprotokoll, dem Namen des Servers, den Subdirectories (Unterverzeichnissen) und den Dateinamen zusammen.

User

Nutzer/Benutzer („Client") von Diensten im Internet.

VBN (Vermitteltes Breitband-Netz)

Breitbandnetz der Telekom.

Virtualität

In der modernen Kommunikationstechnologie versteht man unter Virtualität die Darstellung der Wirklichkeit, die unserer reellen Umgebung entspricht. So bilden beispielsweise virtuelle Welten den dreidimensionalen Raum ab.

VRML (Virtual Reality Markup Language)

Beschreibungssprache für 3D-Objekte im World Wide Web.

VSAT (Very Small Aperture Terminal)

VSAT bezeichnet ein sternförmiges Kommunikationssystem für Daten und Sprache, daß die Außenstellen einer Firma mit der Zentrale verknüpft.

WAIS (Wide Area Information Server)

Suchroutine als erweitertes Protokoll auf Internet-Servern. Wird als Informationsdienst angeboten.

WAN (Wide Area Network)

Internationales Computernetzwerk.

Web-Seite oder *Web-Page*

Bildschirmseite des World Wide Web.

WWW (World Wide Web)

Ein in CERN (Europ. Organisation für Kernforschung) entwickeltes Angebot an Text-, Bild-, Ton- und Video-Datenbeständen, die von jedem Internet-User mit einem Browser abgerufen werden können.

Verzeichnis der Abbildungen und Tabellen

Tabellen

Die Autoren

Appenzeller, Frank, Jahrgang 1960, ist Leiter des Fachgebietes „Neue Medien im Vertrieb" bei der Mercedes-Benz AG in Stuttgart. Nach dem Studium der Betriebswirtschaft in Karlsruhe trat er 1986 in das Unternehmen ein und war bis 1992 im Pkw-Verkauf der Niederlassung Berlin tätig. Danach kam er als Flottenbeauftragter Pkw, zuständig für Deutschland und Frankreich, in die Vertriebszentrale. Ende 1993 wechselte er in den Ressort Vertrieb und übernahm kurz darauf die Leitung des Fachgebietes „Verkaufswegestrategien" im Geschäftsbereich Pkw. Seit Dezember 1994 leitet er bis heute das neugeschaffene Fachgebiet „Neue Medien im Vertrieb".

Babiel, Dieter, Jahrgang 1960, studierte Psychologie und Pädagogik. Nach einjähriger wissenschaftlicher Assistenz an der Bildungswissenschaftlichen Hochschule in Flensburg ging der Diplom-Pädagoge 1986 zur Deutschen Loyd Versicherungs AG nach München. Dort arbeitete er als Personalentwickler für den Bereich Aus- und Weiterbildung/Vertrieb. Seit 1992 ist er Leiter der Personalentwicklung bei der Adolf Würth GmbH & Co. KG und ist für diesen Bereich konzernübergreifend tätig.

Balzer, Lars, Jahrgang 1971, studiert seit 1992 Psychologie an der Universität Landau und arbeitet als wissenschaftliche Hilfskraft mit dem Schwerpunkt Statistik. Seit Ende 1995 ist er Praktikant in der Forschungsgruppe Neue Technologien am Zentrum für empirische pädagogische Forschung der Universität Koblenz-Landau. Seine Arbeitsschwerpunkte sind sozialwissenschaftliche Forschungsmethoden und Mensch-Computer-Interaktion.

Dr. Bannert, Maria, Jahrgang 1960, studierte Psychologie und promovierte 1996 zum Dr. phil. an der Universität Landau. Seit 1991 ist sie wissenschaftliche Mitarbeiterin am Zentrum für empirische pädagogische Forschung der Universität Koblenz-Landau und Mit-

arbeiterin im Verlag Empirische Pädagogik. 1995 Gründungsmit-
glied von InForM e.V. Ihre Arbeitsschwerpunkte sind Mensch-
Computer-Interaktion, Lehr-/Lernforschung und EDV-Schulung.

Brettschneider, Joachim, Jahrgang 1963, studierte Nachrichtentech-
nik an der Universität Stuttgart und trat 1990 als wissenschaftlicher
Mitarbeiter beim Fraunhofer-Institut für Arbeitswirtschaft und Organisation ein. Im Bereich Netze und Dienste leitet er Forschungs-
und Entwicklungsprojekte zu den Themen Multimedia, Mensch-
Maschine Interaktion und Telekooperation. Ein Schwerpunkt seines
Forschungsinteresses liegt auf der computerunterstützen Aus- und
Weiterbildung unter Nutzung von online-Diensten wie zum Beispiel
dem Internet oder interaktiven Fernsehen.

Dr. Broßmann, Michael, Jahrgang 1948, studierte bis 1978 Betriebs-
und Volkswirtschaftslehre, war dann bis 1987 verantwortlich für
spezielle Marketing und EDV-Projekte im Servicebereich bei der
Adam Opel AG. 1985 promovierte er im Fachbereich Wirt-
schaftsinformatik und Informatik an der Universität Bamberg. Ab
1987 übernahm er bei der Mercedes-Benz AG im Vertriebsbereich
diverse Projekte im After Sales Service. Seit 1996 ist er in der neu-
gegründeten Mercedes-Benz Marketing Academy als Abteilungs-
leiter verantwortlich für Medien und Modelle und Infrastruktur. Zu
diesem Verantwortungsbereich gehört auch das Dienstleistungscen-
ter Akubis (Automobil Kundenorientiertes Broadcast Informations
System) und das CBT (Computer Based Training).

Dipl. Ing. (FH) Dürr, Johannes E., Jahrgang 1969, diplomierte 1996
für die Intendanz des WDR Köln an der Hochschule für Druck und
Medien Stuttgart im Fachbereich Medientechnik. 1996 war er Ren-
tal Manager bei Brähler ICS Network Königswinter im Bereich AV-
Systeme, drahtlose Interaktionssysteme und Konferenzanlagen. Seit
1997 ist er Redakteur und Produktionsleiter bei CD-ROM und Internetproduktionen bei Satcom Gemini GmbH, Stuttgart. Desweiteren Dozent an der Multimedia Akademie Friedrichshafen und an den
FBD-Schulen Stuttgart im Bereich Digitale Bildverarbeitung und
Multimediale Autorensysteme. Darüber hinaus ist er Freier Berater
und Autor von Multimedia-Anwendungen.

Dr. Ernst, Stefan, Jahrgang 1966, studierte Rechstwissenschaften an der Universität Freiburg im Breisgau. Nach einer urheberrechtlichen Promotion im Jahre 1994 war er als Stationsreferendar und Assessor unter anderem beim Südwestfunk in Baden-Baden, bei der BBC/London sowie in der Rechtsabteilung der Landesanstalt für Kommunikation Baden-Württemberg tätig. Dr. Ernst ist Rechstanwalt in Freiburg im Breisgau. Er publiziert zu Fragen des Urheber- und Medienrechts.

Dr. Fieger, Ulrich, Jahrgang 1955, studierte Medienpsychologie und promovierte zum Thema „Lerntechnologische Innovationen in der betrieblichen Bildungsarbeit" an der Universität Koblenz-Landau. Nach seinem Studium arbeitete er als Redakteur beim NDR und SAT 1 und als wissenschaftlicher Angestellter an der Universität Koblenz-Landau tätig. Heute ist er Geschäftsführer des Business-Television Marktführers Satcom Gemini GmbH in Stuttgart.

Goldschmitt, Christoph, Jahrgang 1967, ist stellvertreter Leiter des Adressverlages der pan-adress Direktmarketing Gesellschaft mbH, Planegg, mit zusätzlichem Aufgabenbereich Neue Medien. Nach der Ausbildung zum Werbekaufmann war er als Werbeassistent im Bereich Direktmarketing bei Bang & Olufsen tätig, bis er als Kundenberater bei pan-adress eintrat. In seiner heutigen Funktion ist er verantwortlich für die Entwicklung und Vermarktung neuer Produkte und Dienstleistungen.

Happel, Frank, Jahrgang 1954, absolvierte ein kaufmännische Lehre. Nach seinem Abitur auf dem zweiten Bildungsweg studierte er Volkswirtschaft und Soziologie. Seit 1989 war er als Wirtschaftsfernsehjournalist bei unterschiedlichen Fernsehanstalten tätig. In der Vorbereitungs- und Pilotphase des Business TV-Projektes der Deutschen Bank war er Herstellungsleiter des Providers Satcom Gemini in Frankfurt.

Hofmann, Josephine, Jahrgang 1963, studierte Verwaltungswissenschaften sowie Informationswissenschaften an der Universität Konstanz. Seit 1989 ist sie Mitarbeiterin am Fraunhofer-Institut für Arbeitswirtschaft und Organisation im Arbeitsbereich Telematik und ist dort mitverantwortlich für den Aufbau des Bereichs Multimedia und Telekooperation. Lehrtätigkeiten an der Universität Konstanz und an der Verwaltungs- und Wirtschaftsakademie Stuttgart. Nebenberuflich ist sie auch tätig bei der Kommission der Europäischen Gemeinschaften in der Generaldirektion 13. Sie ist Autorin mehrerer Fachveröffentlichungen und Sprecherin auf mehreren Fachkonferenzen.

Prof. Dr. Jäger, Reinhold S., Dipl. -Psych., Jahrgang 1946, studierte Psychologie und Erziehungswissenschaft, anschließend wurde er wissenschaftlicher Mitarbeiter des Otto-Selz-Instituts für Psychologie und Erziehungwissenschaft der Universität Mannheim. Dann wurde er Leiter der Unterabteilung Testforschung und Testkonstruktion des Deutschen Instituts für Internationale Pädagogische Forschung in Frankfurt/Main. Seit 1987 ist er Professor für Psychologie und Leiter des Zentrums für empirische pädagogische Forschung (ZepF) der Universität Koblenz-Landau. Er realisierte eine Reihe von Forschungsvorhaben zur Qualitätssicherung von Bildungssoftware. Er hat zahlreiche Publikationen über Themen aus den Gebieten Lernen, Evaluation, Gesundheitspsychologie und Diagnostik veröffentlicht.

Nirmaier, Thomas, Jahrgang 1954, studierte Rechtswissenschaften an der Ruprecht-Karl-Universität in Heidelberg. Nach Abschluß des zweiten Staatsexamens trat er 1985 in die Unternehmensgruppe Lidl & Schwarz ein, zuständig für Angelegenheiten des individuellen und kollektiven Arbeitsrechts. Seit 1991 ist er dort als Prokurist des derzeit siebtgrößten Handelsunternehmens in Deutschland unter anderem zuständig für Personalmanagement- und Personalentwicklungssysteme. Dieses Aufgabengebiet umfaßt insbesondere die zentrale Entwicklung, die Umsetzung und das Controlling von Systemkonzepten in einem grundsätzlich filialbezogenen und daher dezentral organisierten Unternehmen des Einzelhandels.

Dipl. Ing. (FH) Opacak, Antonela, Jahrgang 1971, studierte von 1991 bis 1995 Medientechnik an der Fachhochschule für Druck und Medien in Stuttgart. 1996 arbeitete sie bei mehreren CD-ROM-Projekten als Drehbuchautorin und Programmiererin. Seit Ende 1996 ist sie als Multimedia-Producerin bei der Satcom Gemini GmbH in

Stuttgart angestellt. Ihr Tätigkeitsgebiet umfaßt die Entwicklung und Betreuung neuer CD-ROM-/Intranet-Anwendungen und das Projektmanagement.

Dr. Ing. Reim, Friedemann, Jahrgang 1955, studierte Informatik und Betriebswirtschaftslehre an der Universität Stuttgart und am Georgia Institute of Technology, Atlanta. Er arbeitete vier Jahre bei der Firma mbp im Bereich technische Datenbanken. Danach wechselte er zum Fraunhofer-Institut für Arbeitswirtschaft und Organisation, wo er die Forschungsgruppe „Betriebliche Anwendungen verteilter Informationssysteme" leitete. Seit 1992 ist er geschäftsführender Gesellschafter der Informationsmanagement GmbH, Stuttgart. Die Informationsmanagement GmbH zeigt Unternehmen den Weg zur effizienten Nutzung des weltweiten Internet und realisiert die Integration mit dem unternehmensinternen Informationsfluß über Intranet-Lösungen.

Dipl. Ing. (FH) Rodewyk, Christoph, Jahrgang 1962, hat eine Ausbildung zum Tontechniker und Rundfunkstudioleiter. Dann diplomierte er in Medientechnik an der Hochschule für Druck in Stuttgart. 1995 wurde er Assistent im Institut für Angewandte Forschung (IAF) der Hochschule für Druck und war als Produktionsleiter bei CD-ROM und Internetproduktionen mit dem Schwerpunkt Datenbanken tätig. Gleichzeitig war er Ausbilder und Organisationsleiter an der Internetakademie des IAF und Lehrbeauftragter an der Hochschule für Forst, Rottenburg im Bereich Internet. Er ist Freier Produzent von Dia-AV Produktionen und Multimedia-Anwendungen und seit Oktober 1996 Leiter der Abteilung Business Multimedia bei Satcom Gemini GmbH, Stuttgart.

Dr. Schäfer, Martina, Jahrgang 1959, studierte technisch-orientierte Betriebswirtschaft in Stuttgart und arbeitete während und nach dem Studium freiberuflich im Bereich technisch-betriebswirtschaftliche Unternehmensberatung. Dann war sie als wissenschaftliche Mitarbeiterin am Institut für industrielle Fertigung und Fabrikbetrieb der Universität Stuttgart und wechselte dann an das Fraunhofer Institut für Arbeitswirtschaft und Organisation (IAO). Sie leitet dort die Business Unit Multimedia Business Services, deren

Schwerpunkt es ist, Anwendungsprojekte für den Einsatz von multimedialen Lösungen im geschäftlichen Einsatz zu realisieren. Darüber hinaus ist sie Autorin von zahlreichen Fach- und Buchveröffentlichung.

Dr. Schauer, Andreas, Jahrgang 1962, studierte bis 1988 an der TU München Informatik, war dann von 1989 bis 1994 wissenschaftlicher Mitarbeiter an der Universität der Bundeswehr in Neubiberg. Dort promovierte er auch im Jahr 1993 zum Dr. Rer. Nat. auf dem Gebiet der Rechnerarchitektur. Seit 1993 übernahm er wiederholt Lehraufträge an der Fakultät für Informatik der Fachhochschule München. Seit 1994 ist er Mitarbeiter der BV-Info GmbH und beschäftigt sich dort schwerpunktmäßig mit Corporate Network, interaktivem Fernsehen und Multimedia.

Dr. Schoder, Detlef, Jahrgang 1966, Diplom-Kaufmann, promovierte 1995 zum Thema „Erfolg und Mißerfolg telematischer Innovationen". Dann war er mehrjährig für Unternehmen der Verlagsbranche als Freier Journalist und Unternehmensberater tätig. Derzeit ist er Habilitand am Institut für Informatik und Gesellschaft, Universität Freiburg. Seine Forschungsschwerpunkte sind Telematik, Verteilte Systeme in Unternehmen, Koordination, Electronic Commerce.

Dr. Schulze, Christian, Jahrgang 1967, studierte Mathematik und Informatik an der Justus-Liebig-Universität Gießen. Er promovierte 1995 im Bereich Kryptographie und Datensicherheit. Seit Oktober 1995 ist er tätig als Projektleiter der Virtuellen Messe am Transferzentrum Mittelhessen.

Stockert, Lothar, Jahrgang 1954, ist staatlich geprüfter Chemotechniker. Seit 1986 ist er bei der Adolf Würth GmbH & Co. KG in der Produktprüfung chemischtechnische Produkte tätig. Ab 1992 verantwortlich für den Bereich Qualitätssicherung, Sicherheitsdatenblattwesen, Gefahrgutbeauftragter. Seit April 1997, Leiter der Produktentwicklung Chemie und Umweltschutzbeauftragter des Unternehmens (seit 1995). Vertreter der Firma Adolf Würth GmbH & Co. KG im Industrieverband Aerosole mit Sitz in Frankfurt und Mitglied im chemischtechnischen Ausschuß des Industrieverbandes Aerosole.

Dr. Strauß, Ralf E., Jahrgang 1964, Diplom-Kaufmann, promovierte 1996 mit dem Thema „Organizational Learning – empirische Analyse und formale Modellbildung". Er war mehrjährig in Projekten in der Druck- und Verlagsindustrie, neuen Geschäftsfeldern in elektronischen Märkten sowie der Planung und Implementierung von Multimedia im Bereich der öffentlichen Verwaltung einschließlich regionaler Feldversuche tätig. Er ist Mitherausgeber des Bandes „Zukunftsperspektiven der digitalen Vernetzung" und stellvertretendes Mitglied der „Multimedia-Enquete"-Kommission des Landtags von Baden-Württemberg. Consultant bei Gemini Consulting und dort Mitglied des Competence Centers „Neue Medien".

Ziesik, Alan, Jahrgang 1970, ist Diplomant an der Hochschule für Druck und Medien Stuttgart im Fachbereich Medientechnik. Während des Studiums war er an der Entwicklung von mehreren netzwerkübergreifenden Anwendungen mit Datenbankzugriff beteiligt. Seit 1997 ist er für Satcon Gemini im Bereich Systemadministration sowie Intranet und Internet-Anwendungen tätig. Schwerpunkt ist hierbei die Anbindung von Datenbanken und Business Television an das WWW.

Weitere Titel der F.A.Z./Gabler-Edition